自由與干預

FREE MARKET

The History of a Dream

搞好經濟就手握權力，
借鏡自由市場的歷史、擘劃經濟的未來

雅各・索爾 JACOB SOLL———— 著　聞翊均———— 譯

致安東尼・格拉夫頓（Anthony Grafton）
我的導師暨朋友

各界讚譽

信奉自由市場的經濟學家曾許諾給人類一個欣欣向榮的世紀，可理想與現實往往是難以平衡的，早在美國的洛克納時代，政府就曾意識到大型鐵路企業濫用於運輸業的壟斷地位，惡意排除了小企業的市場競爭，藉此哄抬市場的服務價格，從而誕生出了凱因斯主義的《反壟斷法》。一個世紀以後，在人類經歷了美國的羅斯福新政、臺灣的十大建設、中國大陸的四萬億投資計劃，以及二〇〇八年的世界金融海嘯後，更應該認識到傳統自由經濟的缺陷之處。為什麼資本主義會走到這一步？對於信奉新自由主義的臺灣來說，應當如何尋覓出路？本書將為大眾提供解答。

——**江仲淵**／「歷史說書人」創辦人

大開眼界！原來自由市場從來不是你想的那樣單純美好？亞當斯密的《國富論》也被誤解了上百年？什麼是自由市場學說的真正意旨？答案就藏在歷史裡！從古羅馬時代到二十一世紀，本書帶你一次理清自由市場、重商主義思想的起源背景與歷史脈絡，並探討當今人類所遭遇的經濟挑戰與可能解方，無論你是歷史愛好者還是經濟學愛好者，只要你渴望理解自由市場學說的箇中本質，這本書都是你的不二之選！

——**柯睿信**／歷史說書人History storyteller主編

本書對自由市場概念進行了簡明而有見地的探索，作者雅各．索爾追溯了自由市場的歷史根源，從古代文明到現代意義。他一絲不苟的研究和對細節的關注為理解當今的金融體系提供了寶貴的背景。

從我身為會計師及財稅顧問的角度來看，非常欣賞索爾對經濟史上關鍵時刻的深入研究，例如啟蒙運動和工業革命。這些見解揭示了自由市場如何影響經濟哲學、政策和金融市場，這些皆能增強你對經濟思想的理解。索爾還探討道德和倫理層面，涉及投資選擇的更廣泛的社會影響，促使人們包括我反思金融決策的倫理影響，對金融財稅職業的經濟原則以及財務決策中固有的道德考慮有更深入的瞭解。

希望本書能協助你踏上寶貴的經濟史之旅及對你的職業生涯有所正面影響。

——**胡碩勻**／《遺產與贈與的節稅細節》《節稅的布局》作者、信達聯合會計師事務所所長

正如凱因斯所斷言，思想最終是最重要的，知識歷史捕捉了社會變革的驅動力。從雅各．索爾引人入勝的自由市場史中，讀者可學到許多與當前政策辯論相關的知識。無論你是喜愛或討厭自由市場，你都可從這本重要的書中獲益匪淺。

——**洛倫斯．H．薩默斯**（Lawrence H. Summers）／前美國財政部長、哈佛大學第二十七任校長

雅各・索爾引人入勝且開創性的研究是一場歷史的壯麗之旅，也是對塑造世界的主要經濟思想的精彩探索。

——**戈登・布朗**（Gordon Brown）／前英國首相

在從古代到當代這趟令人驚歎且欲罷不能的旅程中，雅各・索爾消解了市場和政府的二分法。索爾是大師級的歷史學家之一，他的最新著作使我們不可能再以同樣的方式思考國家財富或政治未來。

——**山繆・莫因**（Samuel Moyn）／耶魯大學歷史教授

在這本必讀之作中，雅各・索爾為我們描繪了一個清晰、令人驚訝連連且極具吸引力的自由市場思想史。這本書深入學術且引人入勝，對於我們如今應如何思考自由市場具有重要影響。從各方面來看，它都是一個啟示。

——**大衛・A・貝爾**（David A. Bell）／普林斯頓大學歷史教授

十足優秀且精彩的書。

——**J・布拉德福德・德隆**（J. Bradford DeLong）／加州大學柏克萊分校經濟學教授

對於經濟學中的核心教義來說，自由市場是觀者眼中的概念，本書提供了細緻入微的歷史……權威性的敘述……激發人們思考……清晰闡述了經濟思想中的重要原則及其各種含義。

——《柯克斯書評》（星級評論）

很有企圖心的歷史著作。

——《紐約時報》

大勢所趨且相當博學……內容深刻。

——《金融時報》

這本書為狹隘且保守的自由經濟傳統提供了豐富而有價值的解毒劑。

——《衛報》

如果有人有資格撰寫自由市場思想的歷史，非雅各．索爾莫屬。

——《文學評論》

目次

序言

自由市場思想的新起源

最令人惱火的發現，往往是那種揭露了思想譜系的發現。

——阿克頓勳爵，弗里德里希·海耶克（Friedrich Hayek）
引用於《通往奴役之路》（*The Road to Serfdom*），約一九四〇年

「自由市場」或許是美國人最熟悉的經濟學代名詞了。至少自大蕭條以來，這個詞彙一直都是美國政治論述的標準用語，既用來讚美政策，也用來批評政策。自由市場是一種與諸多強大的政治意識形態彼此交織的經濟哲學，幾乎已經成了一種羅夏克測驗。在論及對於自由市場的看法時，許多人會出現如同談及其他個人信念

時的強烈情緒反應。

與此同時，每個人對自由市場未必都抱持著相同的定義。法國理性主義經濟學家里昂·瓦拉斯（Léon Walras，一八三四至一九一〇）提出的著名論述認爲，市場的運作處於「一般均衡」（general equilibrium），他指的是供給與需求的相互作用創造出一個平衡的、自我調整的經濟系統，能調節價格與利率，製造出穩定的貨品流動，並在沒有政府干預的狀況下創造財富。在特定的脈絡中，自由市場可能代表特定類型的經濟自由或經濟特權：在自由貿易區支付較低關稅的權利，甚或是進行受到允許的壟斷。因此，自由市場變成了低稅收和政府只能對經濟進行有限干涉的同義詞。如今，在多數富裕工業化國家中，人們認爲自由市場經濟是社會民主的基本元素，其他基本元素包括公共教育、交通、退休計畫、公共衛生系統、監管機關、國家銀行與思想的自由交流。不過話說回來，市場的自由與否往往是見仁見智的。[1]

現代社會大眾最熟悉的自由市場定義，來自得到諾貝爾獎的經濟學家密爾頓·傅利曼（Milton Friedman）的研究，他將自由市場定義爲經濟活動中沒有任何政府活動，或者更廣泛地說，沒有法律去干涉「人們追求幸福」。傅利曼最著名的其中一個觀察評論是：「大多數反對自由市場的論點背後，隱含的是對於自由本身缺乏信念。」自由市場被視爲所有經濟成長的通用模式，其支持者認爲自由市場在任何時空皆有效。理想上來說，在傅利曼的總體系統中，市場回應著私人供需，由個人、公司和股東的意願與選擇所推動，無需任何政府干預。依據傅利曼的觀點，像這樣解放市場能確保商品有效率地生產與流通，也確保財富的創造並有利創新。[2]

然而，在過去三十年來，事實證明了自由市場並非無庸置疑，而比較像是個謎團。來自政治光譜各方的重要人士開始對正統的自由市場信條抱持批判的態度，至少在政治修辭方面是如此。美國出現了驚人的逆轉，如今共和黨開始支持貿易關稅，而英國保守黨則帶領英國離開了歐盟自由貿易區，並在過程中提高了稅收與社會支出。如今在主張這個世界必須捍衛自由貿易、放寬對國際市場管制的，居然是中國專制共產黨的領導人習近平。現在捍衛保護主義的成了美國，捍衛國際開放市場的卻是中國，事情究竟是如何變成這樣的？

要回答這個問題，我們需要探究自由市場思想的悠久歷史，自由市場的意識形態在威權中國的興起，絕非違反傅利曼觀點的唯一例證。就讓我們提出最簡單的事實吧：傅利曼對美國的理想自由市場願景根本從未實現。自一九八〇和九〇年代以來，美國的中產階級不斷萎縮，同時中國的中產階級興起。雖然有些人可能會批判政府對市場有所干預，但美國的經濟與商業利益確實靠著低利率、聯邦貨幣政策與國家援助而成長：自二〇〇八年以來，美國政府曾兩度為金融系統和各種企業紓困，方便且刻意地迴避了正統自由市場思想——這套學說顯然不能解釋為什麼美國會出現週期性且毀滅性的市場失靈。[4]

但是，且讓我在此提醒讀者，傅利曼可不是個簡單的人物。他的正統自由市場論述在多數領導企業的董事會中仍是主流，就連那些從美國政府手中賺進大量利潤的公司也不例外——此外還有商學院，甚至是公立的商學院。至今美國商會（US Chamber of Commerce）仍奉傅利曼的正統學說為圭臬。因此，美國與其他自由經濟的民主國家往往不會承認，我們和自由市場思想在本質上是恐怖情人般的關係，我們以為自由市場能創造財富與帶來革新，但現實中卻不斷上演各種無止盡的循環：法規鬆綁、債務危機、破產、詐欺與市場崩潰，隨之而來的是政府紓困、日益嚴重的壟斷、財富不均與政治不穩定。於是，我們一次又一次地因為矛盾且自扯後腿的政策而回到原點。我們正步入關鍵新世紀，即將要面對各種經濟挑戰，爲此我們必須去理解「自由市場」這個詞彙的意義、它的歷史，它何時能順利運作，以及何時無法。5

如果傅利曼是自由市場的擁護者最喜愛的兒子，那麼十八世紀的蘇格蘭哲學家亞當斯密（Adam Smith）就是這個傳統的父親。然而，將亞當斯密視作傅利曼式放鬆管制、不受約束的自由市場之擁護者，這樣的現代概念並不完全準確。斯密的論述早已被錯誤理解、錯誤引用，脫離了他著述的十八世紀背景脈絡並淪爲陳腔濫調，但他的著作仍提供了寶貴的經驗，讓我們理解如何看待經濟學。在斯密於一七七六年撰寫《國富論》（*The Wealth of Nations*）之前，從沒有人把規模這麼大又這麼複雜的經濟體與社會體，視爲一個巨大的、自我調節的財富創造系統。不過，斯密也認爲政府與其機構在市場中扮演了重要角色。在他看來，讓市場以絕佳狀態運作的狀況，就是品德高尚的斯多噶領袖——他們通曉希臘與羅馬哲學中透過自知與紀律追求幸福的理念——和富有的地主並肩合作，共同主導政治與市場，制定適當的指導、誘因與調查制度，維持經濟體運行。

斯密所生活的世界，與我們這個世界有著截然不同的社會觀、哲學觀與宗教觀。那時帝國和商業正在擴張，是個有著奴隸制、君主立憲制、菁英議會制和地主寡頭制的時代——要特別留意的是，他以熱情的態度接納了上述所有事物。作為一個修習哲學與歷史的學生，斯密察覺到了大不列顛與羅馬共和國及羅馬帝國之間的相似之處，這就是他為什麼如此著迷於西元前一世紀的羅馬元老院議員暨哲學家馬庫斯·圖利烏斯·西塞羅（Marcus Tullius Cicero）的著作。斯密是十八世紀的自然神論者——這並不代表他就是基督徒——他熱切相信神是一名「建築師」，在地球上設計出如發條機械般的自然系統；這個系統也與遵循牛頓萬有引力定律的行星運動相互映照。雖然他認為沒有任何政治家「應該指示人民（private people）要以何種方式應用他們的資本」，但他也希望人類的經濟生活能反映出他眼中的和諧自然法則。要做到這一點，人（他指的是男人〔man〕）必須固守古老的斯多噶哲學與紀律。唯有如此，社會才能培植出優秀的政府與機構，使個人創造出良性財富。[6]

斯密並不認為「貪婪是好的」。沒有任何斯多噶學派的哲學家會這麼認為。相反地，斯多噶主義的基礎概念是透過道德紀律與公民責任來提升自我。斯密當時的使命就是去釐清，如何使商業社會及其固有的貪婪和一套道德系統相契合。商業社會的普通成員——「屠夫、釀酒師或烘焙師」——在日常生活中會受到單純的利己動機所驅策。社會必須找到方法利用這種商業的利己動機，將之引導到共同利益上。斯密對無情的商業競爭充滿警覺，擔心這種競爭會削弱社會與國家，取而代之的，他認爲受過道德陶冶、具有文化素養且公正無私的領導人才能引導社會走向和平且有效率的商業協作模式。

斯密期望社會能朝著哲學與倫理的啟蒙成長，反映出羅馬共和的美德，但這樣的願景難以適應密爾頓．傅利曼那自由放任企業式的社會達爾文主義（social Darwinism），更不用說艾茵．蘭德（Ayn Rand）在流行文化中描繪的經濟學了；也就是只有最強大、競爭力最高的企業才能攀升到社會頂端。事實上，我們不該奇怪現代自由市場思想家鮮少提到、甚或從不提到：斯密其實很仰慕羅馬的元老院寡頭制，他打從心底不信任貿易商、實業家和大企業，甚至本身就是一名政府官僚（他的職務正是稅吏）。更有甚者，這位所謂的自由市場之父是一位自豪而激進的博雅學科教師，靠著在大學裡擔任教授和管理職賺取薪水維生。請試著想像蘭德在一九四三年出版的小說《源泉》（*The Fountainhead*）中的主人翁，那位積極奮發且缺乏耐心的現代主義建築師霍華德・洛克（Howard Roark），他能否容忍亞當斯密的種種想法：關於悠久傳統、責任、耐心學習、溫文儒雅的同理心和對稅收感到自豪的想法。[7]

西塞羅與斯密這些哲學家感興趣的是打造出高教育程度、富有哲學思維和農業道德的社會，他們相信國家對市場自由來說是必要的。那麼，我們究竟是如何從這類寡頭市場建構者發展出像傅利曼這種自由主義的親商提倡者呢？而現代自由市場思想又是如何演變成一種嚴格的非此即彼哲學，把國家對經濟的任何參與，都視為一種對財富創造與自由的生存威脅？本書的目的正是回答這些問題。

▽・▲

矛盾的是，解開自由市場之謎的關鍵人物早在亞當斯密出生前四十年就已經過世了，他長久以來被經濟學家視為站在斯密的對立面：法國國王路易十四的著名內政大臣尚—巴提斯特·柯爾貝（Jean-Baptiste Colbert），柯爾貝打從一六五〇年代中期開始監督法國經濟，直至一六八三年離世爲止。法國皇家與公共財政的組織方式與管理良好、標準化的度量衡系統，以及法國道路、港口與運河的商業流通系統建造，全都要歸功於柯爾貝。他一手創建了巴黎警察與工業檢驗單位，以至法國工業、法國海軍與凡爾賽宮。他同時也是國家研究的主任，設立了皇家圖書館與檔案館，以及法國皇家科學院（French Royal Academy of Sciences）。柯爾貝認爲這些努力對於一個能夠順利運作的流動市場來說是必要的，他是那個時代最成功的大規模市場建造者，使用關稅、補貼、國家壟斷與政治壓迫來達成各種目標。

柯爾貝用國家的強硬手段介入市場建設，其最主要的目標是推動法國商業發展到足以和英格蘭商業自由競爭。他相信他所謂的「商業自由」（liberty of commerce）源自於相互對稱的市場與平衡的貿易條約。柯爾貝將國際貿易視爲零和遊戲，認爲黃金和財富是有限的，同時他也確信把焦點放在商業與工業的社會能在經濟上獲得最大的成功。在他初掌權時，法國主要還是農業國家。他以推動經濟發展爲使命，比起農業更偏愛工業、創新與貿易；他相信這些事物能鋪設一條道路，通往更自由、更順暢的經濟循環，使法國變成富裕且輝煌的國度。

柯爾貝引起了亞當斯密的興趣。斯密在《國富論》中創造了「重商制度」（mercantile system）這個詞彙，用以描繪柯爾貝重視貿易與工業勝過農業。斯密並非全盤反對柯爾貝，他不同意柯爾貝的某些關鍵觀點，主要是因爲：在他看來，這位法國內政大臣採用的手段會造成經濟退步——柯爾貝在聚焦於貿易與工業的過程中顯然誤解了「農業是所有國家財富之源」這句古訓。斯密相信柯爾貝已經淪爲「商人詭辯」的獵物，認爲柯爾貝制定了太多壓制型的貿易法規，而且「不幸的是」，他「採納了所有重商制度的偏見」。斯密認爲，單靠商業本身是無法創造出財富的，商業無視於自然的力量與農業美德，同時還會允許商人——這是斯密最嫌惡的一種人——控制政策並創造出種種壟斷。政府的任務是幫助農業支配商業，使貿易能根據自然法則，自由地運作。[8]

柯爾貝與斯密並非彼此對立，他們只是各自代表了截然不同又相互牽涉的自由市場歷史流派。不過，隨著時間推移，斯密對柯爾貝的批判在放任主義的經濟學家與歷史學家的心中不斷放大，鞏固了此一迷思：柯爾貝與其支持「國家主導之工業市場建設」的一派，必定是自由市場的敵人。斯密提出的重商制度概念逐漸演化——並且完全脫離了脈絡——轉變成現代所謂的**重商主義**（mercantilism）。這是個過度簡化且籠統的經濟詞彙，被用來指稱早期的現代經濟思想家支持干預主義、徵稅、補貼，和目標只是爲了囤積黃金的好戰國家。一九三一年，瑞典經濟史學家以利・赫克歇爾（Eli Heckscher）在他的重量級研究《重商主義》（*Mercantilism*）中，把柯爾貝的「重商」經濟學和單純的放任主義制度進行對比，後者允許個人自由和商業自由不受國家干預，赫克歇爾認爲斯密體現的正是放任主義制度。在這之後，這套簡單卻強大的二分法維持了下來，形塑了我們如今對自由市場的觀點。在傅利曼的著作中，我們仍能看見這種二分法。[9]

然而，在市場哲學的漫長歷史中，多數時候基礎經濟思想家都認爲，要創造自由、公平交易的環境條件，國家是必要元素之一。斯密的學派清楚闡述了自由市場思想的潮流，一路追溯至西塞羅與封建制度傳統，當時的人認爲農產品是所有財富的根源，農產品與自然的親近關係使之具有一種先天的道德優越性。爲了維持穩定生產與他們所認爲的自然界平衡，地主必須控制政府，確保農業不被徵稅也不受法規管制。但這並不代表無政府主義。這只是代表，爲了讓農業能主導社會並推動經濟發展，政府必須積極放寬農業方面的限制。

至於自由市場思想的另一個傳統，則把能量聚焦在創新、貿易與工業上；這個傳統如今被我們錯誤地稱之爲重商主義。從佛羅倫斯的哲學家尼科洛．馬基維利（Niccolò Machiavelli）到尚－巴提斯特．柯爾貝和亞歷山大．漢密爾頓（Alexander Hamilton），此派擁護者支持一個不假辭色的強大政府，來扶植創新與工業發展，他們認爲如此能創造出健康的國內市場，同時使國家獲得國際競爭力。根據這些崇尚工業的經濟思想家所述，經濟自由對於財富創造來說是必不可少的，而這種經濟自由不代表自給自足，也未必是以農業爲基礎；正好相反，此種經濟自由需要重視工業的政府幫忙規劃與培植。

各個自由市場模型的相互關係在十九世紀出現變化，此時英國成爲了無庸置疑的世界經濟主宰，英國的自由市場思想家終究全心接納了工業的潛力與一般均衡理論。當時的自由派經濟學家想當然耳地認爲，如果市場自由了，那麼大英帝國這些勤奮節儉的基督徒就會繼續帶來創新、財富與各邦國之間的和平。接著，到了二十世紀，隨著一些經濟學家愈來愈確信市場具有自我調節的能力，他們試圖把自由市場定義爲：政府只能扮演最基本的角色，此外什麼都不做。他們堅稱只要允許供給與需求在沒有干涉的狀況下運作，市場系統——以及社會——就會神奇地靠自己維持下去。可惜啊！如今我們已經學到教訓，市場系統與社會是無法自行維持下去的。

▽•▲

爲了幫助我們瞭解古代對自然與農業的信仰如何漸漸地演進成現代的自由工業市場理論，我在本書闡述的主題將會超越對經濟理論本身的研究，援引各種資料來源，從國家資料庫到私人信件，以及有關道德、自然科學、宗教、文學與政治的書籍。有些資料對於瞭解經濟史與哲學的讀者來說應該十分熟悉，有些可能比較陌生，甚至是看起來不該出現在此。但若想明白爲什麼經濟領域一直以來都缺乏透明度或共識，我們就必須領略這些彼此相異的元素——從西塞羅的古典倫理學、佛羅倫斯商人的指導手冊與資產負債表、法國政府官員的國家文件與內部備忘錄，到公爵與大主教的彬彬有禮的信函。

這一切的目標是讓我們看見，在理解經濟學的過程中，光是仰賴方程式與資料庫來構思理論是不夠的。我們必須挖掘那些已深深根植在現代思維習慣中，以至於無人深究的歷史假設與古老信仰體系。如今事實不斷證明，市場與社會的複雜性是無法透過一般均衡理論來解釋的，正統的自由市場思想已落入了防守的位置。但正如我在本書表明的，自由市場思想的偉大先驅們始終都很清楚，任何交易系統都沒辦法獨立於眞實的、墮落的、充滿瑕疵的人類之外去討論，是人類維持著這些系統，並在其中運作著。

說到底，自由市場是無法將人類從自身之中解放出來的。若要蓬勃發展，自由市場就需要許多勞動、許多關注與許多謹慎的道德判斷，就像所有其他人類事業一樣。最神奇的是，儘管遭遇了這麼多次失敗，經濟學家、哲學家、政治家和其他人們仍緊抓著「經濟能百分之百自我調節」的夢想不放，每當他們發現事情並非如此，都會表現出無比的震驚。但是話說回來，我們確實很難去放棄一個如此吸引人又如此歷史悠長的理念，這個理念發展自馬庫斯．圖利烏斯．西塞羅（西元前一〇六年至四三年）的哲學體系，他是羅馬傳統中最具影響力的思想家，而他的作品成爲此後近兩千年的經濟思想核心。

CHAPTER

01

西塞羅之夢

由於大自然更加安穩，也更加堅固，所以當財富與大自然發生衝突時，簡直就像凡人與女神之間的戰鬥。

——西塞羅，《論責任》（*On Duties*），西元前四四年

若要瞭解自由市場思想的起源，我們首先得理解西塞羅的哲學觀點，其提供了以下概念：透過貴族的農業行爲、道德行爲與政治運作，人類得以把自然轉變成無窮無盡且能夠自我延續的財富之源。西塞羅的作品往往會讓人覺得羅馬共和國已實現了均衡狀態，帶來了好幾個世紀的和平與繁盛。他理想中的羅馬此後成爲自由市

場思想家的靈感泉源，一直到十九世紀都是如此。

事實上，在西塞羅的時代，羅馬共和國正在崩潰。身爲西元前一世紀的貴族羅馬元老院議員，他其實是在捍衛著舊秩序。他對於商人渴望利潤的貪婪心態感到驚恐萬分，也恐懼那些潛在暴君的野心——例如在西元前四九年成爲獨裁者的尤利烏斯·凱撒（Julius Caesar）。西塞羅認爲，理想的市場交易是一種製造財富的槓桿，並且在安然以農爲生、遵從共和國法律的貴族之間進行。他在政治與寫作生涯中發展出了一套理論，認爲羅馬共和國的領導人們若能遵循斯多噶派的道德標準，並爲國家提供無私的服務，他們便能效法穩定的自然法則，維持著一個自我延續的財富系統。

不過，西塞羅的經濟願景實與「自然」相差甚遠。他的願景反映的是當時建立近五百年的羅馬共和國之價值觀，共和國中的古老菁英家族自從羅慕路斯（Romulus，傳說中他於西元前七五三年建立了羅馬）時代以來，就靠著其資產帶來的大量財富生活。我們可以在西塞羅的著作中看到，經濟學與其產生的特定歷史、文化與物質條件從來都是密不可分。他確信貿易應該要支持羅馬的統治階級——這是一種哲學觀點，或者更確切的說，是一種政治理念，非但適用於不同種類的菁英階層，更一直留傳到蒸氣機時代。甚至到了今日，我們仍能在現代自由市場思想中看見這種理念。

▽•▲

歷史學家並未把西塞羅視爲理解現代經濟思想起源的關鍵。然而，西塞羅確實是第一個主張人類道德與感受會推動市場自主運作，並創造出經濟均衡的人。在他看來，受過教育的地主之間建立的友誼不但創造出信任，也創造出理想市場環境條件的哲學基礎。西塞羅出生在羅馬東南方八十英里外拉吉歐區（Lazio）的阿皮諾市（Arpinum），家裡務農，他那絲毫不光鮮亮麗的名字清楚地說明了這一點——西塞羅的意思是「鷹嘴豆」。他的家族屬於**羅馬騎士階級**（equites），一群在西元前二世紀聲名鵲起的低階貴族。他們的地位低於元老院階級，著名特點是象徵性地捐贈馬匹來代替騎兵兵役。雖然他們往往從事公共財政、收稅或放貸等業務，但騎士階級的首要身分仍是土地擁有者和農民。身為一個向上攀升的**新人**（novus homo），一個剛得到貴族地位沒多久的人，西塞羅透過家族建立了強大的關係網絡，幫助他在政治界崛起。但是，即便在西塞羅獲得了元老院議員的席位之後，甚至是在他當選了共和國的最高職位——執政官之後，他仍背負著一定程度的社會汙名。矛盾的是（又或許一點也不矛盾），西塞羅的作品在歐洲傳統中定義了貴族倫理，但他自己卻永遠都不會是眞正的貴族。但無論如何，他已攀升至羅馬體制的頂峰，現在他則要努力保護這個體制。

西元前一世紀，羅馬帝國的人口超過了四千萬人，羅馬城本身就有一百多萬名居民。帝國內只有五百萬居民享有完整的公民特權，能拿到免費的麵包，享有法律權利與公民權利。奴隸占了百分之十的人口，其餘的羅馬非公民人口則是由下層階級組成。人口中的最頂層是統治階級，僅有大約七百多個元老院家族和三萬名羅馬騎士。因此，羅馬菁英之間的關係緊密，熟知彼此的家族歷史。他們共享易於識別的服裝樣式與相似的教育，圍繞著親屬關係與主顧網絡組織起來。他們交易商品、互相貸款並從彼此手上購買資產。到了西塞羅的時代，羅馬已經建立起一個持續運作了數個世紀的封閉市場，因而獲得了一種永恆不變的自然秩序表象。[1]

西塞羅在羅馬元老院的權力範圍中成長，從小就對政治、法律與哲學耳濡目染。他的家族不僅和羅馬最偉大的學者來往，更和手握大權的政治家打交道。西塞羅的老師來自聲名顯赫的斯凱沃拉家族（Scaevola）與克拉蘇家族（Crassus），這兩個家族是捍衛元老院制度與文化的保守知識分子。他們支持**祖宗成法**（*mos maiorum*），其內容爲羅馬農業生活的習俗與常規，包括了羅馬人認爲農業生活所代表的自然法則與社會階級制度。這兩個家族厭惡任何變化，擁護古羅馬憲法。理想上來說，共和國應透過人民大會（popular assemblies）運作，其中包括了被選入平民院（Plebian Council）的平民；論理他們應該要和元老院以及管理行政人員的執政官密切合作。然而在現實狀況下，共和國早已僵化成寡頭制度，元老院大權獨攬，而不擇手段的獨裁者則希望能掌控元老院本身。儘管如此，西塞羅心中懷著一種強烈的意識，覺得捍衛元老院階級、共和政體與良性市場社會，也就等於捍衛了羅馬的自然秩序概念。[2]

這種身分認同的中心是對於自然與農業的理解，而西塞羅也愼重其事地借鑑了一長串農業思想家的觀點。對於他的願景來說，不可缺少的人物是老加圖（Cato the Elder），一名極端保守派的軍人、史學家暨羅馬父權制的捍衛者，他在西元前一六〇年的著作《論農業》（*On Farming*）中闡述道，貴族財產依靠的是良好的農業管理。對於瞭解農耕的人來說，大自然的每一絲恩賜都與共和體制一樣安定穩固。對於創新與貿易，老加圖直接表達了鄙視。只有大規模的土地擁有制才是眞正「良好」的，才能培養出具有道德良知的公民與士兵。[3]

在西塞羅的時代，羅馬的多數人口都艱苦勞動，這就是他們的生活，人們並未就此事提出太多想法。雖然在羅馬社會中也有商人與僕役階級，但絕大部分人口都從事體力勞動，有些是奴隸，其他則是工資微薄的自由人。西塞羅對於這些人毫無興趣。在大自然的設計中，辛苦的勞動是命定的。農民註定會是農民，奴隸註定會是奴隸。他堅定地認爲，所有人都「必須被要求工作」，並且必須獲得「他們應得的報酬」，就只是這樣罷了。只有貴族的地位高於這種苦工。他並不是因爲身爲地產擁有者，才獲得貴族這個自然地位；菁英的地位本就是自然狀態的一部分。因此，西塞羅和相同階級者都很嫌惡土地稅。他們擁有這些土地，也擁有土地上的勞動力。那麼，對大自然的恩賜徵稅無疑是一種暴政的象徵。土地擁有者的唯一工作，就是榨取奴隸與勞工的勞動力，以達到基本的作物產出，爲那些有權擁有財富的人創造財富。[4]

憑藉著與大自然的密切關係，並且爲了延續貴族社會，地主階級的成員自認有責任去研究他們所謂的大自然神聖法則。西塞羅在《論共和國》（*On the Republic*，西元前五四至五一年）中指出，在「最好的人」用「合度的方式」進行統治時，就能透過和平與繁榮使「公民們享受到最大程度的幸福」。富裕的貴族階級因爲沒有「任何煩惱或擔憂」的負荷，能夠專注於以純粹的美德爲基礎來運作政府。西塞羅對於「最好的人」的概念，立基於自然並非平等地創造出每一個人類。而如果自然在創造人類時有所區別，那麼人類也應該要效仿自然的區別。眞正的政治自由與經濟自由本就只屬於少數地主。[5]

在西塞羅的世界觀裡，貴族「對財富淡然置之」。他們會自然而然地鄙視那些專業的放貸業者與市場上的小販。他聲稱自己厭惡貪婪，也憎恨爲了賺錢而賺錢，認爲商業價值必然會帶來道德方面的墮落，把商人的拉丁文「mercator」視爲侮辱性的詞彙。西塞羅認爲，理想的市場會引導人們將共同財產用於共同利益，與此同時，又會保護私有財產。他解釋道，根據斯多噶學派所述，「地球創造出來的一切事物，都是爲了供人類所用而創造的。」這樣的看法衍生出了自我延續的自由交易之概念。同樣道理，道德與哲學方面的理論也會引導人們透過辯論與善行，去爲共同利益做出貢獻，如此才能「鞏固人類社會，使人與人更加團結」。西塞羅認爲，如果私有財產的交易始於理念的交流，那麼一旦這些理念被表達出來了，就應該屬於所有人，應該共享於對眞理的共同追求，以及爲國家提供服務的崇高目標。智識的交流應該遵循這句希臘諺語：「在朋友之間，所有事物都是共享的。」具有品德的哲學性交流有利於羅馬共和國及其領導人的「共同利益」。[6]

在西塞羅的體系中，責任義務（duty）是至關重要的。其代表的是一個「良善之人」在一種公民宗教（civic religion）的框架中對國家提供的服務。然而，即使每個人對「其他公民同胞與所有人類」都負有責任，但西塞羅提出警告，單憑一個人不可能幫助「無限多」的貧困者。一個人應該要把自己的絕大部分資源保留給親友。西塞羅認爲，這種以「友誼」與「仁慈」的「共同連結」作爲基礎的封閉菁英市場，能「維護正義」並保衛財富與社會。他接著進一步將眞實、親近的友誼描述成「爲繁榮添加了更明亮的光芒」，因爲此種友誼能「透過分擔與分享減輕逆境帶來的負荷」。長存的財富並非來自貪婪，也不是來自從他人身上獲利，而是來自「善意」的共同連結。眞正「支撐家業，使田地得以耕作」的正是這種誠實的情感。[7]

如上所示，在斯密寫下自由市場概念的一千八百年前，西塞羅就針對思考模式相似的統治階級成員，提出了一個在道德方面十分完善的自由商業交易制度。這種正派交易所產生的連結，以決定性的方式保護著社會，以避免那些不自然、不正派、若缺乏此種保護則可能發生的狀況。西塞羅指出：「若一個人從鄰居那裡拿取了東西，靠著鄰居的損失賺取利益，他的行爲比死亡或貧困還要更加違反自然。」交易必須是自給自足的，否則就會導致「掠奪」。若想維護一個和諧且富有的社會，就必須遵守高道德標準的原則——也就是在交易的過程中維持「禮儀、公正與慷慨」。[8]

於是羅馬貴族透過他們對國家的奉獻達成這點，他們經由廣大的小麥分配系統

（annona civica）捐獻麵包給公民，這個系統是經濟體制的支柱。羅馬帝國的船隊把小麥分送至地中海彼岸，當時羅馬人將地中海稱作「我們的海」（mare nostrum）。若說羅馬是身體的話，地中海就像是身體裡的器官——博物學家暨軍事領袖老普林尼（Pliny the Elder）在他的著作《自然史》（*Natural History*）中，把地中海稱作「腸海」（mare intestinum），因爲地中海促進了羅馬經濟的自由流動。如此一來，財富——首先便是地主階級的小麥收穫——就會根據自我調節的自然法則，在羅馬帝國中自然而然地流動。在看似永恆不墜的國家與元老院階級的協助下，羅馬透過四季的無形之手製造出商品並養活自己。羅馬資助的不只有義大利與北非之間的交易與船運航道，也擴及了伊比利亞、希臘、安納托利亞（Anatolia）與黑海。各種商品在幅員遼闊的羅馬貿易區中自由地流通。[9]

▽•▲

如果說西塞羅在羅馬攀升到權力頂峰是一件令人驚嘆的事，那麼他的逝世就更加戲劇化了，他的死亡肇因於他對羅馬憲法、前述的良性交易規則，以及私有財產與自由貿易基本原則的捍衛。西元前六三年，年僅四十二歲的西塞羅成爲了羅馬的兩位執政官之一，這是羅馬政府最高階的職位了。在他擔任羅馬執政官的期間發生了暴力叛亂，他很快就陷入和元老院議員喀提林（Catiline）之間的衝突，喀提林當時正在競選執政官，他的改革主義聚焦在免除窮人債務與分配土地。西塞羅蔑視所有行事不符合貴族精神的人民改革家。他覺得提供土地給窮人不但破壞了市場規則，更破壞了現有的秩序本身。因此，西塞羅在元老院中，當著喀提林的面發表了那名留青史的演說。他花了好幾天的時間痛斥喀提林目無法紀，也譴責喀提林的朋友虧欠債務，並質疑喀提林救濟窮人的動機。最後，西塞羅成功要求當局處決了喀提林的幾個同謀者。當西塞羅高呼：「喔，時代！喔，習俗！」（O tempora, o mores!）時，指的是喀提林對法律的徹底漠視，與他在金融上的腐敗和貪婪。同時，西塞羅也是在捍衛他眼中的自然道德經濟秩序。10

我們可以從西塞羅捍衛現狀的戲劇化行爲瞭解到，他如何把榮譽看作市場的必要條件。賄賂和詐欺不只是「不公正」的行爲，更是一種「虛僞」。舉例來說，西塞羅在西元前六三年通過了一項禁止用選票換取好處的法律，名爲《圖利亞賄選法》（*Lex Tullia de ambitu*）。我們必須在此指出，包括尤利烏斯·凱撒在內的許多人都認爲西塞羅本身也貪汙，更多人相信他不過是善於營造自我形象——我們確實無法否定這一點。但西塞羅與凱撒不同，他捍衛了嚴格的元老院法律，也從未試圖推翻憲法。[11]

西元前四九年，尤利烏斯·凱撒開始對羅馬共和國行使終身獨裁權。接著，在西元前四四年的三月十五日——也就是著名的日子「三月中」（Ides of March）——馬庫斯·尤尼烏斯·布魯圖斯（Marcus Junius Brutus）帶領一群共和派的元老院議員暗殺了凱撒。西塞羅本人沒有參與暗殺行動，但他如今也希望能引導元老院回到共和政府。在羅馬共和國殞落及羅馬帝國崛起的暴力動盪中，西塞羅在命運處於最低谷的時刻寫下他最爲永垂不朽的著作《論責任》（西元前四四年）。他聲稱這本充滿哲學性建議的著作是寫給兒子的，但後來《論責任》變成了西方傳統中影響力最廣泛的書籍之一，也成了自由市場思想的藍圖。[12]

西塞羅在《論責任》中描述的經濟願景，是靠著友誼與對知識的追求帶來和諧與和平、財產安全，並創造出一個以政治奉獻、情感、仁慈與自由爲基礎的公正社會。換句話說，好的道德標準能推動健康的市場，使具有倫理良知的人們能放心地進行交易。信任是自由貿易所需的機制。這樣的貿易過程要存續下去，西塞羅理想中的莊重和斯多噶式的自律在其中扮演著核心角色。我們可以看到這些理念後來如何吸引了基督徒，並在更之後吸引了十八世紀的啟蒙運動哲學家——他們都追求著關於貿易的道德典範。[13]

《論責任》有修養又溫和的正直態度，可說是西塞羅在目睹了羅馬社會的猖獗暴力後做出的回應，他也時常在信件中提及這個部分。他在書中不只譴責了凱撒非法的獨裁野心所追求的大目標，也痛斥了更加普遍的貪婪傾向。西塞羅在此畫下了一條道德界線，斥責獅子的野蠻力量是「身爲人類不該擁有的」，也指出狐狸的「欺瞞」是「更加卑劣的」。他告訴讀者，這種對權力與財富的獸性追求絕不能被允許，因爲這種追求「永無饜足」。菁英在面對獨裁的背德行爲時不能屈服，而須保持自律，遵從憲法。[14]

在經濟活動中，責任不僅必須重於貪婪，也必須重於享樂。西塞羅無法接受以利己或欲望來驅動經濟的互動，亦無法接受希臘伊比鳩魯學派的哲學家所提出的：生命的所有都圍繞著對享樂的追求打轉。他反對生命是逃避痛苦與尋找享樂的一種追求，抨擊這種思維模式是無可救藥的過度簡化，並指出那些被視爲痛苦的事物最終可能會帶來快樂，正如同放棄享樂可能有助於避免痛苦。責任、學習與友誼無疑是更優越的目標，再者，亦有助於打造自由交易所需的信任基石。[15]

西塞羅在他的著作《學院思想》（*Academica*，西元前四五年）中，將「首要之善」（chief good）定義爲人類去學習理解自然。與其追求享樂，透過懷疑主義式的哲學來追求眞理才能爲人類「增添面對死亡的勇氣」，並提供「心靈的平靜，因爲它能消除對於自然奧祕的所有無知」。學習的美德會創造出紀律與信任，使人類得以超越庸俗的利己心態。舉例來說，在研究希臘的物理學理論時，西塞羅冀望能瞭解宇宙的自我調節系統，他在《論共和國》的最後一章中提出相關討論，該章節就是著名的「史奇皮歐之夢」（The Dream of Scipio）。他在尋找「永恆運動」的「第一因」時，認爲最基礎的市場原則是愛，而非貪婪。具有品德的交易是這些神聖機制的一部分，若能充分發揮作用，則能產出穩定、可靠的財富。[16]

西塞羅夢想的是一個充滿了學習、情感與自由交易的世界，這個世界是自然的、能自我調節且高尚的，然而這個夢想卻和他周遭的眞實世界產生碰撞，製造出不和諧的音符。在爭奪至高帝國權力的鬥爭中，占據主導地位的羅馬公民毫不掩飾地拋棄了過去的元老院傳統與先例。西元前一世紀，羅馬受到持續不斷的內戰所摧殘，這場內戰的終結是西塞羅的光榮時刻，但同時招致了他可怕的死亡——他身處在強大的馬克・安東尼將軍（Marc Antony）和屋大維（Octavian，也就是未來的奧古斯都大帝〔Augustus〕）的權力爭奪戰之中。

正是在這場悲劇性鬥爭的混亂中，西塞羅針對馬克・安東尼發表了他著名的演說《反腓力辭》（*The Philippics*），抨擊了包括不道德交易等諸多事物。他在元老院內語帶諷刺地責備安東尼違背了共和國法律，嘲笑他目無法紀又行事草率，不但貪汙還做了假帳。他質問安東尼：「你在三月十五日還積欠四千萬羅馬幣（sestertius），怎麼會在四月一日之前這些債款就全部消失了？」[17]

最奇特的是，在正在解體的共和體制中，西塞羅竟然認爲他當著所有貪腐人士的面公開發表這種攻擊言論之後，還可能存活下來。或許他相信自己有屋大維的支持，膽子就大了起來。然而，這位未來羅馬皇帝的首要目標是確保自己能獲得皇權。當他和安東尼協商要除掉哪些敵人時，兩人在致命的政治條件互換中交易了名字，安東尼堅持要處決西塞羅，屋大維最後屈服並背叛了西塞羅。這大概不是西塞羅的願景中會出現的那種交易。但是，西塞羅已經沒有其他位高權重的盟友，他只能孤身一人捍衛已經死去的羅馬共和。

西塞羅聽聞這項判決後，逃到了位於鄉間的一處宅邸，希望能在那裡準備好光榮赴死。當士兵到來時，他請求他們乾淨俐落地一刀斬斷他的脖子。最後士兵卻斬了三次才成功。除了砍下這名命運悲慘的哲學家的頭顱之外，一名士兵還砍掉了他的一隻手。彼時馬克·安東尼的舉動完全符合西塞羅生前所犀利指控的殘暴粗俗形象，他下令把西塞羅的頭和手釘在集會廣場的主要講臺（*rostra*）上，面對著元老院。這就是羅馬最偉大的雄辯家暨共和政體捍衛者最後遺留的東西，一個將在未來數千年迴盪不止的象徵。西塞羅的出現比拿撒勒的耶穌（Jesus of Nazareth）還更早，作爲一個世俗的共和主義殉道者，他的政治與經濟美德理念被賦予了一種接近基督教式的悲愴，也使得西塞羅成爲了西方歷史上最重要的人物之一。他實現了自己的理想，與暴政和貪腐交易的背德行爲戰鬥。他試圖維護自然秩序與經濟道德，揭示了一條通往財富的有德之路。

西塞羅如此預示了亞當斯密後來提出的市場思想之核心原則：如果受過教育的菁英階層能聚焦在農業上，用公正且符合倫理的方式交易商品，那麼市場就能自行運作，製造出財富，共和政體也會興盛發展。而隨著基督教在西歐占據優勢，這種均衡模型也成爲經濟哲學中最歷久不衰的概念架構之一。基督徒用天堂的救贖取代了世俗的公民政治，作爲社會的終極目標，而上帝也將會進入交易系統中。

CHAPTER

02 神聖經濟

施予麵包就能抓住天堂。

——聖金口約翰（Saint John Chrysostom），〈講道集三：思考救濟與十個童女〉（Homily 3: Concerning Almsgiving and the Ten Virgins），約西元三八六年

在西塞羅逝世的兩百多年後，除了羅馬共和已經讓位給帝國之外，羅馬也開始了與基督教的長期融合。羅馬帝國本身仍然存在，但帝國中的新基督教領袖開始試著改造西塞羅的經濟願景。早期的基督教幾乎完全迴避了「公民道德是一種美德」的想法。取而代之的是，西元第三世紀與第四世紀的基督教思想家創造出了一種全

新的生活理想狀態，並隨之爲市場交易帶來了新的願景。西塞羅認爲商業應該要有道德準則作爲基礎的原則仍然存在。但在早期基督教的經濟體制中，良好的道德選擇必來自你誠心渴望能用世俗商品換到天堂中的一席之地。道德轉而以死後生命爲核心，而非從自然法則中推導出來的世俗「首要之善」。這個市場的核心是對個人救贖的渴望，以及對靈性獎賞的追求。

如此一來，基督教使商業交易的內涵爲之一變，此概念的基礎不再只是西塞羅體制中的責任與美德，還包括了人類的渴望。這種渴望不是伊比鳩魯派尋求世俗享樂的渴望。與之相對的是，基督徒認爲如果人類願意選擇虔誠地生活並拒絕財富，那麼「上帝的無形之手」——聖奧古斯丁（Saint Augustine）在此處指的完全是字面上的意思——將會爲他們帶來天堂的寶藏。基督教的救贖概念爲後來的自由市場思想提供了一套概念模型，即個人的選擇可以帶來充滿了無盡財富的天堂。早期基督教爲現代經濟文化遺留下了一個重要的觀念：儘管完美的市場狀態目前並不存在，但爲了達到這種完美，我們必須一直抱持著強烈的渴望。

雖然當時基督教遍布羅馬帝國，但古羅馬的諸神信仰仍擁有十分強大的勢力。儘管君士坦丁大帝在西元三一二年左右歸信了基督教，但一直到四世紀末為止，西塞羅仍在學院課程中占據主要地位。在基督誕生後的數個世紀中，教會教父（Father of the Church，有聖德的特定基督徒，其著作與教導對基督教有很大的貢獻）主要都是羅馬貴族出身，這代表了他們是在非基督教的帝國文化中長大的。他們很熟悉羅馬法律，並且他們得依靠皇帝來確保生活穩定。有些教會教父努力和西塞羅的思想搏鬥，希望用一種基督教版本的新道德願景取代西塞羅的論述，包括米蘭主教聖安博（Saint Ambrose），以及後來在西方基督教最有影響力的神學作家聖奧古斯丁。到了最後，他們對財富的態度變得比西塞羅所設想的更加個人主義，也更加民主。

在西塞羅筆下，欲望從本質上就是一種負面特質。基督徒則相信，如果他們的欲望是被救贖，那麼這種欲望就是道德的——舉例來說，當一個人藉由把錢施捨給窮人、放棄世俗的享樂來交換天堂的獎賞時，這個人就是在滿足符合道德的欲望。他們以《馬太福音》和《路加福音》爲基礎，不但把這種對於天堂財寶的欲望視爲一種好事，甚至視爲神聖的事。基督徒引述福音書與其他典籍，用利益、選擇、意志、交易與獎賞等經濟語言來建構基督教的救贖。事實上，基督被釘在十字架上的本質就是一筆交易，《希伯來書》（*Book of Hebrews*）的作者寫道，如果「不流一滴血」，罪就不會被赦免。換句話說，基督償還了人類的集體債務。[1]

雖然基督教會得仰仗羅馬帝國提供保護，甚至是提供經濟支援，但猶太教與基督教共有的傳統卻明確地拒絕接受西塞羅的信念：一個人能做到最好的事，就是鑽研哲學並爲國家做出貢獻。相信救世主存在的基督教帶來了取而代之的末日論：他們摒棄這個不完美的世俗世界，將目光放在《啟示錄》中預言的末日，屆時上帝之怒將會降臨在那些緊抓著世俗財富的人身上，並將神聖永恆的死後生命賜予眞正的信徒。

福音傳道士聖路加（Saint Luke the Evangelist）堅持基督徒應該要施捨窮人，藉此擺脫世俗財產，如此才能獲得天堂的財富。耶穌在傳福音時說：「你們要變賣所有的賙濟人，爲自己預備永不壞的錢囊，用不盡的財寶在天上，就是賊不能近、蟲不能蛀的地方。」聖馬太（Saint Matthew）原本是一名稅吏，而後在耶穌的召喚下成爲門徒，他也對此做出呼應。聖馬太在《新約》中跟著馬可和路加引用了一句耶穌曾提及的古老猶太諺語：富人上天堂的機率比駱駝穿過針眼的機率更渺茫。他也引述道，耶穌曾說過世俗財寶的本質是轉瞬即逝的，並將世俗財寶描述爲：「地上有蟲子咬，能鏽壞，也有賊挖窟窿來偷。」他呼籲信徒應該在心中尋找永恆的寶藏。馬太的敘述和路加一樣，他指出耶穌在描述救贖時其實是以貧困爲前提的，那是一種交換的過程，一個人若想獲得救贖就必須施捨窮人：「耶穌說：『你若願意作完全人，可去變賣你所有的，分給窮人，就必有財寶在天上；你還要來跟從我。』」[2]

不過，馬太在論及財富時傳達出了相互矛盾的訊息。他指出，耶穌說那些沒有爲了豐厚回報而投資錢財的人都是罪人。在《馬太福音》中，耶穌在講述「按才幹接受託付的比喻」時提到，一名主人因爲僕人沒有投資錢財而形容這名僕人「又懶又惡」。耶穌警告說：「凡有的，還要加給他，叫他有餘；凡沒有的，連他所有的，也要奪去。」[3]

所謂天堂的財寶並非隱喻。由於羅馬帝國裡有非常多絕望的窮困者，在死後的生命提供眞正的財寶引起了極大的共鳴，基督教的傳道士利用這種承諾來贏得信徒。基督教對貧困如此執著的根源，無疑是巴勒斯坦與整個羅馬帝國普遍極度貧困的生活條件。在猶太人的思想與神學中，很早就出現了窮人必須受到保護的想法，猶太人時常勸誡人們施捨，甚至宣揚社會公平，所羅門的其中一則箴言就是：「憐憫貧寒人的，就是借給耶和華，他的報償，耶和華必歸還他。」聖馬太也呼應了這個概念，他指出耶穌認爲對窮人展現慈善等同於和上帝交流。[4]

在基督教盛行早期，羅馬經濟中最重要的原物料商品是黃金和白銀。但是福音書中也涉及了其他世俗的利益，包括性、身體以及對享樂的追求。聖馬太指出，耶穌認爲戒慾甚至自我閹割是獻給上帝的禮物。耶穌說：「因爲有生來是閹人，也有被人閹的，並有爲天國的緣故自閹的。這話誰能領受就可以領受。」享樂連同財富與利己行爲，一起被放進了個人救贖的市場交易體制中。[5]

這一點在早期教會教父的生活型態中表現得非常明顯，他們的生活與羅馬貴族的傳統奢華生活形成了鮮明對比。基督教領導人實踐的是自我克制的極端生活型態，這種自我克制承襲自悠久的禁欲主義傳統。「亞歷山大的革利免」（Clement of Alexandria）在《富人的救贖》（*The Rich Man's Salvation*）中雖然承認了世俗財富必須存在，但他說明道，這些財富的使用有其規則，人們尤其應該遵循「供給」的虔誠實踐，將財富施捨出去。若一名富人把所有財富都施予窮人與教會，並藉此過程把他的熱忱傾注於耶穌，就能找到救贖。[6]

在西元前一世紀，禁欲主義的基本原則透過非基督教的希臘道德家塞克斯都（Sextus）的作品，流傳至羅馬帝國各處，塞克斯都協助創造了一種能夠自我調節的靈性交易市場概念，他的行爲準則和新基督教的道德規範是互通的。《塞克斯都語錄》（*The Sentences of Sextus*）在論及人與上帝之間的關係還有死後生命時，描述了一種貨幣流通過程。塞克斯都寫道，唯有「放棄肉體的事物，人才能自由地獲得靈魂的事物」，並直言不諱地補充道：「富人難以獲得救贖。」他闡述了柏拉圖式的觀點，認爲一個人可以透過靈性研究與自我克制成爲貼近上帝的「聖人」。透過「征服肉體」，聖人可以「把一切能給的全都施予窮人」。世俗的依附情感——

甚至對於兒女的情感——都應該受到鄙夷。塞克斯都感嘆道：「信仰虔誠的人會心懷感激地承受失去孩子的痛苦。」他警告道，世俗享樂的罪惡將會「被邪惡的惡魔追究，直到還清最後一分爲止」。[7]

塞克斯都的行爲準則很快就傳遍了希臘的基督教社群。首屈一指的神學家們也欣然接受了這些準則——包括亞歷山大學派的基督教學者歐利根（Origen），他在三世紀時驚嘆地指出閱讀塞克斯都作品的人「爲數眾多」。隨後問世的一系列基督教作品也響應了這個概念：人們必須用天堂市場來取代世俗市場。原罪代表了人類不能真正享受世俗的快樂。例如，大約在西元九〇年至一五〇年間出現的《黑馬牧人書》（*The Shepherd of Hermas*）就是以這個概念作爲核心。書中包含了最早由聖馬太寫下的基本原則，也就是富人「在上主的事物方面」是貧乏的，並補充道，人類唯有透過貧困與謙卑才能享有上帝的賞賜。該書大加讚頌禁食與禁慾的生活，這是古典時代晚期的宗教文學中隨處可見的主題。在《啟示錄》（西元九五年）中，拔摩島的約翰（John of Patmos）描述了耶穌對安納托利亞的七個城市的罪予以譴責。這七個城市——以弗所（Ephesus）、士每拿（Smyrna）、別迦摩

（Pergamum）、推雅推喇（Thyatira）、撒狄（Sardis）、非拉鐵非（Philadelphia）、老底嘉（Laodicea）——被視爲世俗世界的隱喻，代表了《聖經》對於肉體和商業都市生活的不信任。大約在西元二〇八年，神學家特土良（Tertullian）以同樣戲劇化的方式痛斥羅馬是浸染了殉道者鮮血的現代巴比倫。他也同樣呼籲人們壓抑性衝動，甚至反對人們在配偶逝世後再婚。他讚揚人們透過鰥寡生活與童貞將自己一心奉獻給上帝的神聖行爲。他堅持認爲處女應該蒙上頭巾，如此一來才更能全心全意仰望基督。蒙頭可保護她們不受罪惡沾染，因而「値得進入天堂」。[8]

基督徒用這種極端的、自願的性慾克制去換取救贖，這使得基督教從根本上來說比猶太教更具有交易的特質。錢財、色慾、享樂，甚至吃飯、說話和微笑——從基督教的觀點來看，這些全都是壞事，都是原罪的產物，必須拋棄這些事物才能換取天堂作爲報償。在三世紀剛開始的數十年，歐利根撰寫了一本討論死後生命的奠基之作，他在書中主張唯有透過自我克制才能獲得進入天堂的獎賞。歐利根將貞操能夠換到救贖的觀點推到極端，而閹割了自己。寫下《羅馬帝國衰亡史》（*The Decline and Fall of the Roman Empire*）的啟蒙時代重要作家愛德華・吉朋（Edward

Gibbon），曾就歐利根對《聖經》的字面解釋做出著名的評論，說那是一個「不幸的」錯誤。[9]

神聖市場與它追求更高目標的模式，逐漸變成基督教生活的核心，其中強調的是選擇、紀律、報償和獎賞。古典時代晚期有許多人以戲劇化的形式自我犧牲，希望能藉此進行神聖交易，歐利根只是其中之一。男性守貞變成一種尋求上帝財富的自律形式而受到重視，而後成了神職人員與修道士守貞傳統的基礎。沙漠教父（Desert Father，指的是在三世紀、四世紀隱居於埃及沙漠的一群基督教徒）爲這種新興的修道院主義與禁慾經濟定下了基調。一代又一代的修道士進入了埃及的沙漠，只接受最微薄的捐獻，他們活著的唯一目的就是和上帝交流。其中最有名的可能是柱頂修道士西蒙（Simeon the Stylite，約西元三九〇至四五九年），他在敘利亞阿勒坡市（Aleppo）一根柱子上方的小平臺生活了三十七年。[10]

西蒙是牧羊人之子，不過有許多淡泊名利的基督教領導人都來自富有的貴族。部分貴族依據羅馬的公民義務理想，成爲了主教和首屆一指的神學家。值得注意的例子包括教會領導人聖巴西略（Saint Basil，約三二九年至三七九年），和他的兄弟「尼撒的貴格利」(Gregory of Nyssa，約三三五年至三九五年)、聖金口約翰(約三四七年至四〇七年)及聖安博(約三四〇年至三九七年)。對他們來說，美德就是「禱告」與拒絕肉體。人與人之間的友誼也只應該以基督教團契爲基礎。貴格利拒絕了異教徒西塞羅對自然世界的崇拜，他寫下了後來變成基督教格言的句子：「大自然是軟弱的，並非永恆的。」是上帝創造了大自然，上帝才是永恆的，而所有自然系統都源自神。[11]

▽・▲

教父們在傳福音方面的一部分使命就是說服羅馬貴族信仰基督教，有鑑於當時貴族的享樂主義生活型態與基督教堅持的貧困戒慾生活有著天壤之別，這樣的使命似乎是很大的野心。教父們也必須提供充分的理由，讓人相信天堂救贖勝過了羅馬的世俗享樂。諷刺的是，傳福音其實所費不貲。教會的有限資金必須花費在無數貧困信徒身上，更不用說建築、神父和傳教所需的錢財了，於是教會要求富裕的信徒奉獻錢財，如此一來主教們才能用食物與靈性救贖來餵養飢餓的信徒。

從安提阿（Antioch）到迦太基（Carthage），再到新的帝國首都君士坦丁堡，主教們必須苦苦爭取希臘人、敘利亞人、德魯茲教徒（Druze）、猶太人等仍信仰各種帝國古老宗教的人。身爲君士坦丁堡的大主教和希臘最重要的傳教者，聖金口約翰不但得控制住底下的基督徒，還希望能改變君士坦丁堡眾多人民的信仰。他的父親是一名非基督徒的軍官，他自己則大約在三七〇年左右改信基督教。約翰知道這個偉大首都的罪惡每天都在上演，就連基督徒也會參與非法勾當和觀賞色情表演。他必須找到一個方法，灌輸恐懼到教區居民的心中，並提供一種切實的救贖感，才能使他們改信基督教，採取虔誠的行爲舉止。

約翰利用恐懼和宗教狂熱式的舞臺展演來鼓動當地居民，他熱中於對猶太人與同性戀者傳道，並且警告基督徒，觀賞君士坦丁堡的淫穢表演會使他們入地獄。他在以弗所城呼籲暴徒拆除古代世界七大奇蹟之一的阿提密斯神廟（Temple of Artemis）。他在安提阿布道時，藉由聽眾的經濟敏感度來號召：他在著作〈講道集三：思考救濟與十個童女〉（約西元三八六至三八七年）中提出了簡短有力的請求，要人們把所有享樂與經濟活動納入神聖交易的邏輯中。

約翰堅持，基督徒不該參與帶著公民意識的貴族交易、協助維持羅馬的現狀，他們唯一該參與的只有屬靈的市場。他質疑人們為什麼要選擇欠債並讓自己陷入貧困，明明他們只要放棄所有金錢相關事物、拋棄債務和貧窮，就能「獲取利益」，也就是輕而易舉地「進入天堂」。他說，只要簡單地許下懺悔的誓言，就能開始往天堂前進。一旦決定了未來只從救贖中「獲利」，之後這個人就必須執行具體的交易行為。約翰認為「施捨」這個社會行為是在償還「原罪帶來的債務」。他使用的語彙帶有無法忽視的經濟色彩。他說，當一名女性施捨窮人時，這名女子「手裡就拿著屬於她的買賣契約」。而她可以用這張賣契換得天堂的財富。[12]

約翰向聽眾清楚表明，他們必須確實離開世俗商品的市場。光是貧困這件事本身是無法讓人進入天堂的，他指出：「天堂並不昂貴。」當一個人「購買了天堂」，就是與神立下一個在物質方面全然自我克制與奉獻的契約。也就是說，在對的情境下，就算只是施捨一杯水也會推動足以自我延續的救贖連鎖反應。他講授的內容並非只是寓言。約翰在一個妙不可言的段落中解釋道：「天堂是一門生意（或者說是一項交易的承諾」，是一種事業……施予麵包就能抓住天堂。」他感嘆道，人們總是想要盡可能購買更多便宜划算的商品，但卻不願意投資自己的靈魂。[13]

聖金口約翰的《講道集三》爲君士坦丁堡與東羅馬帝國提供了神聖交易的模型，也爲當時很可能是最有影響力的拉丁基督教領導人聖安博創造了一個範本。雖然聖安博也使用了靈性交易經濟的概念，只不過他以此爲基礎來執行的計畫是西方拉丁世界的基督教化。聖安博出生於古老的羅馬貴族世家，故鄉位於今天的比利時。他接受了羅馬的高等官職訓練，在帝國的系統中成長與受教育，研習修辭學、法律和哲學。他就像東方希臘世界的非基督徒一樣，精通古希臘與羅馬的學科。但是，他在公民世界與宗教世界間搭起了橋樑。他是昆圖斯·奧勒流·西馬庫斯（Quintus Aurelius Symmachus）的表親，西馬庫斯是當時最富有的貴族之一，也是羅馬執政官。事實上，安博後來也成爲北義大利的艾米利亞—利古里亞省（Aemilia-Liguria）的總督，該省的首都是米蘭。

安博是基督教徒，以羅馬基督教派總督的身分進行治理。在三七一年，他卸下了總督職位，成爲米蘭的主教，但同時仍在西羅馬帝國的基督教皇帝瓦倫提尼安一世（Valentinian I）的宮廷中任職。籠罩在安博身上的陰影，是從來不曾消失的西塞羅──他是羅馬公民美德的殉道者，也是善盡公共職責的典範。接受羅馬帝國官職訓練的聖安博，必定要和西塞羅遺留的建樹抗爭一番。而這終究成爲了安博任職羅馬官員及後來擔任主教時的使命。安博做的是最矛盾的工作。他必須一面尊奉凱撒，一邊在布道中宣揚拒絕世俗世界的理念。

身爲一個羅馬帝國公民、一名公務員與西羅馬帝國的基督教領袖，聖安博是一個引人注目的過渡型角色。他很清楚，自己最大的挑戰是讓羅馬帝國的中心人物歸信基督教。他的使命核心是金錢爲重。身爲教會管理人，他要擔心的不只是如何招募信徒，還有如何找到能維持教會運作的資源。他以眞正基督徒該有的行爲，把大量的私人財產都奉獻給教會，並抨擊貿易一事非基督徒所爲。他對個人財富的態度非常明確：金錢是「萬惡之源」。領導人理應「不像敘利亞商人和基列商人那樣渴望不義之財，也不把所有美好希望都寄託在金錢上，更不能像一名夥計那樣加總著每天的薪水、計算存了多少錢」。安博借助自由流通和對更高目標的渴望爲隱喻，強調透過自主選擇的交易能獲得更好的事物。安博認爲，如果財富停滯，金錢就會因爲「蛀蟲」而「腐朽」，所以人們不該囤積財富。另一方面，流通則能使金錢變得「甜美」且「有用」，就像能夠滅火的「水」一樣。刺激市場循環流動的方法，是把「白銀」贈與窮人。唯有如此，上帝才會回以「聖徒的友誼與永恆的居所」作爲恩賜。[14]

安博身上結合了帝國的官員職責與堅實的基督教信仰，因此成爲了熱心傳教的現實主義者。他認爲自己必須直面西塞羅，才能改變所謂職責的本質。因此我們也無需訝異，安博用他最重要的著作之一《論神職人員的責任》（*On the Duties of the Clergy*，約西元三九一年）來抨擊西塞羅的作品。他譴責西塞羅的修辭理論，堅信優雅與美麗並非存在於言語的藝術中，而是存在於上帝之中。眞正的知識只可能出自神性的啟示，而非出自世俗的科學。安博也直接攻擊了私有財產：「我們認爲一切都毫無意義，只有能幫助我們獲得永生祝福的事物例外。」人類理所當然不可能擁有任何事物，因爲上帝賜予人類的比人類能給予上帝的還要更多，使人類不可避免地「在救贖方面成爲債務人」。[15]

安博和西塞羅之間的分歧如此嚴重，嚴重到他試圖扭曲西塞羅派的道德語言，使之符合基督教靈性市場的用語。他認為施捨給窮人與奉獻給教會是偉大的「責任」，因爲這種施捨與奉獻會帶來恩典，而神的眞愛勝過了世俗友誼。除此之外，安博不只把焦點放在死後生命上，他還敦促神職人員透過團契與「洗禮的連結」來建造世俗教會的主體。[16]

最重要的是，安博把耶穌的自我犧牲描述成具有商業性質的神聖交易。畢竟，耶穌是用「神聖自由」來交換人類的「贖罪」，才在十字架上獻出寶血。因此，人類的生命不是爲了空洞的共和理想，應該是爲了救贖而生。當時帝國已瀕臨崩解邊緣，所以他的主張吸引了許多人改信基督教。[17]

▽•▲

在所有教會教父中，聖奧古斯丁（三五四年至四三〇年）掌握權力的時間最久，對經濟思想的影響也最大。奧古斯丁認爲上帝透過預定論（predestination），在基督教的宇宙中創造了一種自我調節的秩序。這代表了一個人是否會被拯救，並非取決於這個人的選擇或意志，而是取決於神的恩典來決定——上帝在一個人能採取行動之前就已經做出決定了。預定論代表的是上帝不但能選擇哪些靈魂可以在天堂被拯救，也代表他能選擇哪些信徒在世俗世界變得富有。這並沒有免除富有的好基督徒必須把錢奉獻給教堂的責任。不過，奧古斯丁在提出這種主張的同時也爲新的財富觀念打開了大門，從而改變了基督教。

奧古斯丁出生於羅馬上層階級一個拉丁化的北非家族。他的母親莫妮卡是一名虔誠的基督徒，他的父親則是非基督徒。奧古斯丁起初全心擁抱了徹底的異教生活，並在羅馬研習柏拉圖哲學與西塞羅的修辭學。他幾乎都住在妓院裡，熱愛葡萄酒，還生了一個私生子。不過在三八六年，在他成爲羅馬帝國米蘭市的首席修辭學教師兩年後，他聽到了一名孩子用上帝的聲音呼喚他閱讀經文，就在這瞬間頓悟了。他閱讀了聖保羅（Saint Paul）在寫給羅馬人的信中對於道德敗壞的批判，就此歸信基督教，強烈抗拒非基督教、西塞羅式的懷疑主義，以及他過去對於肉慾享樂的愛好。由於個人需要，以及基督教福音傳播的莫大吸引力，他決定要用信仰取代世俗的一切享樂與知識。對奧古斯丁來說，原罪帶來的墮落與對上帝的奉獻帶來的贖罪，是他親身體驗的人生故事。聖安博在三八七年公開爲奧古斯丁施洗，這位新基督教徒在三九五年榮升爲希波（Hippo，如今阿爾及利亞的安納巴〔Annaba〕）的主教。

奧古斯丁在離開義大利之前開始撰寫《論意志的自由選擇》（*On Free Choice of the Will*），旨在理解善惡與預定論。這是一部瞭解恩典與救贖的道德市場邏輯的關鍵作品。奧古斯丁在書中解釋道，若一個人想要從原罪中解脫與獲得恩典，首先必須被上帝揀選。換句話說，人類必須經由神的意圖才能做出正確的選擇。當上帝能預見一切後果，他仍爲人類保留了犯下極端錯誤的自由。奧古斯丁指出，交易市場中只有兩種人，一是善用紀律的美德，二是成爲「欲望的奴隸」，這樣的主張透露出西塞羅的斯多噶主義帶來的影響。

奧古斯丁的自由意志概念對經濟思想造成了廣泛的衍生影響。如果上帝會幫助人行善，又如果人們會接著憑藉自己的自由意志成爲虔誠的非物質主義者，那麼他們所擁有的錢財與商品就會是正向的，當他們決定要把錢奉獻給教堂尤其如此。

奧古斯丁使用自己的威權與說服力去指出，有些世俗財富其實是上帝賜予，因此這些是好的財富。這樣的觀念和早期的基督教作者提出的禁慾主義背道而馳。這代表的是富裕的基督徒可以在賺錢的同時保持美德。這種對於世俗財富的宗教性理據是一種悖論。但奧古斯丁清楚意識到，人們不可能每時每刻都維持自我克制的苦修狀態。有些人也許擁有財富與權力，但他們必須把這種世俗財富連結到慈善的態度、良善的意圖和眞正的「自願」追求恩典。世俗財富的流動是取決於神的旨意與自由意志兩者的結合。這對基督教思想來說是非常劇烈的變化。教會再也不需要譴責所有財富。[19]

西塞羅的經濟理念反映了他對羅馬農業菁英階級的忠誠擁護，而奧古斯丁的神學理論也深受希波主教這個身分所影響。北非並不像義大利，儘管希波是一個相對繁榮的城市，大約有三萬名人口，但奧古斯丁成爲主教後仍必須從頭打造一座教堂。他藉由鼓勵人們奉獻達成目標。這項任務並不容易。奧古斯丁和安博不一樣，他沒有鉅額財富，是依靠教會維生。對他來說，教會是通往天堂的必要通道，但教會依然是一個非常世俗的工具。出於必要，奧古斯丁比安博更加關注如何求生存的世俗細節。他承認自己必須苦苦掙扎才能找到錢財來維持教堂的建築、爲神職人員添購衣服與食物，並在北非這個充滿敵意的環境中保護他們。他一點也不覺得貪圖金錢是一件該羞愧的事。如果他的會眾不捐獻，就不會有教堂存在了。

奧古斯丁身處於窮困的鄉村，到處都是好勇鬥狠的異端分子，和一些富裕且咄咄逼人的非基督徒，再加上一群難以管束的信眾，奧古斯丁遭遇了其他教會神職人員所未有的腹背受敵之景況。他長期面臨多納圖派（Donatist）的威脅，這個異教扎根在三百英里外的迦太基（如今的突尼斯市〔Tunis〕）。多納圖派是柏柏爾人（Berber）主教多納圖．馬格努斯（Donatus Magnus）所創立的，他在布道時指出神職人員必須全然免除於罪——他引用了《以弗所書》第五章第二十七節：「毫無玷汙、皺紋等類的病」——才能有效地布道與管理聖禮。這種正統的嚴格主義要求建立「聖人教堂」，所有與教堂相關的都必須是徹底純潔的人。這代表了多納圖拒絕所有在基督教受迫時期，曾和羅馬政府協商談判或屈服的人。奧古斯丁認為，沒有人是免於罪惡的，而這種僵化的觀點只會對教會造成破壞。他認為，若只有一小群信徒能獨自掌握上帝的神祕計畫，擁有無可挑戰的美德之壟斷權，那這樣的說法就是一種異端邪說。然而，多納圖派會對不願意接受相同信仰的其他神職人員進行肢體攻擊。[20]

對奧古斯丁來說，把教會限制在一小群經過揀選的人之中，非但是一種錯誤，而且也會威脅到教會的生存和擴張。他和多納圖之間的鬥爭是一場既屬世又屬靈的戰鬥，把金錢變得更加必要了。傳福音並不是便宜的活動。教會需要取得金錢和市場位置，如此才能對抗仇敵和重建基督教羅馬。這代表教會必須取得西塞羅所代表之共和精神的部分地位，牧師則成爲半神權國家的公僕。這在奧古斯丁的一次布道中表達得相當清楚，他呼籲人們應該直接奉獻給教會，而不是「一視同仁」地施捨給窮人。對個人來說，在毫無靈性專業知識的狀態下施捨他人並不是理想狀況。唯有教會才能妥善管理那些救濟金和聖禮，並爲人們帶來救贖。由此可見，這條路線的重點不是單純捨棄世俗世界；重點是執行對教會有利、協助教會成長壯大的世俗交易。[21]

就像所有世間事物一樣，這個新基督教的羅馬也無法長久存在。西哥德王國（Visigoths）的國王阿拉里克（Alaric）在四一〇年洗劫了羅馬，整座城市就此淪陷。部分羅馬菁英階層爲了逃離入侵的日耳曼軍而一路逃到了奧古斯丁所在的希波，但那裡理所當然地同樣一片恐慌。希波沒有任何軍事資源能保護自己。不過，對奧古斯丁來說，教會面對的世俗挑戰提供了一個機會，能讓他推展他對救贖經濟中之個人主義的所思所想。過去西塞羅在面對羅馬共和崩潰的艱苦逆境時，展示了文學的力量。而現在，羅馬的眞正陷落則啟發了奧古斯丁寫下他的不朽著作《天主之城》（*City of God*），他在書中闡釋了塵世財富的必要性，與這些財富在神聖經濟中的位置。[22]

他說，並不是所有金錢都能拋棄或施捨給窮人。相反地，教會其實需要信徒基於自由意志創造出基督教市場經濟。奧古斯丁堅稱，那些有道德的人有比較高的機率能過上比較好的生活與保住他們的財富。他解釋說：「上帝在分配好與不好的財富時，更加清晰地展現出祂的運作方式。」他認爲，到頭來，有道德的虔誠信徒在落入西哥德王國的手中後，受到的折磨會最少：「那些服從上主忠告，按照吩咐在對的地方用對的方法積累財富之人，他們甚至在野蠻人入侵時連世俗錢財都無所損失。」被選中的人非但註定要上天堂，上帝也會賜予他們世俗的財富與保護。[23]

奧古斯丁的訊息所產生的顛覆性與影響力已經達到頂點。靈性市場會直接影響世俗市場。奧古斯丁說，上帝用看不見的手創造了這個世界：「上帝的『手』就是祂的力量，上帝甚至能透過不可見的方法獲致不可見的結果。」但他說的並不是後來亞當斯密在討論經濟時提到的看不見的手，奧古斯丁清楚表明了，他認爲有一更高的權柄在調控財富。一個人只要憑自由意志進入了上帝的體制中，並完成了必要的交易，就可以高枕無憂了。上帝的恩典將會就此接管接下來的事。就像西塞羅所說的自然系統一樣，奧古斯丁認爲救贖是「一道水流」，會連結一切，也是一切的「成因」，能把人送到天堂的上帝跟前。[24]

奧古斯丁在生命快走到盡頭時，寫下了他對《詩篇》最後的闡釋，明確地將虔誠與一套看不見的財富體系連結起來。「這難道不是一種幸福嗎：兒子平安、女兒美麗、倉庫充滿、牛隻繁多、沒有任何傾頹——我說的不是牆，甚至也不是樹籬——街上沒有騷亂與喧囂，有的只是寧靜、平和與富饒，在他們的家中與城市裡充滿了各式各樣的事物。」他說上帝會確保「義人」（the righteous）擁有這一切。他提問：「亞伯拉罕（Abraham）家中難道不是充滿了黃金、白銀、孩子、僕役、牲畜嗎？」[25]

如果一個人相信了奧古斯丁對於塵世財富的看法，也相信上帝對於自由意志與預定論之間的平衡所產生的影響，那麼這個人就有可能推展出比奧古斯丁更進一步的觀點，認為上帝可以把「針眼」擴大，讓被選中的少數富人通過。奧古斯丁和追隨他的教會教父建立了一套經濟希望的模型。就算羅馬解體了，他們的神學仍保證守貞、施捨窮人與幫助教堂等行為能帶來這一生的富裕與死後的財寶。這是最初始的「雙贏」概念。你要做的事，就只有對這個體制抱持信仰。

但是基督教的救贖市場並無法在世俗中帶來眼前的財富。在奧古斯丁逝世後又過了數百年，歐洲才找到獲得世俗財富的方法——無論上帝是否認可。此後，神聖經濟的哲學概念與語言將會再次為世俗經濟所用，諸如早期的資本主義與自由市場理論。但在奧古斯丁過世後，隨著世俗財富的增加，新的基督教派開始擁抱世俗的、西塞羅式的價值觀。

CHAPTER
03
中世紀市場機制中的神

事實上，正是因為某些事物非常稀少或難以尋獲，這些事物才變得更加被需要。根據這樣的準則，相較於足以滿足所有人的小麥豐收期，小麥在短缺時期的價值更高。

——彼得．約翰．奧利維（Peter John Olivi），《合約論》（*Treatise on Contracts*），一二九三年

羅馬帝國在四〇〇年代初解體，隨之解體的是支持著非基督教哲學家、元老院的領主與基督教強大的新興教會教父的經濟體制與市場。而在國家規模縮減的同

時，教會的金庫規模也縮減了。羅馬帝國殞落時，隨之殞落的是「支配一切的自然經濟體制」這個概念。在有效的人類政府解體後，自然突然變得沒那麼和諧、沒那麼看顧人類了，人們開始覺得「經濟既富饒又能自我調節」的概念不再合理。未經馴化的大自然變得充滿威脅。日耳曼人進犯之下，教會爲了生存轉而求助於世俗經濟。教會必須靠自身組織一個國家，必須協助創造與維持經濟成長。市場並不會自己復原。

對於中世紀的思想家而言，能製造出財富的交易並不像西塞羅想像的那樣潛藏在大自然中，等待具有美德的執法者伸出穩定的手推動它走向正軌。這種交易也不像奧古斯丁在布道時所說的那樣，是個人的自由意志能靠著在世俗交易靈性商品，去推動的一種預定論神聖秩序。事實上，在發展現代市場與其機制的過程中，人類的管理與監督都屬必要，包括打造強大的政府結構與發展創新科技——舉例來說，九世紀的重型犁提高了回報率，而十三世紀晚期至十四世紀早期的複式記帳法帶來了有效的財務管理。教會的經院哲學家（scholastic philosopher）在一一〇〇年代占據了大學的主導位置，所謂的經院哲學家指的是那些透過演繹推理來解決神學矛盾的人（他們最著名的辯論是透過支持與反對的論據來證明上帝的存在）。這些中世紀的哲學家在探索人類自由的過程中，率先開創了個人權利與能動性（agency）的概念。他們認爲國家——無論是教會的還是世俗的——必定得在歐洲社會與經濟的重建上扮演重要的角色。在一二〇〇年至一四〇〇年之間，新一個世代的基督教思想家開始建立理論，分析要如何創造世俗財富與如何拒絕這些財富。他們不認爲有一個全方位的自由市場存在，取而代之的，他們研究的是在有限規模內的自我調節市場機制，希望能找到方法將這些機制放進他們自己的基督教道德規範中。

▽•▲

當政治狀況穩定，並且有一個發達的經濟體制存在時，市場看起來就像是自行出現並維持運作。然而，羅馬的殞落讓我們看見，當社會分崩離析，就需要強力且持續的國家干預才能重建市場。羅馬帝國的航行路線爲地中海的私人貿易確保了穩定性，也使人們覺得商品自由流通是自然秩序的一部分。事實上，商品自由流通是羅馬的一大國家成就。在小麥粉隨著航線流通後，橄欖油、陶器和其他商品也跟著開始流通。這種由國家打造出來的自由流通創造了財富。但是，當載著小麥粉的船隊消失了，以及當汪達爾（Vandal）入侵者占領了北非，崩解的不只是地中海的防護措施，更是整個羅馬的商業體系。隨著西班牙、高盧（Gaul）和奧地利的礦場關閉，金錢變得十分稀缺。貿易逐漸凍結，使西羅馬帝國陷入貧困。[1]

西方的城市與省分失去了原本將它們和東希臘帝國以及北非連結起來的貿易與通聯系統。羅馬帝國大約有百分之十至三十的人口住在城市裡，其中有一百萬人住在羅馬。共有數十個城市的人口超過一千人。隨著國際貿易與城市在西元四〇〇至七〇〇年間逐漸衰落，城鎮菁英的財富也減少了。隨著較不穩定的鄉村經濟占據主導地位，貧困取代了相對的繁榮。與此同時，氣溫大約下降了攝氏一點五度，使得作物產量減少，冬天也更加寒冷，加遽了經濟危機。[2]

貧困逐漸擴大後，緊接而來的是疾病、瘟疫和人口數量下降。隨著公民管理與國家食物系統停擺，各種疾病開始出現在較脆弱的人口中。病毒大流行變成了當時很常見的情況。瘧疾在缺乏整治的沼澤地滋生。痲瘋病，也就是漢生病，在過去的羅馬是很罕見的，此時卻因爲衛生條件不佳而在歐洲各地蔓延。最糟糕的是，腺鼠疫（俗稱黑死病）在五四一年首次出現在帝國中。希臘拜占庭歷史學家波寇披厄斯（Procopius）將五四一年至五四二年的查士丁尼大瘟疫（Justinian's plague）描述爲一種來自埃及的神祕疾病，他寫道：「整個人類種族幾乎被趕盡殺絕。」這場瘟疫在羅馬帝國的東部與西部共導致了五千多萬人死亡，摧毀了地中海沿岸剩餘的勞動人口和各種產業。到了西元六〇〇年，前西羅馬帝國似乎就要全面土崩瓦解了。商人和工匠無法填補這個缺口，他們已經消失了。不再有市場，也不再有任何方式能流通商品。在高盧北部和萊茵蘭（Rhineland），農業用地變成了森林，而較大且較有組織的羅馬莊園系統被聚集在村莊的小型家庭農場所取代。隨著土壤變得貧瘠以及能犁地的動物減少，帶來的是更加耐寒的北歐穀物，例如黑麥和燕麥。[3]

諷刺的是，羅馬帝國的解體使得教會更加接近西塞羅的世俗公民精神。沒有了強權國家，又必須面對秩序混亂、貧困與瘟疫，教會在新日耳曼王國中扮演起領導角色，成爲了一股世俗的力量。教會這麼做不只是爲了維護自身利益，也是因爲當時已經沒有其他公民組織存在了。教會領導人希望利用他們所擁有的組織與統治力量發展出規模更大的歐洲經濟體。

由於羅馬皇帝與日耳曼國王都需要擴張組織權力，於是雙方都藉著贈與土地與自治的自由來支持教會擴張，使得西歐的修道院獲得大量的權力與財富。基督教修道運動的創始人「努西亞的聖本篤」（Saint Benedict of Nursia）注意到，修道院必須協助重建與組織經濟體。以莊園爲基礎的羅馬農業體系把農業奴隸勞動制度傳承給了中世紀早期的社會。修道院成了當時的財富管理核心。修道士的土地日益富饒，他們除了禱告和勞動外，還得監督在這些土地工作的奴隸。聖本篤的修道院會規（Benedict's monastic Rule，五一六年）本質上就是一套管理大型修道院社群的操作指南。這些富有的機構利用他們的龐大資產來產出高價值的農產品，例如羊毛紡紗、小麥粉、起司、香腸、葡萄酒和啤酒。修道院長成了上帝在世俗的財富之「分配者」。[4]

對於這些神聖的「託管人」，或者「食品管理人」來說，財富的創造並非自然的產物，甚至也不是古典意義上的農業產物，而是以優秀的方式管理稀缺商品。當時沒有人會認爲這筆新的財富是市場或任何個人自行生產的。這筆財富來自集體紀律、強大的機構與大規模的奴隸農場。換句話說，教會的統治在中世紀早期經濟的發展和建設上功不可沒。[5]

神職人員必須依據稀缺性和道德準則二者來管理貨品。教會得確保信徒能獲得足夠的食物和衣服。教宗額我略一世（Pope Gregory I，在位期間五九〇年至六〇四年）認爲良好的管理等同於「財富」（largine）與「慈善」（caritas）的重新分配。而後，大型宗教機構成爲了金融管理中心，像是英格蘭東北部的富有組織杜倫大教堂修道院（Durham Cathedral Priory）。他們用大量的會計帳簿來管理存貨、商店、家戶、員工、租金和通行費。[6]

到了一〇五〇年，重型犁、耙、鋤頭和新型輓具出現了，農作物產量倍增，這不僅使人民的生活水準上升，也使得人口迅速增加。隨著人口成長，城市紛紛建立，貿易也跟著擴張。以往只有教會、國王、貴族軍閥、奴隸、農奴和週期性貿易的存在，如今西歐的鄉村經濟讓位給了發展蓬勃的城市中心，城市裡滿是商人與技巧純熟的工匠，他們享有的自由使他們與鄉村裡的大量受制人口截然不同。[7]

中世紀的城市之所以會難以理解自由貿易，是因爲當時的商業自由最初是以明顯的壟斷形式出現的：教會和國家都把自由貿易的特權授予城市與城市裡的行會，也只把特權限制於此。這種結合帶來了經濟發展與市場擴張。一一二七年，在法國北部法蘭德斯郡（County of Flanders）的聖奧梅爾（Saint-Omer），威廉・克利托伯爵（William Clito）授予特權給市區居民——也就是聖奧梅爾的城市公民，允許他們無論犯了什麼罪，都可以在自己的城市法庭中受審。此外，他也免除了他們在法蘭德斯服兵役、繳交通行費與繳納多項稅款的義務。大致上來說，這些市民擺脫了封建的束縛，不需要繳納日耳曼的漢薩稅（hansa tax），也不需要支付安全過路費給神聖羅馬帝國的皇帝，或通行費給法國王室。他們也可以隨心所欲地維持地方壟斷，伯爵保證所有在城市內簽署的合約都必定會履行。在一份海關文件中，伯爵列出了他與各國統治者達成的協議，以保護當地居民的免稅權利。此外，伯爵也保證會對市鎮提供軍事保護。[8]

當然了，城市的居民絕不會享有國王、教士或領主那般的自由。不過，他們已經擁有了穩固的個人自由，這使他們有權隨意通行；保護他們免於封建制度的農業勞役、義務事項、稅務和任意監禁；並賦予他們對城市政府的選舉權。自由交易與地方壟斷特權的交換條件是，這些市民必須賺取金錢，為法蘭德斯郡帶來財富，並繳納稅金給伯爵。正是從這種混合了城市自由、壟斷與專業規範的制度中，歐洲市場首次崛起，早期資本主義也隨之誕生。[9]

儘管亞當斯密會認為行會是一種純粹的壓迫——與自由市場文化相對——但行會對於市場發展來說是必要的。在城市財富開始擴張的那一刻，行會法規就出現了。行會的規定幾乎像修道院一樣嚴格。在行會會館中吃飯的行會成員享有折扣價，外來者則必須支付更多錢。就算只是想要從行會裡夾帶一杯葡萄酒出來也會被罰款。那些打架的人，以及「因為沒有武器而用整塊麵包或石頭」襲擊其他行會成員的人也會被罰款。行會成員就像修道士一樣，他們的衣服、食物與禱告都受到規範（舉例來說，任何在行會會館中穿木鞋的人都必須支付罰金）。加入行會的其中一個好處，是能在特定城鎮中享有特權待遇。行會成員能用折扣價購買產品，非行會成員則必須支付更高的價格。不過最重要的是——這也是斯密忽略的一點——在佛羅倫斯和錫耶納（Siena）等城市中的行會是專業技能、創新與財富的核心。[10]

神學家往往對商人抱持戒心。這是因為商人為了謀取利潤而汲汲營營，他們不耕作土地，被視爲在精神上甚至比眞正的窮人還要更貧窮。十世紀，「維洛納的瑞提爾」（Rathier of Verona）把商人歸類成「流浪者和貧民」。但到了十一世紀，神學家對於商業的看法有了轉變。從義大利主教暨法律神學家格拉提安（Gratian）到神學家「克萊爾沃的伯納德」（Bernard of Clairvaux），這些首屈一指的思想家都以正向態度看待虔誠的商人。本篤會修道士暨教會改革者伯多祿・達彌盎（Peter Damian）指出，一個優秀的主教應該要像優秀的商人一樣管理自己的教區。如果商人能把財富奉獻給慈善事業，那麼商人當然就是好的。教會藉由這種方式清楚區分哪些人是自然經濟的一部分，哪些人不是：舉例來說，「不信基督者」和「猶太人」被視爲侵占基督教合理財富的有罪者，他們是「壞」商人，不得與任何有道德的當權者交易。但在多數情況下，教會並不想要抨擊商人的財富，他們只希望商人分享財富。因此，教會開始利用強大的影響力去控制正在成長的經濟，同時在市場中堅持基督教的道德觀。[11]

雖然教會沒有權力控制商業生態，但會指導行會設下有道德的價格，這些價格同時反映著市場價值公平公正的交易原則，其中也包括了對利潤的限制。基督教自行定義了他們的道德商業社群與新市場規則，只要遵循基督教的方法，基督徒就可以自由交易。這裡出現了與西塞羅相互呼應的觀點：正如弗蘭伯勒的羅伯特牧師（Robert of Flamborough）在《懺悔書》（*Penitential*，約一二〇八年至一二一三年）中寫下的，建立在基督教式關係的「文明友誼」上而執行的交易，就是一種美德。12

▽・▲

從許多方面來說，中世紀經濟思想的故事都始於方濟各會（Franciscan Order）的創辦者「亞西西的聖方濟各」（Saint Francis of Assisi）的人生。他在一一八一年出生於義大利翁布里亞（Umbria），原名為約翰・伯鐸・伯納戴德（Giovanni di Pietro di Bernardone），他的父親是絲綢商人，母親是普羅旺斯貴族。他的家族屬於富有商人這個新階級，居住在拉丁地中海地區——大約是從義大利與法國南部延伸到巴塞隆納的區域。這個社會經濟階級在往後被方濟各拒之門外。一二〇五年，他所目睹的異象引領他捨棄了世俗的財富。他聲明放棄繼承遺產，而為了展現自己將以基督之名獻身於絕對的貧困，他驚世駭俗地當眾脫去自己的衣物，這使他的父親驚恐不已而和他斷絕關係。從那時候開始，他只穿農民的粗布衣，成爲了一名托缽修士，居住生活皆與窮人爲伍，只靠著捐獻過活。他是歐洲文化傳統中第一位真正關注自然的生態學家，將動物視爲有靈性的存在，並向牠們傳道。他認爲他的教堂沒有牆壁，他的教堂就是自然本身，而從本質上拒絕富裕的修道院生活。當時宗教機構已經成了整個西歐的財富核心，而方濟各的追隨者、方濟各會以及他們向絕對貧困立下的誓言對這些機構來說是莫大的威脅。

放棄財富會帶來的深刻哲學反思，除了審視財富究竟爲何，也審視了價格是如何由道德力量與市場力量創造出來。方濟各經院派（Franciscan Scholastic）的神學家——他們接受過使用辯證法與演繹推理來解決哲學問題的訓練——以巴黎大學（University of Paris）爲中心，汲取柏拉圖、亞里斯多德和西塞羅的論點，去理解市場的運作要如何才能符合基督教的道德觀。他們將亞里斯多德的平衡觀念與羅馬的自然法結合起來，正如中世紀的法律典範著作，格拉提安的《教令集》（*Decretals*，一一四〇年）中描述的一樣。《教令集》是一部中世紀羅馬教會法的創始性匯編與典範之書，書中聲明道，每一次不公平的損失——也就是教會認爲對交易雙方來說價值不相等的協議，或者詐欺——都必須用價值完全對等的事物來「恢復」。此一概念來自亞里斯多德的《尼各馬可倫理學》（*Nicomachean Ethics*）與「公平交換」（equal for equal）的原則。《尼各馬可倫理學》更描述了人們要如何以私人財產、合約和許可爲基礎進行交易。這是公平價格理論的基礎，此一理論指出，所有價格都應該反映出交易的公正平衡性，參與交易的人應該要平等獲利。[13]

經院派哲學家面臨的挑戰，是要定義出什麼才是一項商品和服務的公平且道德的價格，以及怎樣才能計算相等的價值。公共當局和生產商會負責制定價格。神職人員相信，交易商在決定公平的價值時，可以藉由利用一種中立的個人選擇邏輯，來做出有道德的商業決定。這與現代個人自主性的概念其實並不相同，只是代表了商人可以針對價格做出專業決策罷了。基督教相信，商人只要結合道德考量與當時的市場價格，就能設下公正且公平的價格與利潤率。

道明會修士暨義大利經院派思想家聖多馬斯·阿奎那（Saint Thomas Aquinas）在他的著作《神學大全》（*Summa Theologica*，一二六五年至一二七四年）中，也同意方濟各會的說法，認爲商人必須具備道德並使用「公正」的價格。然而，阿奎那不認同方濟各爲絕對貧困立下的誓言。他主張貧困不應該是一種要求或規則，而應該是個人選擇或志向。事實上，他認爲完全的貧困是不可能做到的事，這是因爲所有人都必定擁有某些東西，他認爲方濟各會的誓言會帶來犯下大罪與下地獄的風險，畢竟違背對上帝的誓言是非常嚴重的。這或許只是一個爲了自身方便而提出的觀點，鑑於道明會十分富有，擁有面積廣袤的封建土地，在阿奎那看來，以道德方法取得的財富不會使他產生任何疑慮：他覺得教會需要變得富有。這樣的觀點影響了他對市場自然運作方式的理解。[14]

阿奎那指出，誠實的商業與獲利並不是一種罪。人們可以在契約中明確約定對雙方都有利的價格。如果買賣或交換的其中一方想要從另一方身上謀取不公平的利潤，那麼公共機構（無論是世俗機構還是宗教機構）就必須出手介入，使交易恢復公平。阿奎那引用西塞羅的話，主張事先說明商品有何缺陷是所有交易人的責任。他遵循西塞羅的理念，認爲好的道德觀能形成商業與政治的基礎。依照這種嚴格的道德觀行事，就可以在賺進利潤的同時維持虔誠。[15]

方濟各會所面臨的挑戰是非常艱鉅的。只要他們在無意間擁有或使用了並非基本必需品的財產——舉例來說，如果他們擁有了任何一件以實用性來說並非必要的衣服——他們就會因爲違反了神聖誓言而下地獄。方濟各會開始研究定價與價值的機制，旨在確保成員能保持「絕對的貧困」。方濟各會的規則剝奪了成員住進修道院的權利，因爲許多修道院都很富裕。他們也不能擁有任何形式的財產。他們甚至根本不應該觸摸到錢。修道士可以幫助窮人、病人和虔誠之人，可以出於忠實和虔誠而勞動，但他們絕不能直接爲了錢而工作。16

方濟各會的嚴格規則使教會成員驚愕不已。如果沒有了階級制度、財產和資金來維持住房、生計和慈善工作，就幾乎不可能有修道院制度的存在。阿奎那認爲方濟各會太過激進，成員不但拒絕接受機構階級與社會階級的制度，也拒絕私人財產。當時教會是全歐洲最龐大的封建財產持有者，在歐洲各地都有稅收。貧困誓言對世俗教會與其鉅額財富產生了威脅。當時的農民，甚至連各地國王都對教會的強權感到不滿，因此教會必須以強制的手段維護這種權力。此外，阿奎那等人也擔心方濟各會的誓言暗示了教會成員沒有生活在貧困中——或者說生活在奢侈中——是一種不虔誠的罪惡。

方濟各會的貧困對教會構成了莫大威脅。雖然方濟各會的多處成員都支持和平，但也有一些激進的托缽修道士團體——例如一三〇〇年代早期位於北義大利的多契尼安教派（Dolcinian sect）——會定期推動影響巨大的暴力運動，推翻社會秩序並將教會視爲私有財產機構而加以摧毀。教會派出軍隊鎮壓，在一三〇七年，他們抓到了該運動的領導人弗拉·多奇諾（Fra Dulcino），綁在火刑柱上燒死。[17]

蘇格蘭方濟各會修道士暨經院派哲學家董思高（John Duns Scotus）對定價的看法比阿奎那更加複雜，他指出價格既不是來自平衡的交易，也不是來自道德規則。與之相對的，他認爲價格來自世俗市場的自由運作過程。私有財產不在教會的管轄範圍之內，而理解各式各樣能創造價值的市場活動並非教會所具備的能力。在董思高看來，價格來自數量，也來自勞動力與專業的價值。要去理解一個價格，必須考慮到「勤懇、謹慎、細心和從事此類工作會帶來的風險」。因此，對神職人員來說，要計算出市場價格是很困難的。正因爲如此，方濟各會也同樣很難確定他們是否眞的遵守了貧困誓言。若想遵守誓言，他們就需要諮詢那些熟悉世俗市場價格的商人與其他專家。[18]

湊巧的是，方濟各會士往往來自受過良好教育的經商背景，這也就代表了其中有些人對於商業與定價的運作方式具有較深入的認識。方濟各會的領導人與信奉者逐漸開始認爲，若想要確實遵守貧困誓言，就應該要更仔細地編訂誓言內容。方濟各會神學家聖文德（Saint Bonaventure）的《納波內教會法規》（*Constitutions of Narbonne*，一二六〇年）對富裕與貧困進行了詳細分析，目的是制定出嚴格的規範幫助方濟各會士維持誓言。章程中最重要的主題之一是服裝，在義大利，服裝是最明顯的財富象徵，因此處的蓬勃經濟核心正是布料生產。聖方濟各認爲服裝對於保持貧困來說是一種物質阻礙，也是富裕的象徵。舉例來說，《納波內教會法規》因此規範每位弟兄都只能擁有一件外衣，甚至特別闡明了修道士在外衣損壞或者需要用其他布料修補外衣時該怎麼做。[19]

一二八六年，方濟各會開始探討他們是否不該把書籍（當時的書籍是昂貴的羊皮紙手稿）視爲一種有價值的物品，而看成一種單純的學習工具。依照方濟各會士的看法，如果在使用昂貴的書籍時能恪守靈性實用目的，那麼在方濟各會的嚴格經濟規範中，書籍就不算是奢侈品。據此，一般信徒可以把書籍當作禮物來贈送給修道士或修道院，但是必須由宗教機構的領導人或託管者來決定誰能使用這些書籍。一二九七年，波隆那的巴塞洛繆修士（Brother Bartholomeus of Bologna）從另一位修道士那裡收到兩本書。而後他把這兩本書遺贈給了吳高利諾修士（Brother Hugolinus）。我們可以肯定的是，他們的行爲符合靈性實用原則。這些修道士們謹慎地記錄這些物品，明確寫下自己的使用方式，如此一來他們才能用屬世與屬靈的標準算出這些物品的價值。[20]

教宗尼閣三世（Pope Nicholas III，在位期間一二七七年至一二八〇年）支持方濟各會的誓言，他認爲有許多虔誠的方濟各會士都證明了這個誓言是可以遵守的。他在一二七九年頒布了主題爲「方濟各會規範之確認」的教宗詔書《撒種的出去撒種》（*Exiit qui seminat*），並在其中提出了一項實現貧困誓言的革命性方法。教宗尼閣三世認爲，方濟各會士是不可能違背貧困誓言的，因爲方濟各會名下所有財產的實際擁有人其實是教宗；也就是說，方濟各會士從來沒有實際「擁有」任何事物。不只如此，尼閣還進一步用市場價值觀念來解釋道，就算方濟各會士手上擁有任何貨品與地產，這些財產的價值也不是固定的，而是取決於這些修道士在哪裡、爲了什麼、用什麼方式使用這些財產。每一件事物的價值都會依據它的實際用途與靈性用途而改變。尼閣強調，放棄財產「並不表示修道士在任何情況下都必須放棄使用物品」。他解釋道，物品的價值來自「地點與時節」，而且也和特定的責任有關。他指出「科學是需要研究的」，如果沒有「使用書籍」，修道士不可能執行這種研究。尼閣認爲，宗教當局可以監督定價的過程，這麼做不只能確保方濟各會士只擁有必要的事物，也能減輕他們對於違背誓言的恐懼。爲了解決教堂內部的衝突，教宗尼閣藉由這次的教宗詔書傳達了他全心接受市場機制的觀點。[21]

在同一年，法國方濟各會士彼得·約翰·奧利維寫下了《簡約使用商品論》（*De usu paupere*），此著作說明了發下貧困誓言者在使用商品時有何限制。奧利維在其中針對要如何在遵守誓言的同時擁有世俗物品的問題加以闡釋。他創造了一些最早期、最創新的自我調節市場機制的特定概念。他出生於法國蒙彼利埃（Montpellier），曾在義大利佛羅倫斯生活過一段時間，也曾住在普羅旺斯一個有三萬人口的城市——納波內市（Narbonne）。他因此身處於地中海商業世界的核心，這裡的方濟各會士往往是商人的告解對象。奧利維曾在尼閣三世的教宗管理系統中工作，他試著爲方濟各會士的誓言辯護，並因此提出了第一個邊際效用遞減法則的理論，根據該理論的描述，在商品的可取得數量與消費量增加時，該商品的價值也會隨之減少。奧利維指出，如果人們「普遍地」或「慣常地」使用某些物品的話，這些物品的價值就會受到影響。愈容易取得的事物，價值就愈低。舉例來說，像是油和蔬菜這類爲大眾大量生產、又能「輕易」獲得的原物料，價值就比稀有商品要低。22

貨品的效用與價值跟能因此產品而受益的人數相關。如果有數以百計的人都能獲得某種貨品的話，這種貨品的價值就不高。奧利維主張，如果某種物品罕見到只有一個人擁有它——例如罕見的手稿或珠寶——那麼這個物品就會因爲稀缺性而變得珍貴。他指出「耐用性」也會影響價格。舉例來說，在食品方面，新鮮度是重要因素，剛收成的食物比擺放較久的「陳舊」食物要更有價值，後者會迅速失去價值。貨品的壽命也很重要。像是穀物這一類可儲藏的貨品也具有較高的價值。像是衣物或房屋這一類可以使用更久的物品，要依據它們的耐用度來計算價值。這代表的是，沒有任何單一權威機構可以指定或修正物品的公平價格。奧利維強調，公平的價格可以用道德準則當作基礎，更甚者，公平的價格取決於一個包含了數量、效用、可取得性與耐用性的系統，這個系統會自我調節且不斷改變。[23]

奧利維認爲創造價值的是效用，而不是道德，這個論點對教會、甚至對世俗當權者來說都是一種挑戰，長久以來，教會與世俗當權者都認爲判斷價值是他們的職責。除此之外，奧利維也批判聖奧古斯丁認爲人類認知必須仰賴神聖啟示的觀點，他認爲人類思想中的判斷力來自自由意志。這樣的想法把能動性從上帝與教會的手上奪走，而將能動性更加集中於個人。對於教會的領導人來說，這樣的觀點已經越界，對於巴黎大學那些有權有勢的博士來說尤其如此。他們主張奧利維的思想是異端。當權者把奧利維帶到巴黎由七名方濟各會法官主持的法庭，這些法官判他有罪，毀掉了他在巴黎教書的機會。[24]

奧利維最終洗清了自己的罪名，成功在納波內獲得了一份教職，並在一二九三年寫下了可說是中世紀經濟理論中最具有遠見的一本著作《合約論》。他在書中強調，神職人員不能理解定價，因此需要依靠世俗商人的「專業」才能說明市場的運作方法。他的一個主要擔憂是，如果人們不理解契約，他們就無法理解自己的罪。對方濟各會士來說也是如此，他們在履行行政職責時不可避免要簽署契約，同時還必須遵守絕對貧困的誓言。奧利維擔心若其他教友無法在告解中妥善描述自己未遵守契約的過失，可能會墜入地獄——因爲缺乏經濟專業知識而無法在告解中認罪。因此，理解合約是至關重要的一件事，這不只是爲了維持貧困誓言，也是爲了告解自己打破誓言的行爲。

奧利維認爲，唯有商人「社群」的「判斷」才能公正地建立價格，因爲僅有這些商人理解「商品與服務」之間的關係，也瞭解「共同利益」的需求。奧利維主張，是誠實與準確的商業決策推動了各種市場機制的因果關係。不過，商人當然也有不誠實的時候，但奧利維從沒解釋過詐欺是否也會推動市場機制。儘管如此，他確實以敏銳的洞察力意識到，商人理解特定市場中的勞動力價值，並且會把這種價值加諸到特定商品的價格上。人們可以靠著對商品「效用」的知識去估算商品價格，而這種「效用」是根據「買方」而決定的。舉例來說，在流行病期間，特定的稀有藥草會變得較貴，在這些藥草變成生存必需品時尤其如此。[25]

奧利維觀察到，商人的勞動奔走與專業能力往往會爲商品增添額外的價值。他提醒讀者，爲了經商而旅行是很危險的，也需要豐富的背景知識。商人必須熟悉貿易路線，更不用說還要瞭解外國的海關與貨幣狀況。遠距貿易需要投資極高的資本，也存在極大的風險。奧利維是第一個討論資本市場概念的思想家，比卡爾・馬克思（Karl Marx）早了將近九百年。他注意到，貨幣缺乏本質上的價值，「因爲單靠貨幣本身是無法營利的」。而價值來自於「商人在商業交易中進行的活動」。他將貨幣視爲一種未來投資的資本；它的價值是可以成長的，但也是不確定的，並且取決於商人的技巧與決策，也取決於更廣闊的市場動態。[26]

雖然奧利維觀察到定價的機制是自然出現，他仍認爲這些機制需要受到道德約束，並警告說，稀缺性並不是一個提高價格的正當藉口。商人必須抵抗在販賣稀缺商品時索價過高的誘惑。此外，他認爲轉售這個行爲就是不道德的。轉售的人不事生產，也不是運用自己的技能爲資本增加價值，只是在沒有付出勞力的狀況下把物品帶進市場中，用較高的價格販賣，這樣的行爲極其不道德，因此社群應該「驅逐」這些人。評估哪些商人有眞正的、符合道德的生產力，是一項艱鉅的責任。有鑑於此，奧利維建議教會應該要瞭解商品相關知識，包括其中的勞動力、專業技能與風險等，才能評估商人訂定的價格是否反映了公正的價值。[27]

方濟各會的思想，將會在傑出的經院哲學家暨英國方濟各會士「奧坎的威廉」（William of Ockham）的研究中出現革命性轉變，奧坎把焦點轉向市場上的個體與主觀選擇，趨近於現代觀念。和奧利維一樣，奧坎在一三二〇年代爲完美與絕對貧困的概念辯護，但他捍衛貧困誓言使用的是全新方法。奧坎認爲，沒有法律能強迫任何人違背自己的意願去擁有任何事物，他開始宣揚「寬容式」法律的必要性，比如讓人有權利拒絕私有財產。擁有個人選擇，代表的是方濟各會可以拒絕擁有財產，就像他們可以擁有財產一樣毫無疑問。[28]

亞維農（Avignon）的第二任教宗若望十二世（John XXII，在任期間一三一六年至一三三四年）是一名君主，擁有大量地產與可觀的軍事武力，他認爲方濟各會的貧困誓言確實對私有財產造成傷害。若望在一三二二年的教宗詔書《因爲有時》（*Quia nonnunquam*）中抨擊貧困誓言，並把一群極端的小兄弟會（Fraticelli，又稱精神派方濟各會〔Spiritual Franciscans〕）逐出教會，這些修道士狂熱地以基督爲榜樣，相信人們應該徹底拋棄私有財產制。教宗若望認為私有財產制是上帝所創造。他推翻了尼閣三世的詔書《撒種的出去撒種》，堅持使徒們亦擁有財產，正如方濟各會士一樣擁有自己的財產與貨品，其擁有者並非教宗。教宗若望希望能用這種方式來撤銷尼閣為方濟各會的誓言所做的辯護。[29]

奧坎的威廉用一個建立許久的觀點反駁了教宗若望，即私有財產制是一種世俗制度，是人類從伊甸園墮落至人世間後才建立的。他大膽地宣示，教宗沒有權利對財產做出總體決定。奧坎和董思高一樣，認為上帝已經把世俗的財產交給凱撒——也就是人世間的君主與領主了，他們才是眞正有最終權威能決定世俗財產問題的人。世俗法律允許人們在經濟問題上行使「傳教的自由」，這是依據他們的個人意志，而非遵循宗教權威。奧坎進一步指出，沒有人可以剝奪自由個體的「財產、權利與自由」。因此，商人和方濟各會士都有選擇的自由，教會既不能控制他們，也不能壓迫他們。教宗與道明會士可以選擇賺錢，而方濟各會士也同樣有權可以拒絕所有財產。[30]

奧坎利用一系列複雜的神學技巧指出，天堂就像伊甸園一樣，所有事物都是眾人共同擁有的。但在人類墮落後，亞當與夏娃的原罪爲人類創造出了不完美的永恆汙點。人類居住在一個有缺陷的世界裡，必須在其中找到正確方向，透過自己的道德決定得到救贖。換句話說，教會不能「要求」一個人遵守既定的道德戒律。奧坎堅持認爲，「教宗權威」不能夠用來強迫人們做出慈善施捨、維持童貞或節制性行爲的道德決定。另一方面，世俗的君主則可以制定和執行法律，前提是他們的權威應該「建立在愛之上，而非恐懼之上，並且是藉由人民選舉而產生」。奧坎提出的個人自由願景十分不同凡響，也是早期爲經濟選擇的自由市場辯護的觀點之一。[31]

如今看來，奧坎對於宗教、政治與經濟自由的觀點非常貼近現代的看法。而這些理念在北義大利的一些憲政共和城邦中也有所呼應，該處的公民享有相對較高的個人自由與經濟自由。奧坎的財產理論也正好有利於英格蘭國王愛德華一世的世俗利益，愛德華一世甚至試圖藉此強迫神職人員繳稅。然而，奧坎對世俗權力的信念並沒有推動個人權利的時代來臨。在歐洲的多數區域，封建制度仍然方興未艾。封建制度的基礎並不是個人的自然權利，而是封建制度的傳統與特權。君主與領主僅願意透過契約提供商人在城市活動的自由。他們統治著長久以來受盡折磨的農奴，所榨取的不只是勞動力，更經常會透過暴力與私人司法體制來榨取財富本身。[32]

無論如何，城市的居民享受著更大的自由。商人出於完全相反的動機，也開始研究市場的運作機制。他們相信這個世界上需要一種更加世俗的價值觀，才能配合不斷蓬勃發展的市場所創造的驚人財富。特別值得一提的是，佛羅倫斯人提出了一個以自由市場思想爲核心的新觀點：勤勞的商人賺取財富、甚至歌頌財富，是一件符合道德的事。

CHAPTER

04

佛羅倫斯的財富與馬基維利的市場

秩序良好的共和國必須保持公眾的富裕，但同時保持公民的貧困。

——馬基維利，《李維論》（*Discourses on Livy*，一五一七年）

奧坎的威廉爲了捍衛方濟各會的貧困誓言，而撰文證明個人自由之正當性的同時，佛羅倫斯的商人正爲了追求財富，而尋求一種能證明個人自由之正當性的哲學。到了一三〇〇年代，擁有憲法、公民自由、複雜市場與驚人物質財富的商業共和國——例如錫耶納、佛羅倫斯、熱那亞與威尼斯——紛紛脫離了國王與領主的封建統治。它們的財富並非來自傳統的農業與封建體制，而是來自工業、貿易與金融。支配著這些中世紀城市的商業界菁英很清楚他們身處的狀況是前所未有的。事實上，在基督教世界裡，沒有任何重要文本曾單純地讚頌商業財富。這些人已經掌握了眞正的權力，於是開始試著透過描述與讚美市場的運作方式來尋求改變。

與奧坎和經院哲學家不同，義大利商人並不以消極的眼光看待對金錢的渴望。富有的義大利商人和文藝復興時期的人文主義者全心擁抱了西塞羅對於人民要服務國家的理想，他們認爲若想創造出一個有道德的商業共和國、一個健康的市場，就必須先有個人的利己和利益追求。這是一二五〇年至一四五〇年間的重大文化轉變，這代表了維持這種美德的關鍵不是農業，而是商業，而世俗對於財富的欲望與渴望也可以是好的。[1]

▽・▲

到了一二〇〇年代，錫耶納的托斯卡納（Tuscan）城邦已經變成歐洲金融業的領導者，這是因爲該城邦許多公民都擅長金融，各國對於此共和國的銀行機構充滿信心。錫耶納的政府官員意識到，若想讓借債人和投資人在他們的城市裡存款與進行金融交易，就必須先讓借債人和投資人認爲，這裡的市場會按照他們的預期運作。從一二八七年至一三五五年，錫耶納社群與人民的九位總督與辯護者（Nine Governors and Defenders of the Commune and the People of Siena）把焦點放在維護良好金融管理的法律規範與聲譽上。政府監管的不只是高度組織化的稅收系統，還有穩定的信用網絡。[2]

良好政府與商業美德的價值觀瀰漫在社會中。在錫耶納的著名中世紀公共機關建築「錫耶納市政廳」（Palazzo Pubblico）中，畫家安布羅喬·洛倫采蒂（Ambrogio Lorenzetti）創作了一組三連幅的濕壁畫，《好政府與壞政府的預言》（*The Allegory of Good and Bad Government*，一三三八年至一三三九年），畫中傳達出守法的商人能維護良好的政府。這些壁畫顯然是參考了西塞羅與羅馬哲學家塞內卡（Seneca，西元四年至六五年）的思想，描繪了正義、智慧、和平、堅韌、謹愼、寬容與節制等斯多噶美德圍繞在好政府周圍。洛倫采蒂把斯多噶主義和良好的商業行爲劃上等號。他將錫耶納描繪成一個充滿富裕公民、商店、商人和工匠的城市。他傳達了很明確的道德與經濟訊息：在法律規範的支持下，優秀的菁英共和政府可以爲創造財富的交易打造出所需的環境條件。健康的市場也會相應地支持共和國的發展。另一幅畫則重述了西塞羅派的古老訊息：政治的暴君將會直接導致貪腐，暴君破壞的不只是信任與和平，也會破壞市場本身與市場本應創造的財富。[3]

對於充滿美德的斯多噶式政府與城市財富的稱讚，很快就在佛羅倫斯的商人作家手下變得屢見不鮮。到了一三〇〇年代後期，佛羅倫斯已經超越錫耶納，成爲托斯卡納的經濟生活中心。托斯卡納的古典人文學者暨作家法蘭切斯科·佩脫拉克（Francesco Petrarch）著手復興西塞羅派思想，藉此支持世俗公民義務是一種美德的觀點。佩脫拉克既是詩人，也是教宗的行政官員，他引領了一場運動，旨在尋找與恢復古羅馬的文本。一三四七年的黑死病和隨之而來的戰爭使得佩脫拉克拒絕了「上帝在懲罰義大利」的觀點；相對地，他認爲人類是因爲放棄了公民美德才會爲自己帶來災禍。因此，義大利必須效仿羅馬，建立更好的政府以打造新氣象。[4]

佩脫拉克希望能找到一種足以吸引菁英執行公民義務的哲學。他在西塞羅的「派代亞」（paideia）公民教育思想中找到此一哲學，希望能藉此帶動羅馬美德在佛羅倫斯的復興。佩脫拉克解釋道，托斯卡納的菁英必須要付出努力，研讀古代的倫理、修辭與法律來學習何謂優秀的治理方式，如此才能實踐西塞羅所謂的公民「首要之善」（summum bonum）。他在《統治者應該如何治理他的國家》（*How a Ruler Ought to Govern His State*，一三七三年）此一專著中，使用了西塞羅的作品來描述自己理想中具備道德正義的統治者。這些統治者付出努力是出於共和國的愛，也是出於「大眾」的共同利益。佩脫拉克認爲成功國家的基礎不是軍事武器，而是財富與優秀的公民。他追隨西塞羅的觀點，指出領導人應該是清廉且高效率的管理者。[5]

佩脫拉克對「派代亞」的論述吸引了義大利共和國菁英階層中的古老家族，也吸引了瘟疫過後才躋身菁英行列的新家族。隨著貿易興起，佛羅倫斯的商人開始把自己看作名正言順的新菁英的領導者，這種領導並非基於封建權力和宗教權力，而是基於商業與世俗法律。長久以來，教會都把商人描繪成「道德貧民」，如今商人成了歐洲最富有的其中一群人。因此我們也不難理解，爲什麼商人想把自己的財富與政治義務描述成一種好的德行。[6]

佛羅倫斯的商人在信件、帳本和正式的商業與家族回憶錄中寫下了這些嶄新觀點，這些回憶錄（ricordi）可以視爲商業藝術之書。多數時候，經濟史學家認爲上述文字內容充其量只是實用文件，不會把它們納入經濟思想的政治歷史中。然而，若經過仔細檢視，我們會發現這些文件揭示了商人對於商業與其美德的激進新觀點。佛羅倫斯商人喬瓦尼·迪·帕戈洛·莫雷利（Giovanni di Pagolo Morelli）在他的《回憶錄》（*Ricordi*，一三九三年至一四一一年）中大力讚揚市場，並誇耀「托斯卡納的市場」之「富饒」，使得佛羅倫斯與他自己的家族都變得富有。他對於祖先賺得的財產非常驕傲，甚至爲他們「富有地死去」而感到自豪——他認爲這是一種殊榮。然而，以無關公民美德、無關共和國公民義務的方式累積個人財富，這樣的追求有待商榷。一四二八年，佛羅倫斯的人文主義者暨歷史學家馬泰奧·帕爾米耶里（Matteo Palmieri）明確指出，追求利潤的行爲必須對國家利益有直接的貢獻。帕爾米耶里引用了西塞羅的話，堅稱商人必須把「口才」與「美德」結合，避免貪圖小利，聚焦於把對財富的欲望導向「有用的商業藝術」，這樣的行爲對於「共和國政府」的參與者有「很大的效益」。[7]

在這些著作中，涵蓋範圍最廣且最傑出之作是班尼迪托．科特魯利（Benedetto Cotrugli）的《貿易藝術之書》（*The Book of the Art of Trade*，寫於一四五八年，但直到一世紀後的一五七三年才付梓出版）。來自威尼斯貿易城市拉古沙（Ragusa，如今的杜布羅夫尼克〔Dubrovnik〕）的商人科特魯利（Cotrugli，現代克羅埃西亞語拼法爲Kotrulj）十分欽慕佛羅倫斯的價值觀，並加以仿效。他比同年代的其他人更進一步建立了如下觀點：良好的西塞羅派倫理與得體的行爲，能創造出市場運作所需的信任與政治穩定性。這是很核心的論點。科特魯利觀察到，貪婪和必需性無處不在，就算是最貧困的地區也一樣有市場，但並不是所有市場都會創造出財富或宏偉的城市。他清楚表明，若要使商業與投資蓬勃發展，市場終究需要制度支持、信心與合作，少了這些事物，交易是無法妥善運作的。[8]

科特魯利家族非常熟悉這個複雜市場體系中的每一個元素，他們認爲佛羅倫斯是穩定這個市場的核心。他們是涉及羊毛、穀物和匯票交易的染布商家族，其強大的關係網路遠超出拉古沙，擴及威尼斯、佛羅倫斯與拿坡里。在科特魯利和佛羅倫斯的內羅尼公司（Neroni，和拉古沙的商人交易白銀與羊毛的公司）合作時，他注意到各處都有彼此類似的卓越商業行爲，因此受到啟發。[9]

科特魯利認爲，商人對於財富的渴望是某種形式的利己，卻能創造出更廣大的利益，這是現代自由市場思想的一個重要觀念，無可否認的是，此觀點稍微扭曲了西塞羅的哲學。在他眼中，西塞羅的《論責任》是一本教導人們賺錢的指南。他解釋道，我們或許可以把財富（或者說「正當收益」）視爲一種「商人尊嚴」的基礎，因爲商人可以透過財富「把自己的家打造成富麗堂皇的建築，爲公眾福利的發展做出貢獻」。這代表擁有華麗的住宅、家具和衣物，以及爲自己的孩子安排有利可圖的聯姻都是良好的行爲。這些行爲有助於城市的財富、國家，最終也就有助於共同利益。[10]

科特魯利和早期的商人作家一樣，改變了西塞羅的貴族公式，把商人放在領導人的位置，用商業與工業取代了農業。科特魯利錯誤地聲稱西塞羅說過「商人是國家的資源」，在他的筆下，彷彿西塞羅認爲受過良好教育且遵守商業法規的商人是社會的自然領導者。他就此將羅馬元老院換成了辛勤工作的托斯卡納商人。科特魯利遵循西賽羅的模型，接著主張「自然」的商業「巧思」是「一股活水」，能夠刺激市場。他說，商人是「以獲利爲希望」而工作。他們在這麼做的過程中促進了「人類種族的存續」。而貿易幫助了「每一個家戶與家族、共和國與公國、王國與帝國」，並製造出無盡的世俗財富泉源。[11]

英荷哲學家伯納德・曼德維爾（Bernard Mandeville）在十八世紀提出了著名的觀點，他認爲個人的貪婪之惡能帶來財富與合作的公眾美德，而科特魯利則在更早之前就主張，商人的正當獲利是商業國家的驅動力：「正如西塞羅所說，讓所有人都獲得利潤的行爲與正當獲利是相符合的。」科特魯利精通古代哲學，很清楚他正在扭曲舊的美德以創造出新的美德。事實上，他扭曲的不只是西塞羅的理論，還有基督教的貿易規範，他同意教會對於放貸的傳統態度，同時又在口頭上支持公正價格理論。施捨當然對於商人來說是一種道德上的必需。然而，科特魯利對於一個人完全捐出自己財富的想法定會大爲震驚。畢竟投資資本、世俗尊嚴和支持世俗國家都需要金錢。[12]

▽
•
▲

科特魯利的著作可以說是代表了歐洲交易中心的強大商人對自身理想的捍衛。然而，到了一四〇〇年代晚期，義大利的商業共和國已經衰退，同時西班牙與法國的強大歐洲君主政體挾著富足的金庫與龐大的軍隊逐漸崛起。這些新強權由國王與擁有大量土地的貴族統治，他們仍然懷抱著古老的農業理想。西班牙與法國在一四〇〇年代晚期開始入侵義大利，當時義大利商人只有兩個選擇，一是靠著買通成為擁有大量土地的貴族，二是失去自己的階級與地位。一四九二年，克里斯多福·哥倫布（Christopher Columbus）以西班牙君主的名義，到達了所謂的新世界，開闢了貿易路線，人們開始感到世界遍地都是黃金。除非成為統治者並使用國家財富，像佛羅倫斯梅迪奇家族（Medici）這樣強大的商業家族已經不再能發揮一四〇〇年代早期曾擁有的那種政經影響力。

佛羅倫斯的科西莫·梅迪奇（Cosimo de' Medici）靠著金融技巧以及對學習和藝術的支持贏得了聲譽。然而在十五世紀中葉，他拋棄了所有西賽羅式的道德原則，削弱了佛羅倫斯的共和憲法，成為托斯卡納多數地區的實際統治者。十五世紀下半葉，佛羅倫斯的憲政共和國逐漸解體。一四九四年，法國國王查理八世為了奪取拿坡里的王位，率領兩萬五千多人的軍隊入侵義大利。諷刺的是，法國封建國王將梅迪奇的暴政趕出佛羅倫斯，使原本的佛羅倫斯共和國出現了短暫的回歸。重建共和國的領導人對於寡頭政治與暴政的危險一直保持警戒，希望能恢復憲法與法治。這些領導人中最重要的一個是尼科洛·馬基維利，他爲了捍衛共和法與市場平衡而創造出一套哲學。[13]

在新共和國存在的這十八年間，馬基維利擔任過許多職位，並在一四九八年成爲第二任總理。這位近代政治學之父儘管聰明絕頂，卻沒能成功爲佛羅倫斯擋下紅衣主教喬凡尼·梅迪奇（Giovanni de' Medici），梅迪奇借助西班牙軍隊攻打普拉托市（Prato），迫使佛羅倫斯屈服，使得梅迪奇家族在一五一二年毫無阻礙地進入佛羅倫斯。接著，梅迪奇家族解散了共和國，重新掌權。他們懷疑馬基維利想要密謀推翻新政權，儘管從未證實馬基維利曾參與陰謀，但梅迪奇家族還是「用繩子」刑求馬基維利，接著在紅衣主教喬凡尼獲選成爲教宗利奧十世（Leo X）時，馬基維利因大赦而獲釋，他自願離開佛羅倫斯並隱居鄉間。懷著滿腹憤懣，他著手撰寫兩本後來成爲曠世鉅作的書：《君王論》（*The Prince*）和《李維論》。

思想史學家阿爾伯特．赫緒曼（Albert Hirschman）認爲，馬基維利是此一現代概念的「源頭」：社會是利己之爭的戰場，人們的「熱情」在這裡彼此碰撞並推動市場力量。馬基維利特別熱中於研究如何透過掌控熱情來實現自我利益。他同意追求個人財富是很重要的。他擔憂眾人對私人財富的傾向會在無意間轉往貪腐與寡頭政治。馬基維利堅稱國家必須足夠強大，才能管理與監督這些個人的熱情與利益，如此才不會有任何一個人能掌控這座城市。14

馬基維利相信國家至上，這和梅迪奇家族的暴政、義大利各地的寡頭政治以及君王形成對比。梅迪奇家族接管佛羅倫斯後，時常偏袒親友，利用毫無法律依據的主張獲得私人權力和利益，同時淘空了國庫。這種利己的暴政毀掉了佛羅倫斯，也幾乎摧毀了這個城市的自由貿易。因此，馬基維利對於貴族的美德毫無信心可言。若想要在馬基維利那個時代的義大利生存，就像在西塞羅時代的羅馬生存一樣，若非生活在強大的共和國並遵守法律規範，就只能靠著各種可能的手段來保護自己了。換句話說，馬基維利相信法治，但前提是你要擁有法治。

身爲一名政治家兼歷史學家，馬基維利非常務實，而他的作品就像商人指導手冊一樣，旨在讓讀者可以應用在生活中，去管理他所謂的「財富」（fortune，亦有命運、機運之意）。出於上述目的，雖然馬基維利贊同西塞羅的公民共和主義，但他不接受佩脫拉克所說的貴族樂觀主義，也就是統治者可以維持道德上的慷慨與善良，甚至能夠和臣民成為朋友。馬基維利曾目睹經濟不平等與糟糕的政府所帶來的暴力與衝突。作為回應，他開始推廣法治共和國的概念，希望能藉此保障和平穩定的政府與正常運作的市場。馬基維利對於人類的悲觀看法帶有十分濃重的奧古斯丁色彩。[15]

馬基維利在一五一三年寫下了《君王論》，希望能在梅迪奇家族的政權下受雇，這本著作至今仍充滿謎團。有些人仍舊認為《君王論》是在鼓勵不道德的行為，因此現代詞彙「馬基維利式」（Machiavellian）的意思就是以狡詐的手段獲取自身利益。還有些人認為這本書是在批判與揭露暴君犯下的罪惡。這兩種觀點很可能都是對的。畢竟馬基維利一向痛恨寡頭政治與暴政，正如他熱愛政治和盡責地為共和國服務一樣。就連梅迪奇家族接管佛羅倫斯後，他在進行批判的同時仍希望能於政府任職。

馬基維利不認同西塞羅拒絕一切不道德行爲的觀點；在他看來，人類的過失是生命中無可避免的事實。但他同意西塞羅所說的，共和政府是對抗貪腐的最佳解藥。馬基維利警告道，野心勃勃的暴君就像野獸一樣。因此，如果人們想要避免義大利在一四〇〇年代中期所遭遇的那種暴力，就應該要建立某種形式的法律監督。馬基維利解釋道，國家必須保護個體不受無人監管、追求自身利益又反覆無常的悖德君主所傷害，他提出羅馬共和國與羅馬帝國作爲實際範例，希望能提供足以對抗貪腐與暴政的手段。馬基維利在《李維論》（一五一八年）提出了著名的主張：「秩序良好的共和國必須保持公眾的富裕，但同時保持公民的貧困。」[16]

這句話並不代表公民們一定必須是貧困的。馬基維利曾在商業共和國中治理人民，協助推動商業財富。他擔心的是金錢集中在少數人手中而威脅到共和政體與市場的穩定性。他親眼看見梅迪奇家族靠著他們的財富腐化國家、侵蝕國家的代議制度與法律系統，進而崛起。馬基維利很清楚，佛羅倫斯共和國的國庫是如何被用來圖利上層階級與削弱共和體制。他反對西塞羅的寡頭政治觀點，讚揚羅馬農業法的規定：將土地重新分配給窮人，制衡貴族的權力。他認爲羅馬之所以能維持和平與秩序，是因爲靠著限制而避免了大規模的財富不平等。如果有錢人獲得過多權力，就像羅馬內戰（Roman Civil Wars）和尤利烏斯・凱撒（他用凱撒暗指梅迪奇家族）帝國建立期間的貴族那樣，最後將會帶來「共和的滅亡」。[17]

馬基維利認爲羊毛工人暴動（Revolt of the Ciompi，一三七八年至一三八二年）這場發生在佛羅倫斯的勞動階級起義，能爲眾人帶來經濟自由方面的教訓。在他獻給第二任梅迪奇教宗克勉七世（Clement VII）的《佛羅倫斯歷史》（*Florentine Histories*，一五二五年）中，他主張寡頭壟斷是很危險的，會阻礙穩定的貿易與財富。他說，是寡頭政治與經濟不平等爲佛羅倫斯帶來了內戰。共和國與其市場必須擁有一定程度的經濟公平性才能正常運作。他利用西塞羅的說法批判那些「靠著詐騙或武力」獲得財富的商人，他把這種賺錢方式稱爲「醜陋的收購」。馬基維利不贊同佛羅倫斯的上層階級限制了行會中只有哪些人能成爲羊毛工人的代表，他相信正是這樣的限制導致了充滿殺戮與不穩定的激進政治。《君王論》指出，唯有在共和國解體後，才會輪到禽獸般的法律治理這個社會。唯有穩定的國家能抵禦「狐狸」和「獅子」做出的危險野蠻行爲，藉此維護美德，保護良好的貿易與市場。[18]

馬基維利對於專業行會也同樣充滿疑慮。若這些行會要順利運作，行會裡的人就應該要同時代表權貴和工人的利益。兩個世紀後，這種行會寡頭政治與正常運作的自由市場間彼此對立的觀點，將會成爲亞當斯密的經濟思想基礎之一。斯密認爲，專業行會就是壓低薪水的專制集團。不過，馬基維利身爲文藝復興時期的佛羅倫斯公民，他的觀點更加複雜。他認爲若想建立與維持交易、品質和信任，就必須有行會的存在。正如佛羅倫斯的商人一而再、再而三做出的聲明，這些專業協會確實使佛羅倫斯變得富裕。多數中世紀與文藝復興時期的商人都知道，行會規則爲他們的商業共和國提供了一些規範與治理的原始框架。這就是爲什麼每個行會的紋章上都刻畫著佛羅倫斯政府著名的塔樓建築「舊宮」（Palazzo Vecchio）。但是，馬基維利堅持認爲行會必須確保財富流入所有公民手中，也必須允許新人加入。他認爲佛羅倫斯的土地稅（catasto）對共和國來說是必要的，因爲土地稅「對暴政的強權設下了部分限制」，也維持了市場運作的公平性。[19]

馬基維利作爲現代犬儒主義的偉大創始人，認爲不受規範的利己行爲可能會摧毀市場。爲了維持穩定，人們需要世俗國家比個人更富有、更強大。據此，馬基維利概略描述了一個至今仍適用的經濟論點：他認爲強大的國家必須監管權貴階級與平民階級之間的平衡，藉此保證政治與經濟的穩定性，避免寡頭政治與暴政。這或許是他帶來的教訓中最偉大的一個，未來許多世代的市場建立者都將會從中受益，這些建立者希望能縮限擁有大量土地的寡頭群體，以發展出自由的商業社會。

CHAPTER 05

以國家為手段的英格蘭自由貿易

貿易欣欣向榮時，國王的收入會增加，土地和租金會上漲，航海技術會發展，窮人會受到雇用。但如果貿易衰敗，這一切也會隨之衰退。

——愛德華・米塞爾頓（Edward Misselden），《自由貿易，又名，使貿易蓬勃發展的方法》（*Free Trade, or, the Means to Make Trade Flourish*），一六二二年

十六世紀之初，歐洲出現了劇烈的變化。一五一七年，也就是馬基維利寫下《李維論》的那一年，日耳曼的新教創始人馬丁・路德（Martin Luther）將

他執筆的《九十五條論綱》（*Ninety-five Theses*）釘在威登堡大教堂（Wittenberg Cathedral）的門上，啟動了未來將導致基督教分裂的第一步。首批新教徒如同馬基維利一樣，對於人類本性無比悲觀，他們認爲人類是墮落的，會按照自身的獸性行事。但是，他們也如同馬基維利一樣相信個人選擇與利己有其力量。只要做出適當的個人選擇，人類就能形塑自己的命運。[1]

在同一時期，西班牙探險家胡安・龐塞・萊昂（Juan Ponce de Léon）發現了佛羅里達，並進一步探索該地。歐洲人感到美洲的自然資源遠比他們所能想像的更加富饒。哲學家開始把科學與探索視爲獲得這些資源財富的關鍵。而嶄新的世界探索任務也爲人們帶來了新的體認：國家必須扮演主導角色，資助與保護探險家進行長途海上交易，並與其他帝國交涉，這些探索對於個人與公司來說太過昂貴也太過複雜了，他們無法靠自己做到。十六與十七世紀的經濟思想家一再強調，財富生產需要國家投資與個人冒險精神彼此結合。

當時歐洲站在科學革命的臨界點，這場革命將會迎來對各種自然法則的發現，從行星運動到血液循環皆盡有之，因此，我們也無需意外十六世紀的經濟思想見證了全新的自然市場機制運作理論如雨後春筍般湧現。其中，最引人注目的就是自由市場的相關概念了，諸如貨幣數量理論、報酬遞減法則、「進入壁壘」的概念、通貨膨脹、勞動生產力和企業家精神——當時的先驅經濟思想家認爲，這些概念全都得依賴某種形式的國家干涉。

▽•▲

到了一五三〇年代，歐洲遍地都是來自日耳曼與波希米亞礦坑的黃金，還有些黃金來自葡萄牙與西班牙帝國。西班牙船隊從新世界帶回了堆積如山的貴金屬，這些貴金屬從塞維利亞（Seville）的瓜達幾維海岸（Guadalquivir）與安特衛普（Antwerp）的法蘭德斯港口（Flemish port）等地上岸。儘管更多的黃金能帶來財富，但這些黃金同時也導致了通貨膨脹，甚至貨幣短缺，破壞了從波希米亞到馬德里、巴黎與倫敦的經濟穩定性。[2]

突如其來的不穩定狀態使得哲學家開始研究貨幣，以及是什麼爲貨幣賦予了價值。他們開始意識到市場力量在其中扮演了關鍵角色。正如早期的經院哲學家認爲個人行爲會創造出定價與價值的市場機制，晚期的經院哲學家——尤其是西班牙的經院哲學家認爲，王室法令與國家其實無法完全控制貨幣的價值。一個新的法律思想流派出現在西班牙的薩拉曼卡大學（University of Salamanca）與葡萄牙的埃武拉大學（University of Evora），他們把焦點放在理解市場機制上。一五五〇年代，西班牙巴斯克（Basque）的神學家馬丁·阿茲匹區塔（Martín de Azpilcueta）提出了一種貨幣數量理論，指出貨幣的價值同時來自流通的貨幣多寡（鑄幣數量上升會抑制貨幣價值，而這種通膨又會反過來導致貨幣短缺）以及人們對貨幣能買到什麼的認知。[3]

「市場力量訂定貨幣價值」的觀點使得人們對於借貸有了新看法。過去長久以來，基督教思想家與經院思想家都認爲金錢是邪惡的。這些思想家的其中一個主張是，根據亞里斯多德在《政治學》（*Politics*）中的論點，金錢是「不結果實的」，在沒有貨品交易的狀況下無法製造財富。因此，金錢不應該「繁殖」，賺取利息是一件不自然的事，甚至可以算是竊盜。在另一個主張中，貨幣是從虛無

（nothingness）中製造出來的，而虛無就是邪惡的。金錢本身沒有任何效用，只有實體事物才有價值，金錢只是反映了那些事物的價值。由於金錢是虛無，所以賺取利息——創造財富——是一種黑魔法。此外這些思想家也把高利貸連結到猶太人身上，而猶太人在基督教觀點中本是邪惡的。然而，假使決定貨幣價值的是數量與效用，那就代表了賺取利息並不是邪惡或盜竊，而只是市場機制的關鍵元素之一罷了。新教的經濟思想家在這樣的觀點之下，很快就往前邁進一大步，終止了過去對高利貸的禁令。

支持喀爾文主義的日耳曼新教改革者馬丁・布塞珥（Martin Bucer）以最強烈的力道爲有息放貸辯護，他挑戰的不只是天主教對於高利貸的禁令，也挑戰了「貨幣的本質是不結果實的」背後的基礎概念。[4]當時有愈來愈多神學家認爲，只要以純粹的基督教脈絡行事，那經商就是正向的事，布塞珥也是其中之一，他幫助當時的人們解除對於貨幣的偏見（不過他並沒有幫助人們解除對於猶太人的偏見，而希望能將猶太人逐出公民生活與商業生活）。布塞珥在一五四七年因爲宗教衝突而向英格蘭新教尋求庇護，國王亨利八世在宮廷裡接見了他。一五四九年，他成爲劍橋大學的欽定教授，寫下了《論基督的王國》（*On the Kingdom of Christ*），在其中勾勒出他的願景，他認爲若借貸雙方都同意一個並非「濫用」的利率，那麼借貸就是對經濟有益的行爲。布塞珥引用了西塞羅和聖安博的話來正當化基督教社群中的商品獲利，指這些利潤可以「用來爲上帝的子民購買和平」。他專注於透過商業支持公民生活，這代表了基督教思想正逐漸向世俗世界靠攏。「金錢同樣是上帝的恩賜，上帝要我們以正確的方式使用金錢。」他在《論高利貸》（*Treatise on Usury*）中如此寫道。如果金錢能幫助基督徒好好生活，還能支持西塞羅過去提出的公民穩定性的「首要之善」觀點，那麼金錢也就未必是「不結果實的」。[5]

喀爾文派的新教主義在法國產生了重大的影響，法國是當時西歐人口最多的國家，也可能是最富有的國家。然而，從一五六二年開始的法國宗教戰爭（French Wars of Religion）延續了超過三十五年，天主教極端分子攻擊了新教教徒，甚至也攻擊了天主教的溫和派，使法國面臨攸關存亡的威脅。城市與富有的工業產業紛紛解體。有些法國思想家希望能找到一個理論來停止宗教衝突並重建社會，於是他們全心接納了馬基維利的觀點，認爲若想要穩定國家與社會並創造有利的市場條件，馬基維利的理論至關重要。

其中一位思想家是法國法學家、歷史學家暨自然哲學家尚・布丹（Jean Bodin）。他在宗教戰爭最高峰期間寫下許多政治理論，爲專制君主制辯護，他認爲這種制度不僅能維持政治和平，還能發展法國經濟。他的理論是他對聖巴托羅繆大屠殺（Saint Bartholomew's Day Massacre，一五七二年）做出的反饋，在這場大屠殺中，天主教狂熱分子於巴黎殺害了數百名新教的高階貴族，且在法國各地共殺害了數千人。這場史無前例的暴力事件對法國造成重挫，那些暴徒摧毀了各個城市與商業財富，使法國一夕之間變得動盪不安。布丹對於宗教派系鬥爭與內亂所做出的回應就是「專制主義」。布丹認爲，如果經濟是透過自然程序運作的，那麼國家就必須穩定社會並重建市場。布丹採用了馬基維利的觀點來爲國家的穩定性與權力辯護，但他的主張中更加明確地指出，國家能促進財富，並使市場得以自然系統的狀態運作。別忘了，布丹和馬基維利的地位截然不同——布丹是一名在各國都受人尊敬的學者、律師暨國王顧問，因此能夠直言不諱地表達意見。

布丹在《國家六論》（*Six Books of the Republic*，一五七六年）中解釋道，在面對消耗著政治實體的「熱情」時，專制君主制是唯一的答案。雖然布丹不同意馬基維利爲不道德行爲提出的辯護，但他認爲馬基維利優先關注政治穩定性是正確的。仇恨與狂熱的宗教信仰會打破政治實體的和諧，摧毀商業與財富。布丹和過去的無數市場理論家一樣，也向西塞羅借鑑，他指出，有權制定法律且有道德的君主會實行斯多噶式的「節制」，把自然平衡帶回經濟中。6

布丹承襲了馬基維利的準則，認爲國家若想要穩定，就必須變得富有。他也同樣認爲極端富有的寡頭階級會威脅到市場機制的穩定性。「少數人過度富裕」和「多數人極度貧困」必定會導致內亂。唯有強大的國家能控制極端財富與貧困所帶來的「瘟疫」。但布丹和西塞羅一樣，認爲試圖創造「平等」是另一個危險的海市蜃樓。他認爲經濟需要成長，而健康的國家能帶來信心與信任，創造出理想的市場條件——也就是公平的稅率與削減債務。按照羅馬的模式，國家還應該要透過擴張殖民地來增加資金。對布丹來說，優秀的政府也就代表了優秀的公共財政管理。他認爲國家應該要透過「計算人口」了解公共淨資產值，以便評估人民的勞動生產力和可能的城市工業所具有的價值。後來的事實證明了這種早期形式的經濟人口統計學對於瞭解市場來說非常關鍵。[7]

我們可以在布丹的身上看到十六世紀經濟思想的複雜性：他在穩定經濟與確保市場條件方面爲國家所扮演的角色做了辯護，但他同時也是那個時代首屈一指的貨幣理論學家，對市場機制進行了突破性的觀察分析。一五六八年，布丹在職涯早期寫下《回應馬列斯妥先生》（*Response to the Paradoxes of Monsieur de Malestroit*）作爲對歐洲通膨問題的回應，並用此作品爲貨幣數量理論進行強而有力的辯護，指出錢幣的流通數量會影響貨幣價值。[8]

皇家顧問暨會計師馬列斯妥（Malestroit）在一五六六年寫道，貨幣的價值存在於貨幣本身，而通膨危機的基礎其實是貶值、錢幣純度與錢幣剪邊（coin clipping，指的就是字面意義上的剪裁金幣與銀幣的邊緣）。馬列斯妥認爲，價格在三百年來都沒有改變，而通貨膨脹源自錢幣本身的品質。布丹很清楚，錢幣的固有價值是有限的，錢幣具有的價值有更大一部分其實來自市場的力量。身爲歷史學家，他曾研究過錢幣價值在過去一段時間內的文獻數據。他知道來自日耳曼礦產、西班牙礦產與新世界的黃金與白銀湧入後，導致了稀有金屬過剩。眞正帶來通膨的是錢幣的數量，而不是錢幣的品質。改變貨幣的官方價值與打擊硬幣剪邊是無法阻止通膨的。如果黃金與白銀數量的增加會削弱貨幣價值，而國家又無法控制金屬的流入，那麼國家就必須要進行干預才能幫助經濟成長。想要對抗通膨、增加流通的貨幣數量與穩定貨幣價值的唯一途徑，就是創造更多貿易。[9]

布丹的《回應馬列斯妥先生》是率先以數據爲基礎，對貨幣與市場功能進行實際研究的著作之一。他追隨經院哲學的腳步，認爲數量是決定價值與價格的因果力量。舉例來說，流通的錢幣數量愈多，錢幣的價值就會愈低。同樣的道理也適用在穀物上。（布丹更提供了具有充分歷史依據的論述，解釋人們爲何可能在擁有更多黃金的同時，卻矛盾地變得更貧困。）他觀察到，價格的歷史波動和行星運動很相似；他引用了波蘭天文學家尼古拉．哥白尼（Nicolaus Copernicus）對行星運動提出的因果理論，藉此解釋爲何貨幣數量增加會使價格下降。質量與速度是行星運動的自然力量，控制了行星如何繞著太陽轉。哥白尼認爲，行星與貨幣都遵循相同的定律，而布丹也贊同這個強而有力的類比。[10]

布丹利用西塞羅死於馬克．安東尼之手的著名例子來指出，在人類之間發生的事情就像大自然一樣，並非總是和諧的。國家有責任要確保這些衝突不會惡化成大規模的動亂，就像羅馬共和國的解體，或者他所處時代的宗教戰爭，以及隨之而來的貨幣崩潰風險。布丹確信，只要有上帝的旨意與人類的斯多噶式審慎態度，當代的天主教君主就能贏得與極端主義派的爭鬥，為法國帶回平衡、和平與繁榮。[11]

馬基維利、經院哲學家與布丹啟發了喬凡尼·博泰羅（Giovanni Botero）對於經濟與政治的思想，他是一名耶穌會神職人員、哲學家暨外交官。博泰羅最重要的構想之一，是為城市培育出工業並刺激市場。有別於農業，這些構想把核心放在探索、創新與製造，再加上透過大量累積資產，來開啟一個持續創造出財富的動態過程。這意謂著各國必須把焦點放在管理和投資城市上。博泰羅贊同馬基維利的觀點，認為國家應該要為自身的存續與繁榮做出艱難的決定，博泰羅是第一個將此概念稱作「國家理性」（reason of state，或國家利益）的人。經濟史學家將這個後來在法文中寫作「raison d'état」的概念與現代的重商主義概念連結在一起，根據此概念，君主或領導人必須在能力所及內盡自己的一切努力去增強國家經濟，無論是囤積黃金還是補貼工商業。不過，博泰羅並不認為單靠國家就可以管控經濟；國家必須和商人合作，才能創造出使生產最大化的恰當環境條件。[12]

儘管博泰羅進一步推展了西塞羅的主張——即應該爲了維護公民利益而把所有精力集中在穩定國家，但他同時也遠離了西塞羅的農業理想，也遠離了當代貴族仍舊認爲貿易與工業並不光彩的看法。博泰羅認爲人類工業具有無限可能性，以此取代了農業和礦業能帶來無限財富的觀念。他描述著歐洲各地的城市如何把焦點從農業轉移到城市財富，並因此變得富裕；這些城市裡坐落著大學、法院和地方工業，這些機構全都能培養技能，進而創造出更多工業。[13]

博泰羅指出，實現這種可能性的關鍵核心其實在於人類的狡猾特質，以及使用權宜之計（expedient devices）來創造財富的手段。他所謂的詭計（artifice）指的有可能是在政治中利用馬基維利式的情感僞裝。不過，他指的也可能是字面意義上的「技巧純熟的靈活雙手」，也就是工匠的雙手，以及工匠爲了生產與增加社會財富而努力創造出來的、族繁不及備載的創新「工具」（device）與「巧妙方法」（artifice）。博泰羅曾親眼見過工匠的「勤奮」所帶來的收益，是如何「遠遠超過」「大自然」、農業甚或是礦業能帶來的財富。在他看來，由於大自然的效率很差，所以推動財富的力量有限。他指出，威尼斯與荷蘭共和國的強大經濟中心就是以城市爲核心的範例，這些城市透過創造性獲得了無可比擬的財富。他寫道，一座城市愈是遠離農業的原物料端，而透過製造業與全球貿易爲原物料增加經濟價值，這座城市就愈能以有效率的方式持續擴展其創造財富的能力。[14]

拿坡里哲學家安東尼奧·塞拉（Antonio Serra）也利用市場分析來支持工業勝過農業的觀點。他在一六一三年的著作《國家貧富短論》（*Short Treatise on the Wealth and Poverty of Nations*）中詳細闡述了農業產品是如何導致收益遞減，而收益遞減會導致生產成本提高，充其量也只能帶來有限的盈餘。農業根本無法爲大規模投資創造出足夠的財富。唯有製造才能「利用產品的倍增來使收入倍增」，並產出不會迅速貶值的耐久貨品。塞拉解釋道，隨著生產量增加，成本將會下降，這使得工業有機會同時提高薪水並壓低價格。這就是能夠使收益增加的機制。因此具競爭性的工業市場具有很大的潛力，至少在塞拉描述的這種收益增加導致了後來所謂的「進入壁壘」之前都是如此——進入壁壘是一種創造出寡頭與壟斷的機制。[15]

塞拉和多數義大利城市居民一樣，認爲若要讓上述製造業策略成功運作，國家就必須透過法規與標準來支持工業。也因爲如此，現代經濟學家將塞拉視爲「重商主義者」，而非自由市場思想家。但塞拉自己絕不會這麼認爲。他是那個時代對市場機制最有意識的人，也對貶值、邊際成本與商業投資的資本建立等等的運作方式有著深刻的理解，他只不過試圖解釋自己眼前的現象：在義大利北部，諸如威尼斯、熱那亞和米蘭等穩定的商業國家，都協助製造業與貿易獲得遠大於農業的生產力。

義大利是十六世紀的商業發展中心之一。當時英格蘭也正透過國家干預與自由市場政策之間的平衡再次逐漸崛起。反觀法國的內戰削弱了稀疏分布在廣闊農業封建領地中的大型貿易城市，但英格蘭則有愈來愈多城鎮變成製造業與貿易的中心。舉例來說，在一五五〇年至一五七〇年之間，南安普敦（Southampton）的商店數量就變成了兩倍。到了一五七〇年代，南安普敦已經有三百間商店，提供一千多種產品，包括一百多種布料、一千多種魚鉤，以及彷彿源源不絕供應的鐵礦和煤礦。在十六世紀後半，英格蘭的人口成長了將近百分之三十，各城市的人口密度隨之增加，甚至向外擴張到沒多久之前還只是鄉村的區域。[16]

隨著英格蘭的經濟發展，對市場成長不可或缺的合法商業合約和信貸也在全國各地興起。對金錢的需求增加導致貨幣開始短缺，這時人們轉而求助於信貸，於是英格蘭社會各個角落的債務都增加了。隨處可見的舉債現象並不能代表經濟美德正逐漸低落，反而是市場發展的象徵。很快地，貸款、債券與合約所組成的龐大網絡發揮了作用而創造出流動性，刺激商業進一步成長。在一五六〇年至一六四〇年間，以信貸爲基礎的經濟活動不斷成長，貸款次數增加，人們也養成找證人來見證合約簽署的新常規。經濟信任感持續增長，就連平凡的英格蘭商人也可能會吹噓自己能在短時間內獲得一筆鉅額貸款。由於合約增加，英格蘭人的算數能力也在增強，一般的會計知識逐漸普及，人們愈來愈信任投資體制。尼古拉斯・葛瑞默德（Nicholas Grimalde）在一五五八年翻譯出版了西塞羅的《論責任》，這個廣受歡迎的譯本使用了許多當時流行的詞彙：「忠誠是正義的基礎：它體現在文字（worde）、契約（covenaunt）、眞相（trouth）與堅定不移（stedfastnesse）之中。」[17]

伴隨著貿易、信任與貸款的蓬勃發展而出現的，是一波重要的英格蘭經濟著作。由英格蘭議員、劍橋學者暨先驅市場思想家湯姆士・史密斯爵士（Thomas

Smith）撰寫的《論英格蘭共同體》（*A Discourse on the Common Weal of This Realm of England*，約一五四九年）指出，政府必須給予農業市場自由，同時嚴密管控工業以推動城市製造業。史密斯主張，議會干預人們在過去的公有農業土地上進行圈地，這樣的行爲削減了作物產量，並回過頭來削減了城市的財富。史密斯不但贊成建立一個工業供需的國際市場體制，他也對於國家要如何幫助具企業家精神的工匠有一套看法。雖然他相信富裕的市場本身就具有自我擴張的力量，但他也引用西塞羅的話，主張國家必須利用「獎勵」（rewardes）來幫助、甚至「強迫」城市工業發展，並利用「痛苦」（paine）來進行監管。史密斯認爲，雖然農業需要的是自由，但工業需要的是國家的監督，也需要國家協助往國際市場發展。擴張的工業爲整個國家創造出一道財富之流，藉此，「城鎮與都市將會重新充滿各種工匠；不只是如今我們視爲日常的布匠，還有帽匠、手套匠、造紙匠、玻璃匠、指標工、金匠、鐵匠與各種金屬的鍛造工、床罩製造商、針匠和針頭匠。」所有這些交易和行業彼此扶持，創造出能帶來經濟成長的市場體制。[18]

英格蘭政府支持的不只是國內工業，他們也支持英格蘭市場往殖民世界擴張。

一五七九年，英國女王伊莉莎白一世資助了法蘭西斯・德瑞克（Francis Drake）環繞世界航行的計畫。她也特別准許華特・雷利（Walter Raleigh）帶領探險隊在一五九五年前往奧利諾科河（Orinoco River），這條河位於如今的委內瑞拉，此前克里斯多福・哥倫布也是在委內瑞拉找到了他心目中通往天堂的道路。比哥倫布晚一百多年出生的雷利，在一本名爲《發現廣闊、富裕又美麗的圭亞那帝國，以及偉大的黃金之城馬諾亞，西班牙人稱之爲黃金國》（*The Discovery of the Large, Rich, and Beautiful Empire of Guiana, with a Relation of the Great and Golden City of Manoa Which the Spaniards Call El Dorado*，一五九六年）的書中描述了他的旅行，並聲稱自己找到了無盡的財富，找到了「黃金之母」。[19]

雖然許多英格蘭人都認爲國家必須參與商業帝國的打造，但他們同時也在試著瞭解他們眼中推動市場持續生產的自然法則。盎格魯—法蘭商人暨德斯貿易商傑拉德・馬林斯（Gerard de Malynes）在他的著作《商人法》（*Lex Mercatoria*，一六二二年）中，以極爲精深的觀點看待規章制度與自由在商業建立中扮演的角色。他援引了《聖經》、斯巴達、克里特、迦太基和西塞羅的法律，也引用了尚・

布丹的研究，堅稱國家必須帶有策略地支持貿易。[20]

馬林斯和布丹一樣，抱持著一種同等依賴國家干預與自由市場機制之自我調節的經濟理論，使現代自由市場／重商主義二分法的概念爲之混淆。依照自然法則，如果自然元素以特定方式運作，或依照某些固定原則移動，那麼人類的行爲與貿易也應該要反映出這些原則。但是這種「反映」並不是一個自發的過程；這種「反映」需要人類監督與維持體制不偏離路線。馬林斯把貿易描述成一種煉金的流程，汲取自那些相信科學可以把普通的石頭與元素轉化成黃金與長生不老藥的人。在某種程度上，人們正是因爲煉金術這個原始科學才會相信金錢可以創造出金錢。煉金術也使馬林斯與其他思想家相信，黃金和財富的創造是大自然運作程序的一部分，人類不但可以透過哲學家瞭解這種程序，還可以透過科學家運用這種程序。[21]

馬林斯同意布丹在貨幣數量理論中提出的部分要素，不過他看得更遠。在他眼中，有大量的自然因素與人類因素——諸如時間的流逝、貶值、數量，以及王室在鑄造和監管優質錢幣方面的權威——都會影響貨幣的價值。馬林斯在《自由貿易主張》（*The Maintenance of Free Trade*，一六二二年）中警告道，如果國家因爲貿易不平衡而失去太多錢幣，就會使工業受到損害。如果英格蘭人購買了太多荷蘭布料，英格蘭黃金就會流入荷蘭，導致英格蘭人沒有足夠的錢幣能進行貿易。馬林斯是一名金銀本位主義者，他認爲一個國家擁有的錢幣與貴金屬數量就等於這個國家的財富，並且主張這樣的觀點是工業發展與自由貿易的基礎。馬林斯在談的是當時的時事。那時的英格蘭缺少貨幣，因此商人沒有足夠的硬幣能交易或繳稅。他認爲這種貨幣短缺破壞了原本可以擴張英格蘭布料工業的投資。[22]

與此同時，馬林斯也覺得政府必須保護羊毛商人不受外國競爭的傷害。唯有透過關稅，才能確保「英格蘭商人」獲得公平的價格，並因此支持與外國的「自由貿易」。從現代自由市場思想的角度來看，這樣的觀點似乎很矛盾，事實上此觀點只是在對抗英格蘭的硬幣短缺現象。十七世紀早期的英格蘭經濟思想家已經不是經濟原始人了，並非不理解放任主義式的財富創造機制；事實上，他們試圖讓貴金屬回流至國內，藉此恢復貿易與工業發展。馬林斯和其他商人認爲國家是唯一有能力達成這項艱難任務的一方；由此可知，國家是保持經濟自由與穩定的必要保證人。關稅會帶回足夠的資金，使國內商業能夠成長，如此一來英格蘭就能在國際市場的競爭中不受限制，並取得有利的位置。[23]

馬林斯並不是唯一一個這麼認為的人。多數英格蘭經濟中的領導人都贊同這個觀點：國家可以在創造自由貿易條件的方面發揮作用。在這些人之中，最具有影響力的是東印度公司（East India Company）的董事托瑪斯．孟恩（Thomas Mun）和商人愛德華．米塞爾頓。對於孟恩與米塞爾頓來說，國家執行保護主義會推動貿易自由的這個概念沒有任何矛盾之處。因此，雖然經濟史學家一直以來都因為他們兩人堅持要王室透過關稅來保護英格蘭船運與製造業，而認為他們是重商主義的理論家，但我們也必須把他們視為自由市場思想的先驅。

對孟恩來說，通往自由貿易的最可靠途徑，就是允許市場設立價格，同時由政府來保護與扶植英格蘭工業的成長。孟恩是一六二〇年代的東印度公司董事，當時經濟蕭條，他採用了混合自由策略與保護主義的營運方式，藉此幫助王室扭轉貿易的不平衡。社會大眾抨擊他用珍貴的白銀來換取奢侈的貨品，他則為自己治理公司的方式辯解，指出這種貿易會使英格蘭變得更富饒。唯有「購買與付款的行動」所推動的「規律商品流動」才能增加英格蘭貨幣的價值，這也就代表了較少的貨幣能買到更多貨品，從而阻止貨幣從英格蘭外流到其他國家。雖然孟恩認爲自由貿易有助於控制貨幣危機，但他覺得這樣是不夠的。他認爲若想加強英格蘭的自由貿易能力，社會需要同時採用市場的解決方案與國家的干預。他支持國家針對那些會和國內工業競爭的一系列進口商品徵收關稅，並堅持能夠運送英格蘭貨物的只有英格蘭船艦，例如他們公司的船。如今看來，這樣的觀點似乎不太像是自由貿易，但對於孟恩和其他商業領導人來說，他們需要在面對荷蘭人時創造出優勢條件，才能享有貿易自由，因爲荷蘭人在交易方面具有很大的優勢。[24]

愛德華．米塞爾頓在他的著作《自由貿易，又名，使貿易蓬勃發展的方法》中表達了類似的觀點。他反對壟斷，認爲貿易是一種能夠自然而然地永續成長的買賣體制。他認爲市場訂定的貨幣價格與貨幣能購買的「貨品」（wares）有關。然而米塞爾頓的自由貿易思想和孟恩一樣，受到艱難的國際市場情勢以及英格蘭還沒有經濟主導權的事實之影響，而顯得有些模稜兩可。他認爲英格蘭工業是脆弱而必須受保護的。在認爲壟斷是不健康的同時，他依然認爲國家應該監管貿易，他寫道：「在缺乏**秩序**與**政府**的狀況下交易的人，就像船上一意孤行的**乘客**一樣，不斷在自己的**船底打洞**。」若沒有政府的監督，「缺乏技巧和紀律的人」將會摧毀貿易、破壞信任與價值，而那些偽造的產品和標籤錯誤的商品更是如此。[25]

一六二〇年代至一六三〇年代，天主教與新教兩方勢力的宗教戰爭對法國與日耳曼造成了很大的傷害，使得國際貿易權力轉移到英格蘭手中，但很快的，英格蘭自身的內戰（一六四二年至一六五一年）也威脅到了國內工業，這場內戰使得斯圖亞特王朝（Stuart）的國王查理一世與清教徒議會暨軍隊領導人奧利佛·克倫威爾（Oliver Cromwell）陷入對立。英格蘭的奢侈品貿易逐漸蕭條，國際航運也遭到封鎖，使得英格蘭在面對荷蘭共和國時失去了他們過去努力取得的貿易優勢。一六五一年，清教徒成功掌權，英格蘭議會通過了《航海法》（*Navigation Act*），英格蘭商人一直以來都在推動市場保護以對抗國際競爭，以及推動建立能對抗荷蘭商業巨頭的法律陣線，這些長期努力終於在此刻迎來了極盛期。[26]

《航海法》除了保護國家工業外，也限制了只有英格蘭的船隻能進入國內。此法律使英格蘭與荷蘭的競爭進入白熱化。英格蘭內戰才剛結束，第一次英荷戰爭就在一六五二年展開，但這場為期兩年的戰爭並沒有為英格蘭帶來決定性的勝利。雖然英格蘭在一六五三年的席凡寧根戰役（Battle of Scheveningen）成爲勝利者，卻沒能擊敗荷蘭船隊，也無法封鎖英格蘭海岸。荷蘭繼續維持著優勢商業國家的地位，於是英格蘭政府的決策者採納了孟恩和米塞爾頓的建議，打造了關稅體制以扶植國家工業。他們也請求國家協助他們挑戰荷蘭在印度、非洲直至北美洲的全球貿易優勢地位，尤其是奴隸貿易這一部分。

在商人對政府的強大影響力之下，透過商業資本的擴張與政府法規二者間的配合，英格蘭的商業就此扶搖直上。這份國家與商業間的夥伴關係運作良好，到了十七世紀中，英格蘭已經成爲了先進的商業國家，在國內具有相當影響力的商人階級與國家攜手完善關稅法。這些商人在國家的幫助下，打造了十七世紀的英國強大經濟。對他們來說，自由貿易代表的就是限制外來競爭，並在搶奪優勢與無限財富的戰爭中保護他們剛開始發展的產業，這一切在他們眼中並不矛盾。英格蘭開始步入緩慢但穩定的崛起，往全球首屈一指的商業國家邁進。但首先，英格蘭必須在與荷蘭和法國的競爭中取得勝利。[27]

CHAPTER

06

荷蘭共和國的自由與財富

上帝創造了人的αὐτεξούσιον，意即「自由與法權」，所以每個人的行為以及對自身財產的使用，都應該出於自己的意志，而不是出於他人的意志……因此，俗話說：「每個人在論及與自身財產相關的事物時，都是自己的統治者與仲裁者。」

——雨果．格勞秀斯（Hugo Grotius），《論捕獲法》（*De Iure Praedae Commentarius*），一六〇三年

一五七六年，荷蘭人起事反抗世襲的西班牙統治者，西班牙國王菲利普二世，

而後他的軍隊洗劫了偉大的貿易城市安特衛普。大約有一半的人口往北逃向之後將成為全球貿易中心的阿姆斯特丹。一五八一年，荷蘭北部的七個省脫離了西屬尼德蘭，成立了荷蘭共和國。荷蘭共和國是一個由喀爾文派主導，採取地方分權制度的聯省國家，其特別之處是相對寬容的宗教信仰與商人階級為主的政府統治。這些商人成為了新共和國領導人，自然而然地以自由市場與積極親商的創新思維當作基礎，推動這個國家往他們的願景前進。

就算此時英格蘭也有條不紊地建立起商業實力，荷蘭仍繼續主導著歐洲經濟。後人所謂的荷蘭黃金時代（Dutch Golden Age）培養出了許多關於經濟學的複雜概念，其中以自由市場的觀點特別值得一提。無論從後見之明來看，這個自由市場的概念有多超前，其實它就和英國與法國的經濟思想一樣，是以政府大量干涉經濟作為前提。政治與帝國的經濟現實並不總是完全符合荷蘭共和國的思想家所擁護的自由理想。正如歷史中的許多其他時期，荷蘭的自由市場理想也同樣與更加複雜的國家干預現實並存。

荷蘭的一位傑出人文學家西蒙・斯蒂文（Simon Stevin）在荷蘭共和國成立時從布魯日市（Bruges）搬到了萊頓市（Leiden）。他出生於一個普通的商人家庭，在萊頓念大學時認識了納紹伯爵，伯爵後來成爲奧蘭治親王的「奧蘭治的莫里斯」（Maurice of Orange, Count of Nassau）。身爲沉默者威廉一世（William I the Silent）的兒子，莫里斯在一五八五年成爲荷蘭共和國的省總督，他選擇了斯蒂文來擔任他的首席顧問與導師。莫里斯擔任省總督直到他在一六二五年逝世。在任職期間，他指定斯蒂文負責處理最重要的供水系統——運河、堤防、水壩和擋海的水閘，又讓斯蒂文成爲軍隊的軍需官，並幫助他成立了萊頓的工學院。斯蒂文是個博學的人，他寫了一本影響力深遠的會計手冊《親王會計》（*Accounting for Princes*，一六〇四年），主張政府必須由熟悉商業之道的人來治理。[1]

斯蒂文解釋了複式簿記對商業公司來說具有何種重要性，並強調在荷蘭國內市場建立信任時，國家與市政的管理是必要的。他說，在一個健康的商業共和國中，所有成員都應該要具備金融素養。一旦每個人都能讀懂資產負債表，他們就可以進行買賣、有自信地進行財務審計，並規範自己與他人。他向親王保證，相較於親王雇用的官僚和稅務員，商人一定會成爲更好的國庫管理者，同樣的道理，一名精通會計的君主也可以自己讀懂國庫帳簿，而非只能一味聽從財政官的話。[2]

斯蒂文和其他荷蘭領導人都認爲，在激發市場信心與吸引外國人進入荷蘭共和國的過程中，容忍政策會扮演很重要的角色。許多喀爾文教派的紡織品製造商在又稱爲八十年戰爭（Eighty Years' War）的荷蘭獨立戰爭（Dutch War of Independence，一五六八年至一六四八年）期間，逃到了荷蘭共和國北方的城市尋求庇護。到了一六〇九年，阿姆斯特丹的喀爾文主義者和天主教徒數量已經持平了，另外也有許多猶太人與路德教徒。這些人全都有權可以投資與建立公司。容忍與信心，再加上金融素養、透明度和效率，這些因素疊加起來，推動著一個仍在不斷成長的豐富市場文化。[3]

不出所料，荷蘭市場開始擴張。荷蘭利用大量的可燃泥炭以及無限量供應的水力和風力作爲製造業的天然能源。一五九二年，荷蘭開始爲了砍伐木材等工業目的而建造了龐大的風車網絡。風車是荷蘭公共投資傳統的產物，歷史可以追溯到私人資助的中世紀公共工程。舉例來說，單單一個風車就可以有多達七十名投資人持股。這代表的是公民投資人共同努力打造公共基礎建設。這種私人與公共間形成夥伴關係的悠久傳統，奠定了荷蘭共和國的許多商業基礎。[4]

到了十七世紀中葉，荷蘭已經變成了全世界最複雜而成熟的經濟體。荷蘭農民很清楚經濟成長不是基於農業，而是基於工業，所以他們把焦點放在爲了製造業種植作物，開始進口小麥作爲食物。他們發現純粹從事農業耕作的生產力，比不上以更複雜的工業目標來耕作。他們種植多年生的茜草，這種植物的根部能製造出長期以來用於皮革與紡織品的紅色染料。並且也發展出先進的菸草產業，在鄉村地區種植作物，接著送到阿姆斯特丹加工與包裝。[5]

透過強大的市政管理，國家在荷蘭的經濟發展方面扮演了關鍵角色，積極地簽下各種對荷蘭有利的貿易條約。法國人與英格蘭人因爲無法智勝荷蘭外交官，所以憤怒地用制定關稅作爲回應。但荷蘭共和國憑藉著其他國家無可匹敵的市場，再加上能夠控制進入北海、波羅的海與漢薩同盟（Hanseatic League）各城市的通道，以及其他國家對荷蘭製造業的廣泛需求，在整個十七世紀都持續占據主導的經濟地位。[6]

荷蘭就像之前的佛羅倫斯一樣，依靠行會來發展工業與控制品質。藝術家、烘焙師、銀行家、裁縫和製革商都有自己的行會。荷蘭的德芬特（Deventer）等城市爲了吸引外國的紡織品製造商前往當地發展工藝，提供了特權與壟斷權。他們甚至還提供現金補貼，並利用關稅來保護初創產業。這樣的措施使荷蘭出現了各地產業的專門化。舉例來說，在高達市（Gouda）的兩萬名居民中，有四千人都在製作長桿的陶製菸斗——事實上，該市直到今天仍有一家碩果僅存的菸斗製造商。[7]

當時的荷蘭船隊比史上任何時候的威尼斯船隊還要更龐大，就算法國與英格蘭的船隊加起來的規模也及不上荷蘭船隊；在歐洲所有國家中，荷蘭的商船水手是技巧最熟練、最精通航海知識，效率也最高的。只要九至十名荷蘭船員就能操縱一艘兩百多噸的福祿特帆船（flute ship），而類似的英格蘭船隻則需要三十名船員來操縱。一五九〇年代，西班牙對荷蘭實行的貿易禁運結束了，荷蘭人開始沿著非洲海岸向東方航行。到了一六三四年，他們已經擴張到西印度群島，占領了阿魯巴島

（Aruba）、波納爾島（Bonaire）和古拉索島（Curaçāo），並把這些島嶼拿來當作奴隸貿易的據點。[8]

荷蘭商人在西班牙與葡萄牙帝國內設立了貿易站，藉此侵吞更多貿易量，他們成爲歐洲賺進最多錢的一群人。一五九九年，雅各．哥尼拉斯．范尼克（Jacob Cornelius van Neck）在東印度群島的香料探索獲得了高達百分之三百九十九的利潤。新成立的公司在荷蘭各地大量湧現，使得人們開始擔憂荷蘭內部的過多競爭可能會導致貿易受損。荷蘭最重要的其中一位領導人，類似於首相的「土地倡導者」（land's advocate）約翰．奧登巴那維（Johan van Oldenbarnevelt）堅持認爲，荷蘭七個省的所有公司應該要聯合起來，組成一間共同對外貿易的聯盟公司。因此，他在一六〇二年協助成立了荷蘭東印度公司（United Dutch East India Company，荷蘭文爲Vereenigde Oost Indische Compagnie，簡稱VOC）。公司的章程說明了私人資本與國家利益的連結方式，奧登巴那維認爲這對荷蘭共和國是最有利的營運制度。荷蘭東印度公司的任務不只是發展出貿易壟斷，還得維護國家利益。就像英國東印度公司一樣，荷蘭東印度公司是一間由國家建立的私人企業，在成立時就獲得了國家賦予的各種獨有特權；舉例來說，他們有權編組屬於公司的海軍和陸軍。根據公司內部文件指出，立法機關對荷蘭東印度公司與其他公司的監督和管制，在一六二〇年代形成的商業奴隸貿易政策中扮演重大的角色。荷蘭政府也參與了東印度公司的決策，並與公司共用檔案與情資，幫助公司擬定策略。於是，就像英國與法國一樣，荷蘭的帝國企業以及史上首批大規模跨國公司的建立，全都源自於國家和私營部門的合作。[9]

在荷蘭東印度公司成立不久後，荷蘭政府與公司股東在一六〇二年一起執行了一個大型的市場建設計畫。在荷蘭東印度公司的幫助下，奧登巴那維與荷蘭當局在阿姆斯特丹設立了第一間眞正的股票交易所，藉此推動該公司的股票交易。荷蘭東印度公司是史上第一間上市公司，其股份在歐洲各國皆有銷售。這個具開創性的成熟、先進市場並不是憑空出現的。一六〇九年，阿姆斯特丹的領導階層在市政廳成立了交易銀行（Exchange Bank），又稱爲阿姆斯特丹銀行（Bank of Amsterdam），政府監督此銀行的運作，希望能藉此建立信心；並保證了貴金屬貨幣與存款的價值，以便支付帳款給荷蘭東印度公司。[10]

依據荷蘭東印度公司的章程所規定，任何荷蘭公民都可以購買東印度公司的股票，而且「在貨物所帶來報酬的收益兌現了百分之五之後，就應該要分配股息」。管理荷蘭東印度公司的是十七名主要股東，又稱「十七紳士」（Heren Seventien），以及六十多名具無限責任的投資人「執行董事」（Bewindhebbers）。荷蘭公民只要買賣公司股票，就可以自由地投資和減資，而不需透過與公司的合夥關係來撤回他們的資本投資。荷蘭股市既是商業創意方面的勝利，也是市場信任的勝利。這是有史以來第一次，投資人有足夠的信心，願意相信公開出售的紙面股票能夠代表部分的所有權。[11]

社會大眾對這間新公司的投資臻至了前所未有的高點。荷蘭東印度公司的資本額是六百四十二萬四千五百八十八荷蘭盾（guilder），是英國東印度公司的十倍。這代表寫在公司章程中的龐大帝國野心是可能實現的。公司把投資人的資金有效地運用在建造船隻上（英國人的船則是用租的），也用來派遣軍隊去和西班牙以及葡萄牙搶奪莫三比克、果亞（Goa）、摩鹿加群島（Moluccas）與安汶島（Ambon）的商業利益。[12]

荷蘭東印度公司所代表的是一個強大的混合體：企業家精神、謹慎的國家管理以及市場原則與政府規範的平衡。荷蘭領導階層透過建立信任實現了這個目標。本著荷蘭的開放政府精神，荷蘭東印度公司在章程中宣稱，公司每隔六年會透過舉辦一次完全公開的聽證會或審計，公開會計帳目與審計報告。作爲一家私營公司，它必須對股東負責，而股東則可以向國家提出申訴。一六二〇年，荷蘭東印度公司未支付股利，且遭受內線交易的指控。公司內部出現了靠著私下協議賺取利潤的情形，再加上公司沒有把股份資本計入資產負債表中，導致公司的資產在表面上比實際上更高。荷蘭東印度公司的平均報酬率從百分之十八下降到百分之六點四。輿論開始反對荷蘭東印度公司，人們紛紛抛售該公司的股票——不是出於金融數據，而是出於市場中的謠言。保密機制與會計詐欺似乎正在損害這史上第一間公開發售股票的資本主義事業。[13]

一六二二年，股東們的抗議終於說服了莫里斯親王對荷蘭東印度公司進行審計。我們可以在此清楚看見，只有在投資人相信國家監管的穩定性與完整性時，「自然」市場機制才能穩定運作。因此，荷蘭的領導人進行了不公開審計，結束了這些管理者的貪腐行爲，開始重建社會大眾對這間公司的信任。荷蘭東印度公司將會在接下來一個世紀繼續獲得高額利潤與驚人的回報率。[14]

▽•▲

荷蘭共和國在一五八一年成功脫離西班牙哈布斯堡王朝（Hapsburg Spain）並宣布獨立後，開始試著進入原本向他們緊閉大門的西班牙與葡萄牙市場與貿易站。東印度公司的計畫是控制亞洲貿易。在荷蘭攻擊與竊取伊比利亞人的財富與貿易的過程中，海盜行爲發揮了重要作用。一六〇三年二月，荷蘭船長雅各・希姆斯科（Jacob van Heemskerck）在新加坡海岸以東襲擊並俘虜了葡萄牙船隻聖卡特琳娜號（Santa Catarina）。荷蘭海軍部門先前已經直接命令希姆斯科不得涉入戰爭一類的行爲。然而這艘船上的財富比荷蘭法令更有說服力。聖卡特琳娜號抵達阿姆斯特丹時，船上載著一千兩百捆的稀有中國絲綢和數百盎司的麝香，價値超過三百萬荷蘭盾——約三十萬英鎊。希姆斯科當然沒有合法權力可以接管這艘船。雖然荷蘭海事法庭最終裁定這些來自船上的戰利品是合法取得的，仍有一些荷蘭東印度公司的股東認爲這種完全就是竊盜的行爲並不道德，這使得正積極進軍新帝國市場的荷蘭東印度公司面臨了挑戰。[15]

荷蘭共和國渴望能進入伊比利亞帝國貿易的大門，這樣的想望催生了該時期最具影響力的一些自由市場哲學。當聖卡特琳娜號的醜聞持續延燒，荷蘭東印度公司找來了希姆斯科剛滿二十歲的表親，著名的人文主義法學天才雨果·格勞秀斯，請他撰寫一篇文章來捍衛公司的利益。他們希望格勞秀斯能主張在搶攻西班牙與葡萄牙帝國市場的過程中，東印度公司擁有採用海盜行爲的道德權利。格勞秀斯是著名的學者暨政治家的兒子，在十一歲時就被著名的萊頓大學（University of Leiden）錄取。大學時期的他沉浸在經典典籍中，特別喜歡西塞羅的作品。而格勞秀斯接下來的人生就和這位著名的羅馬法學家一樣多彩多姿。他將會從盧夫斯泰因堡（Loevestein Castle）的囚牢逃脫，藏匿在一只本應該裝滿了書的箱子前往巴黎（這個箱子至今仍展示在該城堡），他將會在一場船難中倖存，並成爲一名大政治家。他會運用具人文主義的淵博知識，成爲那個時代最重要的法學理論家與喀爾文派神學家。

格勞秀斯的《論捕獲法》（*Commentary on the Law of Prize and Booty*，一六〇四年）是一部對自由市場思想產生了深遠影響的著作，開啟了格勞秀斯作爲現代自然權利理論奠基者的法學作者生涯。《論捕獲法》運用了普遍自然法的邏輯，爲荷蘭攻擊甚至入侵葡萄牙帝國領土的行爲進行辯護。這部充滿專業術語的長篇著作很可能不是荷蘭東印度公司原本想要的政治宣傳文稿。無論如何，《論捕獲法》爲格勞秀斯的未來作品奠定了框架。格勞秀斯借用了西塞羅的觀點，指出道德與自然的法則是舉世通用的，任何個人都可以透過理性判斷來釐清這些法則是什麼。「背信棄義又殘暴」的葡萄牙人想要控制全世界海洋的行爲，已經造成了道德損害。此外，葡萄牙人拒絕荷蘭進入帝國領土和原住民貿易，剝奪了荷蘭人的自然權利，根據格勞秀斯的說法，這也是一種罪行。因而荷蘭人對葡萄牙船隻的俘獲是合理的戰利品，這樣的行爲是具有「誠實信用」（good faith）的。由於主權是一項自然權利，而非基督教專屬，所以西班牙帝國的原住民也同樣有選擇和荷蘭成爲貿易盟友的權利與自由。考慮到荷蘭大砲與堡壘的規模，這個針對伊比利亞提出的「原住民自由選擇論」也就顯得很有說服力了。[16]

一六〇九年，格勞秀斯匿名出版了這本書的第十二章〈海洋自由論〉（The Free Sea），他這麼做不只是爲了東印度公司，也是爲了發表他身爲法律學者的第一篇公開著作。這篇文章在哲學與政治宣傳兩方面都帶來了意想不到的成功。格勞秀斯針對自然、海洋與個人自由的本質提出了他的觀點，這些觀點爲後來十七世紀的塞繆爾·普芬道夫（Samuel von Pufendorf）、約翰·洛克（John Locke）與之後其他關注自然權利與人類權利的歐洲思想家打下了基礎。

格勞秀斯的觀點是，自由源於自然，而上帝是爲所有生靈而創造出自然的。雖然西塞羅認爲，人類是靠著公共契約創造出了財產這個概念，格勞秀斯卻不贊成，他認爲有些事物過於龐大，超出了任何人類所有權、甚至國家所有權的範圍。他引用西塞羅在《論責任》中的論述，指出地上萬物「是大自然爲了讓所有生靈共同使用而創造出來的」。以海洋爲例，覆蓋了全世界的海洋是「無限」的、無法被占有的；任何國家都不能主張自己擁有海洋中源源不絕的魚類資源。換句話說，在捕魚這件事情中沒有「外國人」的概念，因此英格蘭和葡萄牙禁止荷蘭漁夫進入他們的水域，就侵犯了荷蘭人在海上自由貿易的自然權利。[17]

格勞秀斯並且再次引用西塞羅的話，主張任何干涉自由的國家都是在招致一場正義的戰爭。此論點將會成爲格勞秀斯在國際法方面的巨作《戰爭與和平的權利》（*The Rights of War and Peace*，一六二五年）之核心。在闡述國家間互動應遵守的規則時，格勞秀斯堅持認爲，個人應該有自然權利能選擇自己的行爲。「國際法律」（law of nations）和自然法則是相互獨立的，國際法律清楚表明，只要以不傷害他人爲前提，個人就擁有積極自由，可以去做他們選擇的事。而這同樣也是私有財產所有權的基礎論點。任何國家都不能占有大自然中「不會耗竭」的廣大資源；個人與國家只能擁有明確位於國界內部的有限事物，例如「湖泊、池塘和河流」。[18]

在格勞秀斯於《戰爭與和平的權利》提出的論點，以及他支持荷蘭東印度公司的主張中，最關鍵的就是他對奴隸制度的辯護。格勞秀斯和法國法學家尚・布丹一樣，認爲奴役那些在正義的戰爭中擒獲的俘虜是合法的。他主張成爲奴隸遠好過死亡，這是因爲「生命遠比自由更重要」。上帝給予那些在戰爭中被俘虜的人一個

「自由」的選擇：他們可以選擇死亡，或選擇接受「俘虜」的新身分。在市場機制這個嚴酷的道德與經濟算式中，戰俘有所選擇（或者說有自然權利），可以在死亡與成爲俘虜中擇一。很顯然的，這些俘虜指的是原住民。[19]

格勞秀斯清楚知道荷蘭東印度公司靠著奴隸貿易賺了錢，他也知道那些俘虜並不算是眞正的戰俘。並且，我們很難想像他居然會用這種對奴隸制度的辯護，來回應歐洲戰爭中的俘虜問題——雖然奴隸制度牢牢刻在羅馬法律中，也一直在歐洲施行至西元一〇〇〇年左右才由農業封建制度取代。至於封建制度，雖遠沒有動產奴隸制（chattel slavery）那麼殘酷，但仍保留了許多後者的強制性質。封建主義是以自由簽訂契約的概念爲前提，勞動者選擇以服從來交換領主的保護，這樣的概念與格勞秀斯在他針對海外俘虜與戰俘的「羅馬式」奴隸制度中使用的邏輯是相通的。因此，奴隸制也就穩當地存在於格勞秀斯的自然法與自然權利願景中。雖然在戰爭與和平的邏輯中，這種對於選擇自由的解讀有違常理，但這樣的解讀對於依靠奴隸勞動賺取豐厚利潤的荷蘭東印度公司來說是有利的。[20]

除了對於奴隸貿易的辯護之外，格勞秀斯的著作還威脅到了西班牙王室，甚至威脅到了與荷蘭比較友好的貿易鄰國。蘇格蘭的威廉·威爾伍德（William Welwod）認爲，荷蘭這麼做是想悄悄地竊取蘇格蘭周遭島嶼和「窄海」（narrow seas）中屬於蘇格蘭的漁獲。不過，許多英格蘭思想家注意到格勞秀斯的論點有助於英格蘭人進入帝國世界的大門，英格蘭在一五九九年已成立了他們自己的東印度公司。一六〇九年，殖民推動者理查·哈魯特（Richard Hakluyt）將格勞秀斯的作品翻譯成英文並出版，可能是爲了把相同的論點套用在英格蘭的殖民擴張，而之後很快就出現了許多與此主題相關的著作。[21]

雖然自由海洋、自由貿易與個人經濟政治權利的理論在格勞秀斯的筆下顯得一清二楚，眞實狀況卻更加晦澀難明。荷蘭東印度公司在追求貿易自由的過程中仰賴著國家的協助與自身的軍事力量，在牽涉到奴隸制度時，又直接忽略格勞秀斯對於人權與自由的概念。到頭來，能夠自由開發海洋的就只有那些力量最強大的國家。英格蘭與法國終將會取代荷蘭，成爲印度洋上的主要強國，並以聯合壟斷的方式合作，以維持他們的殖民強權。

不過，跨國經濟力量的現實狀況並沒有引起荷蘭經濟思想家的太多關注。在十七世紀中葉，荷蘭的商業霸權正處於顚峰，這段時期的荷蘭經濟理論中最重要的著作是身爲新教徒的布料製造商、經濟學家暨自由市場與共和國理論家彼得．寇特（Pieter de la Court）所撰寫的《荷蘭共和國的眞正利益與政治準則》（*The True Interest and Political Maxims of the Republic of Holland*，一六六二年）。這部作品是當時最精密成熟的自由市場理論之一，寇特在其中主張，政治自由與自由貿易勝過了君主制的權柄。在荷蘭大議長的支持下，掌握實權的首相約翰．維特（Johan De Witt）寫道，寇特的作品是針對君主制的一記致命攻擊，並指出這部作品詳細描繪出了政治自由與宗教自由、自由貿易與自由競爭、製造業與船運都是自我調節的經濟體制的一部分。寇特直接引用了英荷商人作家傑拉德．馬林斯與其著作《商人法》（一六二二年）來主張商人的地位凌駕於君主之上。[22]寇特主張的觀點很單純：君主制度對經濟成長有害，荷蘭的居民「在他們的政治體系中遭受的最大禍害，莫過於受到君主和最高領主的統治」。「伯爵」追求權力的野心會使政治變得不穩定，而「阿諛奉承的臣子」則會破壞那些使國家富裕的東西：「航海、製造業與商業」。[23]

寇特主張，「捕魚和運送」不足以維持國家經濟。財富並非來自農業與自然的恩賜，而是來自「製造」。只有獲取原物料、將之轉變成貨品並賣進國際市場中的工業，才能創造眞正的財富。因此，大自然應該要爲商業目的所用。荷蘭之所以能擁有成功的製造業與船運業，關鍵是用「節約和妥善的管理」來有效率地利用水資源。光是從大自然中採集物資是不夠的；物資需要透過製造業與複雜的市場分銷系統的加工。[24]

寇特主張，荷蘭經濟體制能順利運作的唯一原因，是因爲荷蘭居民處於「自由的狀態」。個人、宗教與經濟方面的自由是能透過製造業創造出財富的「眞正有利因素」。他相信正是因爲宗教機構沒有控制大量財富，荷蘭共和國才得以興盛繁榮。寇特認爲，荷蘭公民不但應該要免受行會管制，甚至應該要擺脫荷蘭東印度公司的壟斷。而荷蘭共和國如此成功的另一個原因，是對外國人的歡迎與寬容，讓他們能融入社會，給予他們創立與投入製造業的自由。阿姆斯特丹是透過貿易自由、個人自由與宗教自由，才成爲了世界貨品市場的中心。[25]

帝國的豐富資源都存放在荷蘭大大小小的「倉庫」裡，所以荷蘭的傑出商人可以將原物料拿來加工，迅速送上船隻，以無與倫比的速度流通至全世界。荷蘭共和國甚至是在高稅收的規定下做到這一點的。與西班牙開戰的期間，荷蘭輕而易舉地輾壓了英格蘭對手。荷蘭的公民自由吸引了歐洲各地的人才。寇特很清楚，幾乎所有國家都在與荷蘭對抗，這些國家都對荷蘭的貿易政策感到惱火；即使如此，他仍宣稱對荷蘭的所有盟友來說，荷蘭的「利益」就是「共同利益」與「互惠互利」。寇特的傲慢語調並沒有說服荷蘭的貿易夥伴相信荷蘭的商業政策是公平的。政治利益、殖民利益與貿易利益點燃了火花，使得英荷戰爭在一六六五年至一六六七年與一六七二年至一六七四年爆發。法國則在一六七二至一六七八年間入侵荷蘭。[26]

在經歷了無與倫比的經濟成功之後，荷蘭共和國於一六七二年遇上了史上惡名昭彰的**災難年**（Rampjaar），當時維特為了控制整個共和國，試圖鎮壓國內權勢最大的荷蘭貴族，奧蘭治的威廉三世親王（Prince William III of Orange）。那一年，儘管在好戰的法國國王路易十四入侵了荷蘭共和國的境況下，威廉仍試圖主張自己統治荷蘭的權力。威廉自稱爲終身軍隊總司令，此舉引起了法國打算讓他擔任國王的傳言。荷蘭共和國屈服後，威廉在七月九日成爲總督，並公開挑戰維特與寇特的影響力。七月二十三日，多德雷赫市（Dordrecht）的奧蘭治派支持者抓到了維特的兄弟柯奈爾（Cornelis），對他用刑，並指控他意圖謀反對抗威廉。威廉下令要約翰・維特支付鉅額罰款換取釋放柯奈爾。在約翰抵達多德雷赫市時，他原本以爲自己可以使憤怒的奧蘭治派群眾冷靜下來，卻遭到了攻擊與刺殺。群眾謀殺了這對兄弟，斬下他們的頭顱，吊起他們的身體，吃掉他們的肉——而威廉沒有否認這些暴力行爲。[27]

隨著奧蘭治親王大權在握，荷蘭共和國及其自由都進入了衰退期。威廉取得了高額貸款，並且爲了鞏固權力而建立軍隊。但他還有更宏大的計畫。他開始祕密談判，想要成爲英格蘭的新教國王，最終成功推翻了天主教國王詹姆士二世。一六八八年十二月二十三日，威廉和他的妻子，也就是詹姆士的女兒瑪麗，成爲了新英國這個君主立憲制國家的君主。但是，如果說英國的光榮革命（Glorious Revolution）開啟了憲政自由與經濟擴張的年代，那麼他同時也敲響了荷蘭共和主義的喪鐘，並宣判荷蘭作爲全球貿易霸主身分的死亡。[28]

法國和英國取代了荷蘭共和國在歐洲的商業領袖地位，開啟了一路持續到十九世紀的激烈競爭。荷蘭進入君主制後，再也無法在商業、科學、帝國力量與工業方面跟法國和英國進行真正的競爭。到了最後，荷蘭的自由並沒有實現寇特自信滿滿的預言，也沒有帶來決定性的自由放任運動。取而代之的是在法國與英國兩大巨頭的長久衝突中，自由市場思想裡力量最強大、壽命持續最久的論述即將浮現。

CHAPTER

07

尚─巴提斯特・柯爾貝與國家市場

在重建商業的過程中，有兩個必要條件：確定性和自由。

——尚─巴提斯特・柯爾貝，

《英格蘭商業備忘錄》（*Mémoire Concerning Commerce with England*），一六五一年

十七世紀中期，就在荷蘭與英格蘭為了商業主導權針鋒相對時，法國這個沉睡的巨人逐漸甦醒了。在一六六〇年，法國這頭巨獸的人口是兩千三百萬，使得英格蘭的五百萬人口與荷蘭的一百八十萬人口相形見絀。儘管法國幅員廣闊，卻因為內戰而疲軟無力。除了法國宗教戰爭之外，還有引起一系列戰爭的投石黨運

動（Fronde，一六四八至一六五三年），掌握強權的貴族在這段期間起身反抗王室的中央權威。儘管最後是王權贏得了這場鬥爭，但在法國國王路易十四於一六六一年掌權時，君主政體幾乎已經破產了，法國的商業也陷入停滯。在十七世紀初，法國曾是歐洲羊毛產業的主導者，卻在一六四〇年代眼見羊毛產量急遽下降。法國的海軍、殖民地、貿易網路與製造業基礎全都比荷蘭和英格蘭要遠遠落後許多。在經歷了這麼多宗教與社會動盪後，里昂（Lyon）、波爾多（Bordeaux）、馬賽（Marseille）和魯昂（Rouen）等法國商業大城市早已經沒有技術純熟的工匠了，這使得法國整體都處於明顯的競爭劣勢。[1]

路易十四身爲一位充滿野心、相對窮困的年輕國王，他急需新的收入來源。由於擁有地產的富有貴族和高級神職人員都無須繳稅，所以國家能仰賴的稅收來源只有鄉村的農民，以及在過去慘澹的數十年間勉力支撐的法國商業。這些錢對於「太陽王」路易十四來說並不足夠。正如拿坡里經濟學家安東尼奧·塞拉曾警告過的，作物收成是靠不住的，充其量只能帶來有限的盈餘和不穩定的稅收。一個現代王國需要的是工業、創新與經濟擴張。

一六六一年，路易十四選擇了尚—巴提斯特．柯爾貝成爲握有實權的首相，路易十四很欣賞柯爾貝謹愼又精準的管理技巧、無情但忠誠的行事原則，以及對工業和貿易的深入瞭解。柯爾貝的出身背景和古老的佛羅倫斯商業傳統頗有淵源。他的家鄉漢斯（Reims）是香檳區（Champagne）的首都，也是從里昂到佛羅倫斯的布料貿易中軸的一部分，其興起來自勃艮第在中世紀累積的巨大財富以及法蘭德斯的博覽會。柯爾貝家族就像其他早期的佛羅倫斯商人一樣，透過羊毛貿易、金融與爲國家服務而致富。柯爾貝是一名訓練有素的會計師，他憂心於法國缺乏足以與荷蘭及英國競爭的商業技巧和紀律。此外，他對於王室依靠農業而非工業來取得收入也感到挫折。柯爾貝寫道，諸如「古羅馬、亞洲的王國、法國和西班牙」等強權國家就是因爲沒有「投身於商業」，才削弱了他們維持繁榮光景的能力。他責怪法國把經濟重心擺在農業「對工業造成損害」，並認爲法國需要更新我們今天所謂的「品牌形象」，成爲一個工業、創新、金碧輝煌之國。因此，柯爾貝希望能結合義大利的科技專業與文化影響力、西班牙的帝國實力，以及荷蘭與英格蘭的商業能力，創造出一個能在世界舞臺獲得應有地位的法國。[2]

柯爾貝在職涯的一開始，就知道自己的研究可以透過今天所謂的「發展經濟學」來將法國工業化。法國必須扶助商業與工業，才能提高競爭力。柯爾貝當時想必沒有指望法國能在他的有生之年超越荷蘭的商業實力。他明白荷蘭與英格蘭擁有極大的優勢，這兩個國家在過去數十年來一直都致力於打造公司與製造業，更不用說英格蘭制定了有利國家商業成長的保護主義航海法。現在輪到法國政府該有所作爲了，他們必須採取動作更快、規模也更大的行動。況且，法國做得到這件事：柯爾貝知道，法國的國家權力和中央集權，正是法國擁有而英國缺少的發展工具。雖然斯圖亞特王朝的國王想推行絕對的統治，但他們與議會發生了意見分歧，最終失敗了，並導致威廉三世推翻了詹姆士二世。英格蘭的國王與大臣沒辦法透過法令來通過大規模的經濟政策。但法國可以。柯爾貝採用一種原始的威權手段將法國推入了早期工業階段，發展出了一種市場建立模式，與如今亞洲的動態威權經濟有些類似之處。

▽
•
▲

柯爾貝的其中一個核心思想是，在有能力參與國際自由市場之前，法國首先需要在國內擁有穩定的市場條件。由於當時的法國沒有這些條件，所以必須由國家來打造。一六五一年，柯爾貝抱怨內亂使得法國「失去了商業的技能與優勢」。商人失去了「運輸貨物」的「自由」與「信心」。法國是一個幅員遼闊的農業封建社會，存在著中世紀的內部關稅；有著特權、法院與通行費的地方制度；各省對外封閉的市場——柯爾貝指責這些狀況全都對貿易造成了損害。在他看來，若缺少了信心與讓貨物自由流通的方法，商務活動就不可能順利運作。柯爾貝希望解除法國國內市場的種種限制，同時打造基礎建設，藉此建立商業信心。[3]

商業成長要面對的另一個挑戰，是充滿濫訴與過度訴訟的法律體制，及聲名不佳的市政債券市場，他認為這兩個因素「抑制」了商業並破壞了信任感。除此之外還有法國商人與工會所帶來的損害，柯爾貝認為他們設下的標準過低，且對海盜行為過於寬容。柯爾貝想繞過種種地方限制，制定國家級的工業標準，以及產品——尤其是布料——在尺寸、名稱和品質方面的一致規範。並且由一套嚴苛的國家監督制度來強制執行這些新規定。到了一六七〇年代，他堅持要求所有市長和行會會長都應該「一直將我爲工廠與染坊寄出的規則放在手邊，以便按部就班地執行這些規則」。柯爾貝堅信，統一的標準可以創造出人們的信心，並且在更好的基礎建設協助下，能使城市與地方之間的貿易變得自由。[4]

柯爾貝也打造了一個龐大且同樣具爭議性的計畫，望能發展法國薄弱的工業基礎。他推動商業的方式和義大利商人的做法頗爲雷同，甚至有點像是荷蘭的城市，後者有著藉由補助金吸引外國工作者的悠久歷史。柯爾貝建立了由國家資助的新工業，例如歌布朗掛毯工廠（Gobelins）和聖戈班玻璃工廠（Saint-Gobain）。他吸引了荷蘭製造商前往魯昂市建立布料交易的行當，以及荷蘭工程師來幫忙建造運河。就像在現代的免稅開發區一樣，柯爾貝爲這些新人提供國家薪酬、資金與壟斷的權力，幫助他們創立新事業與開發新科技。[5]

柯爾貝對於建立羊毛與絲綢產業特別感興趣，他希望能引入新的紡織技術，在亞眠（Amiens）等城市重振紡織業。他打造數個港口，並藉此建立供法國的殖民企業所用的航運業。他擴大了印度、北美洲、非洲與法屬西印度群島各個現有公司的規模。現在，法國將會開始和西班牙、葡萄牙、荷蘭和英格蘭競爭世界商業帝國的地位，致力於擴大領地，推動利潤豐厚的奴隸貿易與甘蔗種植。

創新並不是柯爾貝關注的唯一焦點。他以增強國家實力的名義，使用間諜、兇殘的國內政策與嚴酷的牢獄刑罰來對付製造假貨的人和所有製作文宣反對國王的人。在現代人的眼中，這使得柯爾貝成爲一個令人費解的角色：他既是一個有遠見的市場建立者，也是早期威權政府的先驅。然而，對他來說這兩者並不互斥。

柯爾貝的成功長久以來都充滿著爭議。然而，統計資料顯示他的改革確實擴張了製造業，並爲長期成長奠定了基礎。舉例來說，在他改良了紡織技術後，魯昂和亞眠等城市的紡織學徒人數變成了兩倍。在他補貼了亞眠市的薩亞特里布料（*sayetterie*，綿羊毛或山羊毛與絲綢混合的布料）後，這個城市的登記名冊上出現了更多專業工匠，提高了紡織業產品的品質與產能。一六八〇年代，里爾（Lille）等製造業中心城市的紀錄中新增了八百多種與紡織業相關的職稱。就算要說這樣的發展進程並不算突飛猛進，但仍是一種實實在在的進步。正是在這段時期，法國發展出了成功的羊毛、絲綢與棉布工業。在柯爾貝執政期間，法國的工業出口開始能與法蘭德斯、荷蘭及英格蘭競爭，並且他引入的技術將會在十八世紀的法國經濟擴張中扮演非常關鍵的角色。魯昂的棉花製造以每年百分之三點二的速度成長，到了一七八〇年代已經達到了每年八十萬匹布。[6]

柯爾貝的經濟計畫並非全都取得驚人的成功，且當時英格蘭的成長比法國更優異。不過，若說英格蘭在煤炭、金屬、棉花與造船方面取得了領先地位的話，那麼法國則在柯爾貝推動的強大工業中占據了領先地位，從最重要的羊毛產業，到帆布、蕾絲和里昂絲綢等。到了十八世紀，英國將會因爲顧忌這些法國產業的強大，而拒絕自由放任主義的召喚，轉而執行保護主義政策。雖然根據預估，英國的人均生產力提高了百分之二十，但法國的貿易量在整個十八世紀差不多和英國相當。對於一個在一六五〇年失去了商業競爭力的國家來說，這可不是什麼小事。[7]

當時國際貿易的世界和現代一樣，是非常殘酷而危險的，經常導致戰爭的爆發。想當然耳，柯爾貝認爲法國需要強大的海軍去和荷蘭、英格蘭、西班牙與葡萄牙等敵對海上強國競爭。儘管柯爾貝向來以軍國主義者聞名，但所有通訊資料與法國政府內部文件等證據都顯示，他認爲戰爭對於經濟成長有害。直到戰爭已經無可避免之前，他都反對路易十四與荷蘭開戰，相較於戰爭，他比較偏好使用嚇阻和貿易條約的手段，並堅信這些方法能成功削弱荷蘭與英格蘭的霸權。柯爾貝曾寫道，法國應該運用外交手段攻擊荷蘭與英格蘭，藉此獲得「安全與自由」。這將會爲法國帶回「商業的自由」。[8]

荷蘭是柯爾貝最大的擔憂，因爲儘管彼得・寇特針對自由市場發表了許多高尚的言詞，但眞實狀況就是荷蘭的國家主義貿易政策非常具有侵略性，還擁有一支傲視其他國家的海軍。對於「法國商業的糟糕處境」與法國高達四百萬英鎊的貿易逆差，柯爾貝始終充滿怨言，他認爲這是荷蘭制定的條約導致的直接結果，該條約以犧牲競爭對手爲代價來換取荷蘭的貿易自由。柯爾貝認爲荷蘭對法國的種種侵犯，特別是他們對法國各種出口貨品的劫持——舉例來說，荷蘭控制了法國在波羅的海這個富裕市場的酒類貿易——侵害了法國的自然權利。此外，荷蘭也禁止那些可能在國內市場眞正具有競爭力的法國商人與工匠進入荷蘭境內。柯爾貝知道法國還太弱小了，還沒有做好競爭的準備。如果他直接關閉與荷蘭的貿易邊界，只會對法國的發展造成損害。因而他追求的並不是貿易壁壘，而是設計良好的貿易條約，至少實現兩國互惠。爲此，柯爾貝認爲政府應該招募經驗豐富的商人來管理與撰寫商業條約和法律。[9]

柯爾貝在打造法國工業時採用的策略，有一部分是基於他對一六五一年的英格蘭《航海法》的理解，他（以及後來的亞當斯密）認為這項法令是英格蘭獲得發展優勢的關鍵。同時，柯爾貝也主張荷蘭人制定關稅是為了要扼殺法國的貿易與製造業。一六七〇年，在法國與荷蘭進行了長時間的協商後，柯爾貝仍持續抱怨荷蘭不但把所有法國商品排除在荷蘭市場之外，同時還將矛頭指向里爾市，想要扼殺該處的工業。此外，荷蘭還致力於控制法屬西印度群島的貿易，迫使法屬群島購買荷蘭商品。[10]

由於荷蘭將一些法國邊境城市、甚至法屬殖民地的法國貿易商排除在交易對象之外，所以柯爾貝認為法國的保護主義關稅是很公正合理的。因此，他想要追求的是鞏固法國在自身領土內的貿易自由。他提議安地列斯群島的居民靠著武裝自己來抵禦荷蘭的干涉，如此一來他們才能以「完全自由」的狀態來做生意。手段殘酷的尚—查爾斯・巴斯（Jean-Charles de Baas）是法屬安地列斯群島的奴隸殖民地總督，柯爾貝在他寄給巴斯的信中寫道，「商業的自由」不只是為了讓法屬西印度公司進行壟斷而已。爲了柯爾貝聲稱的「共同利益」，這種自由必須延伸至所有法國商人身上才行。他仍抱持著中世紀的概念，也就是經濟自由是國家授予的特權。自由不會延伸到農奴、契約勞工、罪犯或奴隸的身上。自由僅限於貴族，以及那些持有國王通行證的法國商人和具有人身自由的定居者身上。經濟自由不是一種普遍的自然權利，而是國家給予的特權。不過，無論這種想法有多侷限，都一樣建構出某種自由貿易的願景。[11]

▽•▲

柯爾貝的多方努力，成功把法國轉變成一個強大、步伐笨重的全球商業強國。雖然法國沒有英格蘭那麼成功，但可以肯定的是到了一七〇〇年代早期，法國已經超越了荷蘭，成爲英格蘭在貿易方面的主要合作與競爭對象。就算說柯爾貝在支配亞洲貿易上大致失敗了，但舊有的法屬加勒比群島的奴隸殖民地與製糖殖民地仍在繼續擴大生產這一點，對法國跟英格蘭以及荷蘭的競爭來說是有利的。法國當時亦成功在地中海黎凡特（Levantine）的貿易中取得了主導地位。我們可以透過英格蘭人對柯爾貝所施行政策的模仿與欽佩，來判定柯爾貝在經濟方面的成功。這正是他想要的。他認爲，其他國家企圖複製法國的想法，正是讓法國市場成功運作的關鍵。柯爾貝確信，如果其他國家對於法國與法國產品充滿信心與欽慕，那些國家就會購買法國貨品，進而刺激法國內部的經濟。因此，柯爾貝在很大程度上幫法國創造了一個經得起時間考驗的事物：至今仍非常強而有力的、專門販賣奢侈品與專業技術的國家品牌形象。[12]

然而，在打造市場的過程中，重要的不只是經濟發展和改革而已，還包括了信任與信心。自由市場有很大一部分的基礎在於感知與選擇。使人們決定要購買某件事物的，往往是許多古怪又時常自相矛盾的情緒與環境條件：需求、可得性、定價、欲望、執著、信仰和信心。有些商業上的感知是理性且客觀的，有些則不是。柯爾貝提出了一個計畫，希望能在法國創造出信任和信心，實質的與想像的都包括在內；他確信這種結合了國家品牌塑造與實質政策推行的措施，能賦予法國一個商業強國的形象。

他爲此頒布了一套商業的法律與標準，任何違反的人都會遭到重罰。柯爾貝手下的警察局長加布里埃爾・尼古拉斯・萊尼（Gabriel-Nicolas de La Reynie）是個聰明而無情的人，他負責監督巴黎的市場與街道——肉店、裁縫店、性工作者、街道照明與印刷業——並管理貿易行會，確保行會成員都遵守規定。他制裁了外國印花布料的非法流通，當時這些違禁布料在法國處處可見，而對法國工業造成了損害。義大利人、荷蘭人和英格蘭人長久以來一直利用法國寬鬆的商業監管措施來占便宜。作爲回應，柯爾貝打造了一套印章系統來標示法國布料的品質，這使外國市場對法國布料充滿信心。當英格蘭人找到方法僞造法國皇家印章時，萊尼沒收了數千令（ream）的外國布料。他幫助法國確保國內的羊毛業能夠對英格蘭羊毛業構成高度的商業威脅。[13]

對柯爾貝來說，在建立商業貿易與外國殖民地貿易的過程中，建立人們對法國聲譽的信心就和法規以及保護主義同樣重要。因此，在他建立法國商業市場的計畫中，宣傳（也就是如今所謂的廣告）是一個關鍵。他定期邀請備受尊敬的學者擔任代言人，藉此提高法國作爲知識、文化與科技創新中心的聲譽。一六六三年，柯爾貝正在成立法國東印度公司（French East India Company）時，邀請了院士暨學者法朗索瓦・夏邦提耶（François Charpentier）針對東印度貿易的歷史與實用性撰寫一篇文章。這篇文章的目的不只是刺激法國商業，同時也是在向外國競爭對手做宣傳。夏邦提耶遵循柯爾貝的路線，主張「危險的自由放任主義」已經占據了法國，因此使得這個王國的繁榮發展受到戰爭和動盪的侵害。商業「就像博雅教育（liberal arts）一樣」——是可以透過聚焦與專注來「培育」的。於是，夏邦提耶向讀者提出挑戰，要他們航向嶄新的海洋，透過發現新「財富」。他說，「創新者」會創造出富裕。[14]

同時柯爾貝也雇用了耶穌會學者皮耶・丹尼爾・輝特（Pierre-Daniel Huet），他是阿夫杭士市（Avranches）的主教，也是一位博學的法蘭西學術院（Académie Française）成員。柯爾貝令他負責撰寫商業歷史，將路易十四統治的法國與羅馬帝國的榮光相比擬。在他的著作《商業與古代航海之歷史》（*History of Commerce and of the Navigation of the Ancients*，一七六三年）的序言中，輝特解釋了柯爾貝如何利用法國的「優點」展示出商業對國家的重要。法國人們若想要與他國進行商業競爭，就必須開始重視航海與帝國建設。他解釋說，羅馬帝國的成功源自於貿易與帝國制度；如今法國也應該要跟隨這種模式，成爲國際商業界的新羅馬。[15]

柯爾貝認爲，信心與確定性的「再建立」，也取決於國家財政管理與會計的品質。他希望能掃蕩那些碌碌無爲且「腐敗」的政府官員，這些人沒有能力正確記帳來衡量負債與貶值。至少，在擔任內政大臣的頭十年中，他成功在一六七〇年代初的短暫期間使法國公共財政呈現盈餘，那可說是一個歷史性的時刻。亞當斯密後來稱讚柯爾貝的公共財政管理是法國打造出市場社會的關鍵。[16]

柯爾貝在一六六三年寫下了〈爲歷史而寫的法國金融事務備忘錄〉（Memoirs on France's Financial Affairs to Serve History），這篇文章循著馬基維利、布丹和博泰羅的觀點，認爲一個國家唯有在「其方法得到妥善管理」時才能生存下去。換句話說，內政大臣必須運用財政能力來管理國家、有效徵稅，並妥善管理收入、支出、資產與負債。這種良好的管理將會創造出信心，使貿易之輪轉動得更順暢，並且如同柯爾貝反覆提起的那樣，創造出「商業自由」。柯爾貝動用了所有他能使用的經濟模型與工具——從馬基維利的國家願景，到荷蘭對會計的聚焦，再到英格蘭的發展保護主義——去為市場帶來信心。[17]

為接觸法國的廣大讀者，柯爾貝贊助出版了他認為能夠在法國公民身上培養商業知識與信心的一系列書籍。舉例來說，他委託數學家暨會計大師法蘭索瓦・巴雷姆（François Barrême）撰寫複式記帳會計的手冊與關於貨幣兌換的書籍。會計學校採用了他撰寫的實用數學手冊《巴雷姆的算數》（*The Arithmetic of Sir Barrême*，一六七二年）。巴雷姆在序言中指出了法國在財務素養方面的缺乏，就算在國家的最高層也一樣：「柯爾貝先生一直希望國王管轄之下的所有業務都能使用複式記帳，但他找不到足夠多的熟悉複式記帳的人才，使得財務監察機構的老舊做法遲遲無法革新。」巴雷姆的著作大獲成功，後來成為了《巴雷姆通用手冊》（*Barrême Universel*），這本會計手冊一直到十九世紀仍持續出版。[18]

一六七三年，柯爾貝和商人暨貿易專家雅克・薩瓦里（Jacques Savary）合著並出版了他最著名的《商法典》（*Commercial Code*）。正是因為書中這些著名的法條，讓柯爾貝的浮雕肖像被納入美國眾議院畫廊的二十三位偉大立法者之中，其他立法者包括了摩西（Moses）、萊克爾葛斯（Lycurgus）、查士丁尼（Justinian）與湯瑪斯・傑佛遜（Thomas Jefferson）。《商法典》的內容簡明扼要到令人訝異，裡面共有十二個章節與一百二十二項條款，不但設立了法律架構與貿易典範實務的標準化，更描述了要如何實行複式記帳、完成文書工作、組織展會，以及在柯爾貝看來非常重要的，如何處理破產與訴訟。該法典中甚至包括了匯票與本票的準則與用法。[19]

薩瓦里將柯爾貝的計畫進一步擴展，出版了一本更詳細的商業手冊與參考書籍《完美商人》（*The Perfect Merchant*，一六七五年）——等於是文藝復興商人班尼迪托・科特魯利《貿易藝術之書》的現代版本。薩瓦里主張這本書所包含的商業法律、規則和實務典範，可以「爲商業界人士帶來信心」。薩瓦里的這本書不僅是非常獨特的商業資訊匯編，也是法國的對外宣傳中非常成功的一步。柯爾貝的行動向世界展現出法國已成爲商業標準與商業專業的全球核心，而這在二十年前是無法想像的事。柯爾貝很清楚，儘管事實在貿易中是很重要的，但錯覺也一樣重要。即使在他於一六八三年逝世後，他的法典計畫（與對法典的宣傳）仍持續產生深遠的影響。一六八五年，法國政府出版了惡名昭彰的奴隸法《黑色法典》（*Code noir*）。

亞當斯密後來讚揚這部可怕的法典使法國奴隸制度變得比英國奴隸制度更不殘酷、更有效率——好像這是真的做得到的事一樣。[20]

柯爾貝最知名的事蹟，當然還是打造了至今都還留存的凡爾賽宮和路易十四的各個學院。歷史學家將文化視爲路易十四追求「榮耀」的其中一步，也是塑造太陽王形象的一種工具。柯爾貝建造的凡爾賽宮與所創辦的著名皇家學院當然提升了路易十四的形象，但這個觀點有些流於表面。柯爾貝眞正希望的，是這些機構能夠促進人們對法國商業的信心。如果法國擁有最好的科學家、最美麗的藝術與建築、最令人渴望的時尚潮流，那麼法國就能爲國內商品建立一個國際貿易市場。柯爾貝非常瞭解形象與市場信心之間的核心關聯。[21]

柯爾貝認爲，他可以善用科學方面的專業知識與檢驗方法，將科學商業化。他在〈備忘錄〉中指出，科學、藝術與文學上的「偉人」將會爲法國帶來「良好的聲譽」，並吸引外國的消費者與貿易。出於這個原因，柯爾貝直接寫信給歐洲各地的著名科學家與歷史學家，例如在斯德哥爾摩的荷蘭人尼古拉斯·海因斯（Nicolas Heinsius），以及當時在溫莎的艾薩克·佛斯厄斯（Isaac Vossius），他向這些人說明路易十四想要對他們的「功績」表達讚賞，並且寄給他們大筆現金的「嘉獎」。無需明說他們也會知道，如果他們選擇把重要作品獻給太陽王的話，太陽王的感激之情將會繼續推動這段互利關係。[22]

一六六三年，設計了羅浮宮東面的著名院士暨建築師克勞德・佩羅（Claude Perrault）開始和柯爾貝合作執行一項建造皇家科學院（Royal Academy of Sciences）的計畫。佩羅寫信給柯爾貝，說皇家科學院不只能光耀路易十四，更能宣傳法國科學可信度，「出版科學發現，使這些發現為人所知」，並讓法國「在全世界聲名遠播」。關於此計畫的最初摘要顯示，化學、解剖學、幾何學、天文學和代數等研究領域具有實用性，且可以應用在法國的商業與金融事業中。他們的目標是使皇家科學院成為實驗與公共教學的中心，把科學權威交到王室手中，接著再向全世界廣為宣傳。[23]

一六六六年，在荷蘭數學家、物理學家、天文學家暨發明家克里斯蒂安・海更斯（Christian Huygens）的幫助下，柯爾貝在曾屬於紅衣主教馬薩林（Cardinal Mazarin）的宮殿中創立了新的皇家圖書館與科學院，馬薩林是過去路易十三的內政大臣。海更斯在一六六六年寫道，皇家科學院將會測量並建立子午線和經度，這些測量數據將用於「測量地球的大小……〔並〕爲地理圖表的製作提供迄今以來最精確的方法」。這些具有權威性的新地圖不但能改善航海技術，還能提高法國占領殖民地的能力。海更斯進行了一長串天文實驗與實用科學實驗，其中也包括了後來成爲柯爾貝偉大成就之一的實驗：「透過鐘擺模型建立通用的尺寸測量法」。海更斯概述了他的計畫：他要創造一種實用性的擺錘鐘，即「航海鐘」，可用來計算執行殖民任務的船隻航行時的經度。[24]

海更斯說服了柯爾貝：皇家科學院最重要的其中一個活動是出版自然歷史著作，使用「共通」且容易理解的語言來解釋科學實驗，讓社會大眾也能瞭解。一六六五年，柯爾貝開始贊助丹尼斯・薩羅（Denis de Sallo）的計畫，創辦由國家控管的科學期刊《科學家週刊》（*Journal des sçavans*），這份期刊使得法國成爲了受信任的科學權威來源。《科學家週刊》主張他們會刊登「學術共和國（Republic of Letters）中的新事物」，也就是全球學界中的新事物。發行人表示，此期刊會聚焦在「有用」的事物上，人們將會在這裡找到「每年的重大事件」。甚至到後來路易十四統治的法國進入了戰爭與政治、宗教壓迫的最高峰時，歐洲各地的學者仍視此期刊爲科學、數學、力學、哲學與最重要的「藝術與工藝」（也就是工程學）之重要權威。就連戰爭時期，法國仍因爲《科學家週刊》而享有國際信譽。[25]

柯爾貝下令皇家科學院著手編寫一部大型的機械與工業圖解百科全書。柯爾貝用這部百科全書讓實用的商業知識與正規教育平起平坐，使商業知識藉此獲得威信。海更斯和佩羅等人都爲這個項目提出了發明計畫。柯爾貝的百科全書計畫將會對接下來的十八世紀產生驚人的影響，指引藝術、科學與科技的未來發展，從而對法國的經濟擴張產生至關重要的幫助。[26]

這些科學出版品使法國獲得了工業與商業領導者的聲譽——這樣的聲譽甚至有些言過其實。這項策略十分成功，在一六七〇年代，英格蘭人開始把法國視爲比荷蘭更大的商業強國——這在一六六一年還是無法想像的事。柯爾貝的弟弟是克魯瓦西侯爵查爾斯・柯爾貝（Charles Colbert, marquis de Croissy），柯爾貝在一六六八年派查爾斯到倫敦擔任大使，查爾斯讓英國人留下絕佳的印象，成功說服了當時的英國國王查理二世私下支援法國對抗荷蘭的行動，以換取每年二十三萬英鎊的個人報償。尙—巴提斯特．柯爾貝在短短的數年內，使法國成爲其他國家的眞正商業競爭對手，甚至成爲國際間的領導強國——至少表面上看起來是如此。[27]

著名的英國日記作者暨海軍部祕書山繆．皮普斯（Samuel Pepys）對於這位「來自克魯瓦西的柯爾貝」印象深刻，就皮普斯與其他人的瞭解，查爾斯是在哥哥的命令下來到英國監視英國工業與海軍計畫的。這使得尙—巴提斯特．柯爾貝顯得更加令人生畏。皮普斯也熱中閱讀柯爾貝爲商業宣傳出版的作品。一六六九年一月三十日，皮普斯在日記中寫道，他「認眞閱讀了一本法國的專書」，他擔心這篇關於航海的書籍會使得人們覺得法國的海軍與貿易能力就快要超越英國了。那本書正是法朗索瓦．夏邦提耶爲東印度公司的成立所寫的宣傳著作，而這樣的手法顯然奏效了，使得皮普斯感到法國已經轉變爲成功的貿易大國，是英國最重要的競爭對手。法國的科技專長也同樣使各國感到欽佩。皮普斯在一六九〇年代的「海軍會議紀錄」（Naval Minutes）中記載道，法國擁有最精良的造船技術、船艦、港口和水手，並引用了柯爾貝在一六七一年制定的造船規範和一六七三年的戰艦規範。皮普斯認爲，從這些書籍就可以看出法國的海軍能力遠比英國更優越，他感嘆道：「我國海軍中的每一條優秀規範，有哪個不是法國早就設立好的規範呢？」柯爾貝的政策與宣傳正中要害。[28]

▽•▲

在尚－巴提斯特·柯爾貝於一六八三年逝世時，他已經成功為法國打開了英國市場。法國甚至取得了對英國的貿易順差。這對於英國商人來說是一場危機，他們認為法國占了上風，必須立刻予以阻止。在十七世紀，由於每個國家都在搶奪競爭優勢，所以自由貿易條約的進步十分緩慢。[29]

不過，當時已有跡象顯示，柯爾貝試圖把法國轉變成商業國家讓太陽王很不滿意。路易十四鄙視商人，認為他們是庸俗的暴發戶，因而撤回了柯爾貝的許多改革政策。路易十四非但沒有努力促進法國與最大貿易夥伴英國的自由貿易，反而想要發動戰爭。他不顧柯爾貝的意見，在一六七二年入侵荷蘭。

光是向外侵略還不能讓路易十四滿足，他甚至在國內也走上了公民暴力的路線。一六八五年，也就是柯爾貝逝世兩年後，路易十四廢除了《南特詔令》（*Edict of Nantes*），此法令原本旨在保護法國的新教徒少數族群。有超過二十萬名法國新教徒遭受酷刑、被迫改信天主教，及受到鎮壓、監禁和驅逐。路易十四很清楚柯爾貝因爲對貿易不利而反對宗教壓迫，殘暴成性的路易十四派了柯爾貝的兒子，也就是塞涅來侯爵（marquis de Seignelay）負責強迫新教徒轉信天主教。法國新教徒的流亡目的地從荷蘭、丹麥與英格蘭，擴散到了日耳曼與美洲殖民地的多個地點。這對法國商業造成了嚴重打擊。新教的胡格諾派（Huguenot）商人和工匠離開時，也帶走了柯爾貝當初砸重金發展的專業技能；歐洲各國的君主都因爲玻璃工匠、銀匠、櫥櫃工匠和各種商人具有的優秀技術而樂於迎接他們的到來。事實上，正是《南特詔令》的廢除使得法國今日沒有製錶的優良傳統，法國的新教鐘錶匠全都逃到了喀爾文派的瑞士日內瓦（Geneva），那裡至今仍是全球鐘錶貿易的中心。

與經濟史學家一直以來所認知不同的是，大幅削弱柯爾貝主義與擴張市場自由可能性的，正是路易十四。作爲在輝煌的貴族宮廷中心統治一整個王朝的國王，路易十四從不認爲自己是普通商人的國王。目光短淺的路易十四更停止了對海軍的經費支援，對殖民地的關注也下降了。現在，他的目光轉向了戰爭。一六八八年，他開啟了九年戰爭（Nine Years' War），美洲將之稱作威廉王之戰（King William's War），路易十四在這場戰事中越過了萊茵河，積極地把法國的邊界與領土向外擴張。爲了對抗路易十四的侵略，英格蘭、荷蘭共和國、奧地利哈布斯堡神聖羅馬帝國（Austrian Hapsburg Holy Roman Empire）、西班牙、葡萄牙與薩伏依（Savoy）結成了同盟。此外再加諸那些公開反對路易十四的胡格諾派教徒帶來的影響，新教君主開始將太陽王視爲巨大的威脅。長期的戰爭與饑饉，消滅了自由貿易的所有可能性。

一六九三年，法國北部的作物收成欠佳。在戰爭稅與食物短缺造成的壓力下，饑荒惡化成了傷寒疫情，此外還有類似沙門氏菌的細菌引起的腐熱（putrid fever）與瘟疫腹熱（pestilent abdominal fever）。一六九三年至一六九四年的大饑荒（Great Famine），扣掉正常死亡率後大約導致了一百三十萬人死亡。士兵紛紛感染傷寒，不得不抱病作戰。法國的財政陷入混亂，人民被大規模死亡的陰影尾隨，整個國家都活在路易十四造成的無常戰爭與其災難性影響的威脅之下。當路易十四發現自己無法入侵荷蘭共和國與英格蘭之後，便開始騷擾他們分布在世界各地的商人，威脅到了從西印度群島至印度的英格蘭殖民地和貿易路線。等到九年戰爭終於在一六九七年結束時，法國在所有層面上都元氣大傷。威廉三世現在隨時保持著英格蘭與法國間的備戰狀態，英國商人也將法國視為軍事與商業上的威脅。

這一切和柯爾貝過去的希望背道而馳。柯爾貝的夢想是以平等貿易的條約和互利作為基礎，實現平衡的自由貿易，如今這個夢想已被暴力戰爭與大規模死亡取代。改革者為了與過去切割，便把路易十四毫無道理的破壞行為歸咎到柯爾貝身上。那些推動法國改革與自由市場的人，開始把柯爾貝這位逝世已久的內政大臣拿來作為法國需要改變之事物的象徵。柯爾貝主義和柯爾貝在經濟史上的地位遭到扭曲，並因為路易十四晚期的災難性統治而蒙上汙點。法國的自由市場思想發展之所以窒礙難行，不是因為柯爾貝執行的經濟政策，而是因為路易十四好戰又專制的愚行扭曲了這位內政大臣的餘蔭。

CHAPTER

08

太陽王的噩夢和自由市場的美夢

我們的美德往往是經過偽裝的惡行。

——拉侯謝傅科公爵（Duc de La Rochefoucauld），《格言錄》（*Maxims*），一六六五年

等到九年戰爭（一六八八年至一六九七年）結束時，法國和歐洲各國一樣都疲憊不堪，他們經歷的是二十多年間幾乎未曾止歇的衝突。路易十四恐嚇西屬尼德蘭，並利用他的影響力追捕與迫害各個鄰國的法國新教難民。他的戰爭大臣，個性極為殘忍的盧瓦侯爵（marquis de Louvois）在歐洲與世界各地推行暴力統治。為了

應付戰爭的開支，法國徵收了額外稅金，使廣大法國人民陷入悲慘的生活，多數人只能不斷挨餓。

這種看似永無止境的暴力與苦難的循環，正好對應到了法國工業的興起，使得許多哲學家回頭張望過去他們視爲比較自由、和平且繁盛的模式。有些法國思想家受到西塞羅與古老貴族農業價值觀的啟發，拒絕接受財富只能來自城市、創新與製造業的觀點。他們想要以農業和斯多噶道德爲基礎，發展出一套經濟成長的自由市場模式。

以後見之明來看，由柯爾貝的繼承人來帶領這次的改革運動似乎是極爲矛盾的一件事。在十七世紀之交，柯爾貝的孩子與外甥在皇室中形成了勢力最爲強大的一個團體。他們的目標是爲新改革時代量身打造新的柯爾貝主義。他們認爲，路易十四忽視了良好的政府管理，漠視對自由市場與和平的追求，這樣的行爲破壞了柯爾貝最基礎的政策。柯爾貝家族對此的回應，是設計與推行一系列的政府政策和書籍，這些行動後來將點燃十八世紀的自由市場運動。

或許不令人意外，到了十七世紀的後半葉，愈來愈多思想家對人性與人類社會感到無比絕望。部分哲學家因爲戰爭與壓迫而得出了憤世嫉俗的結論：自我利益主宰著一切，在世俗的茫茫苦海中，是不可能有眞正高尚且無私的行爲。自從西塞羅首次提出，擁有大量土地的羅馬貴族之間的愛、責任與友誼等感情是市場交易的催化劑與擔保之後，哲學家就一直在爭論情感與經濟之間的關係。

基督教思想家把人們對於天堂救贖的渴望引入了市場中，堅稱想要用世俗財富交換天堂財富的渴望與個人自由意志，是推動神聖機制運轉的力量。如今哲學家開始尋找一種更實際的政治經濟體制，希望能運用人類沒那麼高尚的情操，促使他們爲公眾福祉付出努力。與其爲了宗教信仰或貴族的軍事榮耀而戰，不如把這種人類的渴望力量投入交易契約中：透過商業協定實現人們的理性利己傾向。[1]

英國政治理論學家湯瑪斯．霍布斯（Thomas Hobbes）已經在一六五一年的著作《利維坦》（*Leviathan*）中，提出了「利己是政治經濟生活的基礎」這個概念。

霍布斯呼應了奧古斯丁和馬基維利的觀點，指出人類的本質就是惡的，認爲所有人都是「所有人的敵人」，並且處於一種持續的爭鬥狀態中，這些爭鬥是由人類對於「利益」、「名聲」和「自我保護」的天生欲望引起的。自然法則賦予人類不惜一切去保護生命與財產的權利。人類若想脫離這種爲了財產持續爭奪的狀態，唯一的方法就是在政治上達成共同的「契約」，進行和平的商業交易。霍布斯就像專制主義者尚・布丹一樣，認爲個體必須把個人自由交付給專制君主，此君主要謹慎地「爭取共同利益」。[2]

十七世紀最重要的其中一位探討利己的哲學家，是著名的法國貴族法朗索瓦（François），即拉侯謝傅科公爵（Duc de La Rochefoucauld）。他的著作推動了人們相信個人機會主義能推動商業社會與市場，對自由市場思想造成了重大的影響。拉侯謝傅科公爵質疑西塞羅那套「愛與友誼推動交易」的說法，他承襲聖奧古斯丁與霍布斯的觀點，認爲人類的行爲並非出自仁慈，而是出自對於自身的關注。因此，他希望能瞭解欲望，也就是他所謂的「自愛」（self-love，法文爲amour propre），會如何影響人類的所有行爲。他相信在更好的環境條件下，人類確實可以透過斯多噶派的紀律找到美德。但當統治者是專制且道德破產的帝王時，這種道德自由是不可能的事。拉侯謝傅科公爵尤其反對路易十四用君主專制主義剝奪貴族的古老農業美德，他將凡爾賽宮的皇室比做交易榮譽和特權的「股票交易所」，而貴族們正試圖從中獲利。他譴責道，在路易十四的世界中，所有行為與友誼都「只以利己為基礎」。[3]

儘管如此，拉侯謝傅科公爵還是看見了希望。他相信只要適當引導這些自私的情感，就能為共同利益所用。他寫道：「我們總是將不當行為歸咎於利己，但事實上我們也應該為了良好行為而讚揚利己。」這段話傳達出當代市場思想的一個基本信條。利己「能推動貿易行為，而我們之所以付錢，並不是因為結清帳務是對的事，而是因為付錢後別人比較願意繼續相信我們」。因此，貪婪和欲望打造了強大的交易力量，促使人類保持誠實，哪怕只是為了保護自己的利益。[4]

對於路易十四壓迫性的天主教主義，最主要的批判來自楊森主義天主教徒（Jansenist Catholics）。他們和拉侯謝傅科公爵一樣，希望能找出一套系統來運用利己，將之轉變成好的事物。法國的楊森主義信徒受到十七世紀初法蘭德斯的伊珀爾主教（bishop of Ypres）康涅留斯・楊森（Cornelius Jansen）的啟發，追求的不只是靈性上的完善，還要尋找一套能夠減輕原罪與改善世俗生活的體系。楊森主義者是聖奧古斯丁的忠實深度讀者，他們相信上帝創造出了一個完美的世界，人類的罪行卻擾亂了這個世界。楊森主義者因為路易十四的貪婪與自戀而感到疲憊，認為自給自足的商業市場最可能讓人類有機會把原罪與欲望轉換成美德。他們相信奇蹟的時代已經結束了，「上帝已經隱藏了」。除一小群被選中的人能透過上帝的恩典獲得救贖之外，其他人類不會得到上帝的解救，只能赤身裸體地留在孤獨之中，成為自身罪惡本質的獵物。包括著名的法國劇作家尚・拉辛（Jean Racine）在內，些許法國思想家因為楊森主義者的觀點深受感動，從世俗中完全抽身並獨自住在小房間裡，追求奧古斯丁式的自我克制和虔誠美德。但是這種純粹主義缺乏廣泛的吸引力。廣大人類中的絕大多數不可能在社會中生活的同時完全避免罪惡與利己。事實上在路易十四統治下的法國，若不參與他的政權就無法完全正常地生活。於是，有些人開始尋找新方法，希望至少能用這個方法來應付受到人類的貪婪與利己所主宰的世界。[5]

尙・多馬（Jean Domat）是一位信奉楊森主義的著名羅馬法學專家，他塑造了基督徒版本的舊佛羅倫斯理想，把商業視爲能夠使國家富強的一種公民貨品。多馬仔細研究市場機制如何疏導、甚至消除罪惡，爲自由市場思想設計了一套基督徒觀點的框架，對後世產生長遠的影響。他的著作《公民法之自然法則》（*The Civil Law in Its Natural Order*，一六八九年至一六九四年）是一部國際知名的羅馬法摘要集，清楚描述了市場如何自由地對人類的渴望與情緒做出回應。多馬承襲了西塞羅的看法，認爲人類可以在自然之中辨認出永恆不變的法則，一旦我們允許這些法則自然運作，就能啟動一種動態的市場系統，控制住人類唯利是圖的傾向。

多馬認爲，身在伊甸園之外的人類已經失去「純眞的狀態」，而肉體勞動就是上帝「施加」在這些人類身上的懲罰。人類必須找到方法來善加運用上帝的懲罰，靠著勞動來製造「物件」，靠著財富推動「商業」。在多馬的理論中，上帝把「共同利益」放在世俗中，供「人類」「轉變」成「農業、商業、藝術、科學」和「生活的需要可能索求」的一切。因此，這些「物件」成爲了這個社會中的「協定」（也就是契約）之基礎。當人們透過交易履行自己的「責任」時，他們的行爲不會導致社會公眾的「失序」，而是會把能量從「不忠、雙面人、欺瞞、不誠實與其他會造成傷害的錯誤行爲」等負面「協定」中疏導出來。市場就像一股潮流，可以在罪行的系統中把人們往美德的方向推進，透過商業交易明確地抵銷對方的罪惡。如此一來，上帝的勞動懲罰就會轉化成公民利益，既能創造財富，也能爲國家公共利益支付「稅金和關稅」。多馬的系統有效地把舊基督教的神聖救贖市場轉變成幸福與公民美德的完全世俗市場。多馬主張法律的目標是讓個人透過交易找到滿足感與救贖，這樣的主張爲商業社會提供了宗教理由。[6]

若說拉侯謝傅科公爵和多馬這一類的哲學家在尋找的，是一個把個人罪惡轉變成公共美德的公式，那麼其他更直接參與路易十四國家事務的哲學家，在尋找的就是能夠治療法國痼疾的解藥。來自魯昂的楊森主義稅吏暨自由市場與經濟均衡的先驅理論家，布阿吉爾貝爾男爵皮耶．皮森特（Pierre Le Pesant, sieur de Boisguilbert）甚至直接向路易十四的財政大臣提出了自由市場作爲解決方案，其他提案參與者中，也包括柯爾貝的外甥和他在專業知識方面的繼承人尼古拉斯．德馬雷茲（Nicolas Desmaretz）。

布阿吉爾貝爾在柯爾貝最成功的其中一個商業區擔任警方督察（intendant of police）：擁有羊毛加工業的繁榮城鎮魯昂。運用他在自己的貴族領地與行政轄區實施收稅的經驗，爲國家政策的實際應用發展出了第一個自我延續市場的現代觀念。他認爲法國的經濟困境源自人類的錯誤判斷，於是開始撰寫一本說明經濟能如何自我驅動的著作。他在一六九五年出版的《詳述法國》（*Detail of France*）是史上第一本專門討論自我延續市場機制之經濟思想的詳盡書籍。他在書中指責，雖然有貨幣在法國境內流通，但它們並沒有在創造財富，這些貨幣若非只對富人的利益有幫助，就是被稅收侵蝕掉。針對農民的稅收制度既不公平又具有懲罰性，此一制度癱瘓了消費、破壞了農業、使貨幣的價值與流通性下降，還阻礙了能帶來財富的生產與市場本身。[7]

從很多方面來說，布阿吉爾貝爾都是對的，尤其是市場需要消費者基礎這部分的觀念。但他認爲從根本上來說，財富是建立在農業的基礎之上。布阿吉爾貝爾是一個觀點偏向傳統的貴族，沒能意識到魯昂羊毛業的經濟權力足以威脅到英國商人。反之，他就像西塞羅一樣認爲所有財富都源自農業，相信貨幣的價值來自農產品。與此同時，他卻也反對封建經濟的不公。他認爲若想使市場發揮作用，農場勞動人口必須獲得更好的報酬。他指出法國的廣大農業經濟到了這時候已經殘破不堪了，此觀點也並沒有錯；法國人口大多是農民，而路易十四對農民徵收的稅金使他們身陷飢餓與痛苦中。

布阿吉爾貝爾建議國家取消對貧困農業勞動者的高稅收，如此一來貨幣才能「像血液一樣」重新進入循環系統，在經濟體中自由流動。布阿吉爾貝爾是提出用稅務改革促進經濟成長的先驅者，他也指出針對窮人的不公平稅收會在自然市場系統中創造出「人爲的干擾」。布阿吉爾貝爾提出了**人頭稅**（capitation），也就是依經濟狀況調整稅額的按人徵稅制度，用以取代法國不向貴族徵稅的制度。換句話說，他想要向不工作的有錢人徵稅——那些貴族和富有神職人員，並根據他們的收入來制定稅金；同時他還希望能降低農業勞工的稅金。如果貴族能納稅，而窮人能倖免，這必定會啟動消費與經濟成長的良性循環、提高生活水準，並改進農民的工作狀況與生產力。[8]

布阿吉爾貝爾把市場描述成一具裝置，如果能維持適當平衡，那麼它自己就會製造財富，這樣的說法與尚・多馬早期的經濟均衡理論相互呼應。布阿吉爾貝爾指出，減稅的最佳方法就是停止戰爭。他是第一個把自由市場思想與和平主義做出明確連結的人，他聲稱戰爭會創造饑荒、破壞農業、拉高稅金並破壞貿易和健康的市場機制。他主張，如果法國能與他國保持和平，並停止對農業徵稅的話，自然市場系統可能就會自行運作。布阿吉爾貝爾爲自由市場提出的計畫既具有開創性，又充滿理想，在某種層面上，這個計畫和西塞羅的計畫正好相反：布阿吉爾貝爾追求自由農業的目的是爲窮人創造財富，這些財富會進而爲所有人都創造出財富。[9]

布阿吉爾貝爾不是一個只會空想的人。身爲一名高階稅吏，他一直和財務大臣，也就是柯爾貝的外甥尼古拉斯・德馬雷茲保持直接聯絡。根據布阿吉爾貝爾這位史上首位系統性自由市場經濟理論學家和柯爾貝的繼承人在財政部的初次會面狀況顯示，事實和某些經濟史中的陳腔濫調相反，柯爾貝的後繼者對於這些新思想其實抱持著相對開放的態度。

德馬雷茲曾在柯爾貝身邊擔任財政督察、和他一起受訓，並將他使用的方法全都銘記在心。柯爾貝顯然對德馬雷茲的表現很滿意，把這位外甥安排爲他的繼任者，德馬雷茲在一七〇三年成爲財政官，在一七〇八年至一七一五年擔任財政總監督。德馬雷茲的任務是聽從路易十四的命令，以及保護他舅舅創造的工業規範與政府規範，他並不信奉特定的經濟意識形態，以令人訝異的開放態度接受了布阿吉爾貝爾的自由放任思想。布阿吉爾貝爾一開始先把他針對自由市場思想的文章寄給了柯爾貝家族的一位親近朋友，米歇爾．夏米拉（Michel Chamillart），他是在一六九九年至一七〇八年手握大權的財政總監督，並於一七〇一年至一七〇九年擔任戰爭大臣。夏米拉同時也是魯昂的總督，或許正是因此，他對布阿吉爾貝爾的回應是探討要如何「把理論轉化爲現實」。夏米拉後來和德馬雷茲分享了布阿吉爾貝爾的信。這些信件的邊緣寫滿了潦草的筆記，提出布阿吉爾貝爾這些理論的可能應用方式，並由此得知，雖然兩位長官起初抱持著懷疑的態度，最終還是和這位來自魯昂、支持自由放任思想的稅吏開始往來。[10]

德馬雷茲的回應讓我們清楚看出，現代把柯爾貝主義描述成自由市場對立面的陳腔濫調是不準確的。柯爾貝和德馬雷茲並不像現代經濟史學家所描述的那樣，是所謂的重商主義者。柯爾貝家族改革計畫的特點是他們謹慎地管理自身利益，並融入對市場建設的信念，以及將商業管理技能（例如會計和海事管理）、法律和外交專業納入政府的理念。

一七〇四年，布阿吉爾貝爾開始摘錄《詳述法國》的部分內容寄給德馬雷茲，希望這位大臣能聽取他對於穀物貿易自由化與稅制改革的想法。布阿吉爾貝爾解釋，如果他願意這麼做的話，大自然的神聖系統將會推動與維持法國經濟的運作。他將德馬雷茲稱作是經濟這個「發條裝置的最高統帥」，這樣的稱呼揭示了許多事。若說布阿吉爾貝爾認爲自我延續的市場系統運作時就像發條裝置一樣，那麼他也會相信這個系統需要位高權重的政府高官來上緊發條。德馬雷茲有那個權力能解放國家的財富，讓這些金錢再生產更多財富，接著採取更公平也更有效率的方式收稅，如此一來市場就能獨立運作。我們應該留意的是，在這一系列的信件中，這位自由放任主義的早期支持者也要求國家提供一個職位給他兒子。[11]

雖然德馬雷茲告訴他的助手，布阿吉爾貝爾的信裡面有許多有趣的構想，他仍在頁邊的筆記中批評道，有鑑於法國此刻在財政上的立即需求，布阿吉爾貝爾的提議不切實際又難以實行。不過，到了一七〇五年，德馬雷茲在無計可施之下開始重新檢視布阿吉爾貝爾的稅制建議，並承諾他會認眞「考慮」這些改革。德馬雷茲顯然左右爲難，他最後採納了布阿吉爾貝爾的建議，但卻削弱了該計畫的核心精神。在法國的經濟因爲戰爭而陷入災難之際，德馬雷茲建立了一種短期的普遍稅制：什一稅（*dixième*）。唯一的問題在於，他在實施時不是用新稅制取代舊稅制，而是在舊稅制上添加新稅制。也就是說，雖然富人現在必須繳納一些稅金，窮人卻必須負擔比以前更重的稅。而德馬雷茲向布阿吉爾貝爾解釋，路易十四的戰爭已吸乾了每一分錢，如今他們沒有空間能容納理想主義了。儘管柯爾貝的外甥想要嘗試自由放任主義的改革，但他們必須繼續等待。[12]

▽•▲

在柯爾貝的直系繼任者們所制定的政策中，自由市場哲學發揮作用的例子並非只有這次。事實上，在十七世紀末，柯爾貝家族已站在自由市場思想的先鋒位置。德馬雷茲並不是家族中唯一一個和其他人聯手進行自由市場改革的人。柯爾貝的女婿和康佩（Cambrai）主教法朗索瓦・薩利尼克・莫斯－芬乃倫（François de Salignac de la Mothe-Fénelon）密切合作，芬乃倫是一位狂熱的自由放任主義理論家，也是當時影響力最大的作家之一。

芬乃倫在一六八九年至一六九七年擔任路易十四的推定繼承人勃艮第公爵（duc de Bourgogne）的導師，因而成爲皇室家庭的成員，能定期接觸到國王、他的家人和他的大臣。芬乃倫不但是一位才華洋溢的宗教演說家，後來也成爲了提出自由放任主義願景的十七世紀作者中，擁有最廣大閱讀群眾的一位。芬乃倫的老師是路易十四的首席神學家雅克－貝尼涅・波蘇維（Jacques-Bénigne Bossuet），負責在凡爾賽宮的皇家禮拜堂裡布道的波蘇維不僅支持宗教絕對主義的政治理論，也提倡宗教不寬容。在一六八五年的《南特詔令》廢除後，路易十四派出波蘇維和芬乃倫執行國家任務，到法國西南大西洋沿岸的拉荷歇爾（La Rochelle）周邊改變新教徒的信仰。在拉荷歇爾的這段期間，芬乃倫對他們以暴力軍事手段改變宗教信仰一事感到心灰意冷，也對路易十四的政治和經濟政策感到失望。

芬乃倫在宮廷中的人脈很廣，與柯爾貝的女婿第二代聖艾尼昂公爵保羅・

波維利爾（Paul de Beauvilliers, 2nd duc de Saint-Aignan）過從甚密，並在其他人的引見下和德馬雷茲變得關係密切。波維利爾的另一位密友是在宮廷中聲勢逐漸崛起的呂納公爵（duc de Luynes）查爾斯・奧諾雷・達貝爾（Charles-Honoré d'Albert），他是柯爾貝的另一個女婿，一般對他的稱呼來自另一個家族頭銜謝夫勒斯公爵（duc de Chevreuse）。如今柯爾貝的女婿波維利爾和謝夫勒斯在宮廷中掌權，德馬雷茲進入財政部，柯爾貝的姪子托爾西侯爵尚－巴提斯特・柯爾貝（Jean-Baptiste Colbert, marquis de Torcy，又稱作托爾西的柯爾貝〔Colbert de Torcy〕）則在一六九六年被任命爲外交事務大臣，於是柯爾貝家族集團得以在路易十四的宮廷與政府高層中呼風喚雨。我們可以從他們的通信中得知，他們是以家族爲單位在運作，持續累積他們的財富，就連在支持芬乃倫的構想時也一樣。在波維利爾和德馬雷茲的帶領下，這個強大的集團一起制定戰略，希望能找回柯爾貝的優秀政府管理，建立更加自由的市場。[13]

波維利爾同時也是皇室未成年子女的監護人，因此在皇室中擁有絕大的影響力。路易十四知道他們是一個集團，所以在召開正式會議時，只會召集柯爾貝政府集團裡的領導成員：托爾西的柯爾貝、波維利爾和德馬雷茲。他讓柯爾貝集團任命芬乃倫擔任路易十四的七歲孫子的家教老師，這個孫子就是最終繼承了王位的勃艮第公爵。波維利爾和芬乃倫相信，這名年幼的君主是通往改革的道路，更是能讓他們獲得更多權力的途徑。他們打算以柯爾貝的治理方法爲基礎爲這位年輕公爵制定學習計畫。一六九七年，波維利爾和芬乃倫開始執行這項勃艮第公爵計畫，使用一套龐大的統計書籍《紹訥列表》（*The Tables of Chaulnes*），希望讓這位繼承人瞭解，要如何透過一套能帶來經濟自由的治理改革，來擴張法國的人口與商業規模。其內容聚焦於透過柯爾貝當年的統計法去計算、測量與在地圖上標示法國的所有重要財富與管轄區。此外，計畫的另一個目的是創造更好的稅收制度：每一種形式的應稅財產都要確實記錄下來。[14]

一六九九年，柯爾貝家族密切支持芬乃倫撰寫小說《忒勒馬科斯的冒險》（*The Adventures of Telemachus*），供勃艮第公爵的教育所用。《忒勒馬科斯的冒險》是那個時代最明確、影響力也最大的農業自由市場思想著作，也是十八世紀的暢銷書，啟發了從莫札特到亞當斯密等多位重要人物。芬乃倫的小說填補了荷馬的著作《奥德賽》（*Odyssey*）中缺漏的情節，描述了奧德修斯的兒子忒勒馬科斯在冒險中學習的故事。故事中，有一位睿智的老師一直陪在忒勒馬科斯身邊，芬乃倫透露，這位老師其實是僞裝過後的智慧女神密涅瓦（Minerva）。[15]

這部作品非但沒有讚揚歌頌路易十四，反而是一份對他的統治和凡爾賽皇室的控訴，同時也是對自由貿易的呼籲。書中講述了忒勒馬科斯透過做出種種與路易十四相反的行爲，學著成爲一名優秀的國王。芬乃倫認爲理想的君主會拒絕戰爭、侍臣、奢侈品、不斷變化的流行和缺乏實際用途的宏偉建築。他會維護正義，仁慈慷慨地對待臣民。他應該和西賽羅一樣，認爲人們可以在友誼與忠誠裡找到「美德」和好的交易。國王本人應該要向人們示範基督教式的斯多噶價値觀：「熱愛正義……忠誠、節制與無私。」他應該要推動國內人民聚焦在「嚴肅的」農業工作上。[16]

根據芬乃倫的說法，道德高尙的君主會重視「所有公民的自由」。他警告，最「專制」的統治者是最弱小的統治者。他指出，那些靠著恐懼統治的人就像是「人類種族的瘟疫」：他們認爲自己「遠比其他人類還要優越」，以至於他們「無法用自己的雙眼看見眞相」，只能用「諂媚」把自己包圍起來。最後的最後，一名優秀國王的職責就是避免戰爭。[17]

《忒勒馬科斯的冒險》結合了芬乃倫對皇室美德的西塞羅式見解，以及普遍性的柯爾貝式經濟信條。芬乃倫就像柯爾貝一樣，提到在發展良好的商業時，需要「航海」、儲備充足的「軍火」與「海上霸權帝國」作爲後盾。他引述柯爾貝的商業法，呼籲國家必須使用良好的「法規」來限制「破產」與審計商人的帳簿。他說「罰則」能防止商人用不誠實的經營方式，拿他人的財富來冒險。然而，芬乃倫反對以奢侈品作爲基礎的工業經濟。在目睹了宮廷中的各種愚行後，他強硬地要求各個國王都要禁止「奢侈品和陰柔行爲」、「音樂」、「舞會」和宮殿。無論社會階級是高是低，法國人民都應該要親近土壤，保持刻苦堅韌的個性。他不希望法國人把錢花在「外國製造」的「東西」上，例如「昂貴的金底板與銀底板刺繡」或「烈酒與香水」。芬乃倫警告說，「奢侈品會毒害整個國家」，使富人與窮人區分開來，直到「罪惡」被「當成美德來稱頌」。[18]

在芬乃倫的設想中，自由放任經濟具有「簡單且明確」的規則。他說，一切之中最重要的是個體必須能自由地按照自己的選擇進行貿易。這種自由將會吸引外國人與更多財富流入法國。經過專門訓練的國家法官會負責維持自由貿易，以及在過於複雜的專案中，負責協助缺乏相應知識的商人建立「公司」。一名優秀的國王該做的工作是確保所有人都擁有自由與自然創造的財富。[19]

書中的一句對白，靈感可能來自羅馬保守農業派作家加圖（Cato），芬乃倫用這句話告誡統治者，絕對不要忽略他的土地，也不要徵收過高的稅金。土地擁有者必須能夠自由地把所有資金應用在提高作物產量上，並且他們興旺的大家庭必須以健康的狀態在土地上工作、進公立學校學習，並參與「體能鍛鍊」。靠著製造業與貿易賺來的不健康「人造財富」應該受到鄙視。芬乃倫強調，簡而言之，富有國家的基礎就是農業，「一塊妥善耕種的田地是眞正的寶藏」。[20]

想當然耳，路易十四既沒有聽從芬乃倫的建議，也沒有理會柯爾貝家族中的其他成員。芬乃倫提出的自由市場改革方案全都沒有問世。不如說，我們可以認爲路易十四後來的統治徹底摧毀了柯爾貝與其後繼者眞正追求的目標。路易十四對於芬乃倫的批判怒火中燒，在一六九九年將他逐出宮廷，繼續進行西班牙王位繼承戰爭

（War of Spanish Succession，一七〇一年至一七一四年）。這正是芬乃倫曾提出警告的那種噩夢。路易十四的戰爭使得法國開始對抗英格蘭大同盟（Grand Alliance of England），包括荷蘭共和國、奧地利大公國以及後來的西班牙和薩伏依。根據軍事史學家的估計，交戰中的死亡人數大約落在七十萬至一百二十萬之間——且法國在之前一六九三年至一六九四年間的大饑荒已經死了一百二十萬人。一七〇九年，太陽黑子引起的氣溫驟降導致了大霜凍（Great Frost），法國在這段期間又死了六十萬人。在虛弱、飢餓與絕望中，法國人口共減少了數百萬之多。

接受了精心教育的勃艮第公爵在妻子感染麻疹時拒絕離開她身邊，因而受到傳染並在一七一二年逝世。他過世前已經把麻疹傳染給了三名兒子之中的兩人，這兩名兒子也因此死亡。公爵的小兒子被一名奶媽隔離起來，這名倖存者在一七一五年於五歲的年紀成爲路易十五世，當時他的曾祖父路易十四因爲腿部壞疽而死亡。路易十四的健康狀況宛如在隱喻他的統治政權：他的王朝從內部開始腐敗，他離開時所留下的法國受到嚴重創傷，陷入飢餓與破產。沒有人爲路易十四哀悼，在送葬的那天，街道上空無一人。有些人甚至在私下慶祝此事。

路易十四踐踏了柯爾貝留下的功績，也抹煞了可能隨之而來的商業自由與經濟成長。不過，在這些慘烈的失敗中，柯爾貝最重要的其中一些改革存活了下來。雖然法國仍是農業社會，受到貴族與專制君主的統治，但法國工業仍有持續產出，在全球商業的舞臺上和英格蘭繼續競爭。法國非但仍是全世界的兩大科學強國之一，而且還成爲了歐洲啟蒙運動的搖籃。啟蒙運動是一場錯綜複雜的科學與思想進步的運動，事實將證明此運動是現代自由市場思想哲學的核心。法國經濟思想家將會透過哲學家查理·路易·德·色貢達（Charles-Louis de Secondat），也就是孟德斯鳩男爵（baron de Montesquieu）所謂的「溫和」商業，以貿易的互利性取代自愛的戰爭本能，尋找通往和平與繁榮的永久道路。換句話說，自由貿易就是嫉妒、戰爭與貧困的解藥。法國將會在這方面對英國經濟哲學造成深遠的影響。在這兩個國家中，人們此刻還堅持認爲，只要人類能靠著解放農業市場來妥善利用大自然，那麼市場就能在和平之中創造奇蹟，製造無窮盡的財富。[21]

CHAPTER 09

行星運動與英國自由貿易的新世界

> 貿易的本質是自由的，它會找到自己的渠道，決定最好的路線：所有針對貿易制定的規則、引導、限制和約束，往往都是對特定個人有利的法律，鮮少對公眾有利。
>
> ——查爾斯．達凡南特（Charles Davenant），《論東印度貿易》（*An Essay on the East India Trade*），一六九六年

一五〇〇年代早期，波蘭數學家暨天文學家尼古拉．哥白尼爲了理解宇宙而提出了嶄新的日心說模型，解釋說根據已知的運動定律，行星是圍繞著太陽轉動的。

二十世紀的哲學家路德維希．維根斯坦（Ludwig Wittgenstein）認為哥白尼的發現是一種對自然運作方式的「新觀點」；如果行星會按照看起來充滿智慧的設計，依循既定模式繞圈運動的話，那麼社會與經濟也必然如此。在那個把大自然視為神聖謎團的世界中，這種新觀點令人激動。十七世紀的哲學家想要尋找一種力量（force），為人類帶來類似行星系統的平衡，藉此打造一個和平且繁榮的世俗世界，因此他們的研究全都執迷於自我延續的系統。他們無論往哪裡看，都好像看到了自我延續的運作方式：星辰、大自然的四季、人類的軀體，以及人類的法律與經濟市場。[1]

▽．▲

在十七世紀的前數十年，佛羅倫斯仕紳暨天文學家伽利略．伽利萊（Galileo Galilei）延續了哥白尼的研究，堅持認為基礎物理可以透過嚴謹且客觀的數學定律，應用在行星上。伽利略試著透過慣性的力量來瞭解行星運動，慣性力量會使行星能抗拒方向的變化，藉此維持繞行太陽的軌跡。伽利略的發現在該世紀早期帶來了巨大的影響，但他並不是唯一一個致力於動力學的傑出科學家。一六二八年，英國醫師威廉・哈維（William Harvey）發表了《論心臟與血液之運動》（*Anatomical Account of the Motion of the Heart and Blood*），指出心臟會推動血液流往全身，形成自我延續的迴路；人體像是一個能夠運輸與流動的有機器械，反映了星辰的運動方式。伽利略和哈維的作品啟發了法國哲學家勒內・笛卡兒（René Descartes）寫下《世界》（*The World*，一六三三年），此著作描述了物質是如何遵循自身的自然軌跡運行，推動這種運行的並不是神祕學性質的力量，而是物質之間的相互作用力。他認爲運動的動力並非來自上帝，而是來自較小的物體，也就是微粒（corpuscule）之間的機械式相互作用力。[2]

英國自然哲學家、數學家暨天文學家艾薩克・牛頓主張，大自然會按照物理的自我延續法則，以可預測的方式運作。牛頓因此建立了一套對於上帝神聖行動的嶄新觀點，認爲上帝是大自然運行的監督者，而不是直接執行者。舉例來說，上帝並沒有創造閃電與暴風雨當作懲罰，彗星也不是預兆；這些只是大自然這個巨大機械中的零件在移動罷了。牛頓認爲，自然現象所遵循的恆定物理定律，是人類可以藉由數學去理解的。更有甚者，他認爲行星的運行定律也可以套用在社會與市場上。如果人類能瞭解社會與市場的運作機制的話，那麼人類也將能預測社會與市場。[3]

牛頓相信，如果人類能理解大自然的運作流程，就可以揭露無限量創造黃金與白銀的祕密方法。他遵循悠久且神祕的煉金術傳統，推測地球是透過「植物精神」（vegetable spirit）的力量運作，此外，地球本身就是一種「巨大的動物」，會呼吸、尋求「更新」並維持自身的生命。牛頓確信地球內部有一種祕密能量，源自硫磺與水銀組成的「賢者之石」（philosopher's stone）。這其實並不只是幻想而已。牛頓在一六八七年寫下的典範之作《數學原理》（*Principia mathematica*）中描述了行星的引力運動與日心說的數學原理，希望能讓無神論者別再主張宇宙的混亂代表了這個世界上沒有所謂的神聖計畫。牛頓認爲，從根本上來說，這個世界的系統是以明確規律爲基礎在運行的機械式系統，而他相信這種規律讓我們看見了上帝之手的創造痕跡。[4]

和牛頓同一時代的日耳曼新教哲學家戈特弗里德・威廉・萊布尼茲（Gottfried

Wilhelm von Leibniz）也同樣在尋找宇宙的驅動力。萊布尼茲是一名博學之士，他發明了微積分和現代物理學，認爲是上帝創造了人類的生命和大自然，使這兩者像精密的時鐘一樣運作，並且擁有無限種運動的可能性。他指出，手錶中的平衡擺輪的德文是「*Unruhe*」，同時也有「不安」和「騷動」的意思。萊布尼茲認爲，這種騷動不安就是製造出運動的源頭。這個宇宙是所有事物在一個「預先建立的和諧系統」中不斷流通的無限總和。他以辨給的口才指出，理解這種無休止運動的困難之處就像要理解「一座由連續體（continuum）構成的迷宮」。[5]

▽•▲

十七世紀的哲學家推測，正如重力使行星運動一樣，人類的自由道德選擇也以同樣方式創造出了社會與經濟的運動。「個人行動能驅動世俗機制」這個想法將會成爲自由市場思想的基石。英國哲學家威廉．佩第（William Petty）在他著名的社經統計學書籍《政治算數》（*Political Arithmetick*，一六七二年）中提出了一個新概念，描述個人能如何影響到整個經濟體。佩第的其中一個主要構想是，財富可以被計算成人類勞動效率與自然資源價值一起製造出來的產物。他指出，某些人的工作會爲社會創造出較多財富，他並且利用英格蘭各階層人口的經濟生產力，來計算國家資產淨值的基本負債表。[6]

佩第指出，有些人擔心英格蘭會因爲和法國的貿易逆差而受害，那些人從根本上誤解了國家財富。我們在衡量英國經濟時，採用的不該是總產出——也就是我們今天稱爲國內生產毛額（GDP）的數字，而是應該採用英國的人均生產淨值。這是因爲，雖然英國的產出低於法國，但根據佩第的資料顯示，英國人口的生產力其實比法國更高。他依據計數貿易額度、按職業劃分的人均產出和稅收統計來比較這兩個國家，以佐證他的理論。法國對英格蘭的貿易威脅一直持續到七年戰爭爆發（一七五六年至一七六三年），當時法國的總經濟產出遠超過英格蘭，在製造業方面最爲明顯。然而，佩第的看法是對的：他認爲按照英格蘭當時的方向，他們的經濟產出總有一天會超過法國。[7]

佩第認爲法國在經濟方面的弱點，是天主教削弱了個人的勞動生產力。他採用古老的反天主教論點，堅持認爲教會憑藉在經濟方面扮演的強權角色和人口眾多的神父、修道士與修女，在不創造商業財富的狀況下大量吸收資產，嚴重阻礙了法國的人均效率和整體經濟狀況。根據佩第的看法，在法國實施宗教自由將會支持新教發展，使效率低落的神職人員數量減少，進而提高生產力。此外，若國家爲經濟方面較成功的專業產業移除借貸限制並降低稅額，也會刺激工業發展。[8]

儘管佩第對於市場效率有信心，並建議國家採取自由放任政策，但同時他也認爲，若社會與經濟的發條無法靠著自身運作的話，人類就必須依據當下狀況上緊發條——而負責這麼做的往往都是國家。由於人類已經從伊甸園墜落至俗世，不可能達到完美，所以若想善加利用上帝創造的自然系統，前提條件永遠是人類的行爲。按照佩第的想法，如果愛爾蘭人的生產力不足，那麼他們就會失去擁有資源的權利，英格蘭政府有道德特權能征服他們並奪取他們的土地。他認爲，把愛爾蘭天主教會的財產分配給更有生產力的聖公會英格蘭教徒，將會使愛爾蘭更加富裕。他參加了奧利佛·克倫威爾的愛爾蘭征服戰（一六四九年至一六五三年），英格蘭軍隊沒收了愛爾蘭的土地，殘酷地使愛爾蘭人陷入貧困之中。佩第把愛爾蘭當成了十七世紀的殖民征服實驗場，將土地分配給定居在此的英格蘭軍人，對他們沒收的地產與其潛在生產力進行經濟調查，並聲稱這些經濟數據對於管理國家來說是必要資訊。但事實證明了，這些統計工具在合理化他的土地掠奪行爲這方面或許才是最有用。眞正使佩第致富的並不是自由貿易，而是掠奪。這位布商的兒子總共獲得了五萬英畝的土地，躋身富有的地主仕紳階級、享譽盛名並成爲牛津大學銅鼻學院（Brasenose College）的副院長。[9]

政治理論家約翰．洛克認爲，人類社會是依據各種理性原則自行組織而成的，這些原則反映了牛頓的運動力學理論和佩第的觀點，也就是個人可以透過自由選擇創造出經濟效率。洛克強烈反對政治專制主義，成爲那個時代在憲政與個人權利方面影響力最高的理論家。洛克正是因爲極端厭惡斯圖亞特和波旁（Bourbon）的專制軍權與踐踏個人權利的行爲，才寫下了《政府論兩篇》（*Two Treatises on Government*，一六八九年）。他的靈感同時來自西塞羅和基督教，解釋說私有財產是政治自由與有效運作市場的重要關鍵。伊甸園的所有事物都是共享的，而在亞當從伊甸園墜落至俗世時，也就創造出了我們對私有財產與人類勞動的需求。[10]

對洛克來說，私有財產使地主有機會能依據個人選擇將經濟生產力最大化。他們可以自由選擇要買什麼、要和誰交易，因而創造出市場條件。與此同時，洛克也認爲自由代表的是只要你的行爲不會傷害他人或侵犯他人的財產，你就可以做你想做的事。因此，個人必須爲人類的共同利益著想。人類受制於「自然法」，此法則賦予人類權力，可以透過民選公民政府、合約和法律來管制貨幣與交易，進而保護自己的財產；但自然法同時也賦予人類責任，必須維持優良且有效率的管理方式。財產擁有者有責任要爲了共同利益而進行生產與交易。[11]

洛克眼中的法律和規則會保護政治、宗教與經濟的自由，但同時也爲國家保留了很大的監管空間。事實上，洛克認爲社會中有可能存在自我監管的系統，但他也是原罪的信奉者，認爲政府必須在人類不可避免會失敗的狀況介入。人類從伊甸園墜落至凡間後，已經失去了伊甸園那種一切共享的狀態了，所以我們才會需要政府。政府是一種契約，社會透過這種契約以「**多數人**的決斷」來決定法律，洛克觀察道：「**契約**和協定**決定了**勞動與生產造成的**財產**之歸屬。」因此，訂定契約會推動財產擁有權的動態。洛克並沒有完全排除國家對於經濟或私有財產的干預，他認爲只要國家透過議會來按照憲政代議程序進行這種干預，就是在政治上反映了自然法。[12]

與此同時，洛克認爲並不是每個人都該擁有自由。未發展出私有財產、農業和貿易的社會，也就未贏得自由的權利。只有住在基督教社會中、擁有私有財產又受法律契約限制的人，才能完全享有自由。對於那些缺乏財產與契約的社會，必須透過武力讓他們加入。這就是洛克認爲他們應該透過殖民來擴張與推動市場活動的理論基礎。儘管奴隸和美洲原住民天生擁有自由的自然權利，且洛克認爲「印第安人」比歐洲人更加「正派、有文化」，但他仍堅持，他們若想獲得自由，就應該要創造出契約並發展出以財產爲基礎的社會。他認爲，雖然原住民擁有豐富的土地和自然資源——這些事物是「大自然提供給所有人的」——但他們沒有爲了更大的利益而發展出財產、農業和商業，因此糟蹋了這些天然財富。所以，那些北美的原住民需要殖民政府來糾正他們在道德與經濟上的失敗，強迫他們參與市場。爲此基督教殖民國家將會需要強大的強制力之手，既要安撫殖民地，又要保證私有財產的出現，並引導原住民與歐洲人有效運用這些財產。然而，洛克從來沒有完整解釋過，那些原住民在他們的土地被剝奪之後，要如何成為擁有權利的財產擁有者。[13]

▽・▲

洛克屬於十七世紀末一個充滿矛盾的英格蘭經濟學學派，該學派認為國內的憲政法治和海外的殖民征戰是創造財富的關鍵。英國保守黨的經濟學家、哲學家、稅務員暨國會議員查爾斯・達凡南特認為，英格蘭應該要透過個人自由與砲艦帝國主義來實現自由貿易，他是這派理論的辯護者中最能言善辯也最坦白的一個。達凡南特堅持一種守舊的觀點，認為雖然自由貿易是透過貿易的「鏈結」與「鏈」而存在的，也是最有利、最自然的經濟方法，但國家仍然必須「適時照顧整個」商業界。[14]

達凡南特擔心英格蘭與法國的戰爭造成的國家負債，會反過來導致貪腐與債權人專業階級的寡頭政治。他提出的解決方案，是透過殖民貿易償還國家債務，擺脫在英格蘭根深蒂固的寄生金融階級。達凡南特恪守一種馬基維利式的古老政府願景，認爲國家應該保持富裕與避免債務，藉此維護自由和透明度，抵禦寡頭政治、暴政與貪腐的持續威脅。[15]

達凡南特在國內是政治自由與市場的支持者，但他同時也倡導在海外進行鎮壓，視其爲國家創造財富的關鍵之一。若說洛克總是避談帝國與奴隸之間的各種重大道德困境的話，那麼達凡南特就是以明目張膽的自由市場帝國經濟學接納了這個困境。達凡南特在《論東印度貿易》（一六九六年）中闡釋道，能使英格蘭通往和平、繁榮與政治自由的直接途徑，就是奴隸栽培業和殖民貿易。英格蘭可以透過掠奪遠方的領土來換取自由，對他來說這樣的想法既不衝突，也不矛盾。之後，他更詳細描述了非洲奴隸貿易是如何透過複雜的股份公司進行良好的管理，成爲英格蘭財富與「國家優勢」的基礎——後來的亞當斯密也同意達凡南特的部分觀點。而後達凡南特說出了一句名言：「貿易的本質是自由的，它會找到自己的渠道，決定最好的路線。」[16]

達凡南特認爲，英格蘭的帝國自由貿易區會降低製造業與零售商品的價格，同時提高生活水準。栽培業可以用低廉的價格生產必要的基本商品，又能成爲國內

「製造業」的重要額外市場。因此，奴隸栽培園將會成爲「祖國英格蘭取之不盡的寶藏來源」。印度的貿易對這個計畫來說也是必要的，主要原因在於絲綢的價格因此下降了百分之二十五。若想維持印度貿易，就需要「駐軍」和海軍，如此一來，即使是偉大的蒙兀兒王朝統治者也無法「侮辱」英格蘭人。荷蘭人和雨果·格勞秀斯已經證明了在維持跨國自由貿易體系時，軍火是必要的。現在英格蘭人將會利用這種經濟策略，成爲全世界都前所未見的、最爲強大的帝國。從英格蘭在加勒比群島經營的栽培業，到利用軍事化的自由貿易區去掠奪印度與全球各地的富裕殖民地，帝國政府將會利用這些收入來培育國內的工業革命。[17]

達凡南特的《論東印度貿易》顯示出英格蘭是如何借鑑了柯爾貝的老方法。達凡南特認爲，在解放自由貿易與支持經濟這兩方面，政府都必須扮演重要角色。他建議國家使用立法權打造勞動濟貧所，低薪雇用貧困者，藉此降低製造成本，生產更便宜的商品。與此同時，他也相信自由貿易的力量，並認爲自由貿易的運作是由動態的法律所推動的。但是，達凡南特所提出的這種早期一般均衡概念，只會單方面地讓英格蘭獲利。他認爲，在國內壓低價格的同時出口昂貴的奢侈品，才能使國家獲得最繁盛的發展。他也主張要爲英格蘭國內市場創造廉價的當地奢侈品產業，這麼做既不會削弱國家財富，也不會削弱國家美德。

洛克和達凡南特的想法十分符合當時的科學與政治觀點。事實上，在一六八八年的英國光榮革命（Glorious Revolution）中，奧蘭治的威廉與他的英格蘭妻子瑪麗推翻了她的父親，也就是傾向專制的詹姆士二世；威廉實施了《權利法案》（*bill of rights*）與君主立憲制，帶領英格蘭邁入眞正的全球商業時代。英法之間的全球經濟霸權爭奪戰又再進一步升溫。諷刺的是，這兩個國家爲了經濟主導地位而進行的鬥爭，將會催化新的政治經濟思想運動。英法愈是在商業與工業相互競爭，哲學家們就愈渴望把西塞羅對農業與和平的信念，結合到永恆運動和財富創造的概念中，藉此達成他們理想中的自由貿易。[18]

CHAPTER 10

英國與法國：貿易戰、赤字與找到天堂的美夢

因此，儘管每一個角落都充滿了罪惡，但整體來說這裡卻是天堂。

——伯納德・曼德維爾，《蜜蜂的寓言》（*The Fable of the Bees*），一七一四年

在自由市場思想的起源中，西班牙王位繼承戰爭扮演了重量級的角色。哲學家冀望戰爭盡快結束，並且找到方法來建立能夠自我延續的長久和平。他們期盼能找到一種使國家之間再也沒有商業嫉妒和戰爭的財富創造系統。但是比這些問題更加迫切的，是公債的問題，這兩個國家的人均債務額度相近：在戰爭結束時，英格蘭

的總債務金額高達前所未有的五千萬英鎊左右，而法國的國家債務和各種負債則達到了驚人的二十三億法國里弗爾（livre，一英鎊大約等於十三里弗爾），這個金額是一六七五年的三倍，約達國民產值的百分之七十。[1]

經濟學家開始著手尋找新的市場解決方案，以應付這場勢不可擋的公共財政挑戰。到了一七〇〇年代早期，英法兩國首屈一指的經濟學家都希望能設計出一套工具，讓私人公司藉由支付公債來換取壟斷權。如今我們可能會覺得這樣的想法聽起來一點也不像自由市場式的解決方案，但從很多方面來說，它都確實具有自由市場特質。這個解決方案的前提假設是，如果經濟學家和企業家能適當利用他們視爲無窮無盡的美洲自然財富，那麼這個嶄新的殖民市場系統就能解決政府和稅收都無法解決的債務問題，同時還能推動整體經濟。

▽•▲

此時的英國正處於金融革命（Financial Revolution）之中。一六九四年，威廉三世的政府需要更好的信用條件才能在英格蘭與法國的戰爭中繼續堅持，而英格蘭銀行（Bank of England，通稱英國央行）的成立對政府帶來了很大的幫助，英格蘭銀行不但以合理的利率借錢給政府，讓政府能管理債務，同時也在信貸市場中建立了信心，並資助創業計畫。正如約翰．洛克的主張，社會需要信心與達成共識的體制，才能建立對市場的信任。但是債務仍然不斷成長，從一六八八年的一百萬英鎊增加到一六九七年的一千九百萬英鎊，這些債務是個大雜燴，包括利率百分之七的年金、浮動債務、抽籤公債（lottery loan），以及來自英格蘭銀行和南海與東印度公司的貸款。就算有了這間新銀行，國家債務仍是一個棘手的問題。[2]

除此之外，英格蘭也處於政治動盪之中。一七〇七年，英格蘭和蘇格蘭合併成爲大不列顛（Great Britain）。威廉與瑪麗的女兒安妮女王（Queen Anne）於一七一四年在沒有繼承人的情況下過世，這推動了憲制的《光榮革命嗣位法令》（*Act of Settlement of the Glorious Revolution*）的制定，明確規定王位由女王關係最近且仍舊存活的新教徒親戚來繼承，當時的王位正好落在日耳曼血統的漢諾威選帝侯（imperial elector of Hanover），布倫瑞克－呂訥堡公爵喬治．路易（George

Louis, Duke of Brunswick-Lüneburg）的身上，也就是後來的大不列顛國王喬治一世（George I of Great Britain）。他在一七一四年八月一日登基，同時也繼承了國家的債務。[3]

爲了應對經濟狀態的新複雜性，以及看似無法控制的債務成長，政府首長、企業家、哲學家、煉金術士和早期科學家開始尋找能夠創造無盡財富的魔法解藥，希望能解決永無止境的金融危機。他們希望美洲的財富能帶來解決方案。在仕紳探險家華特·雷利描述了自己沿著奧利諾科河（位於今天的哥倫比亞與委內瑞拉境內）的航行經歷後，找出黃金國便成了十八世紀早期經濟思想的一個重要元素。以劍橋大學爲中心的國際學者團體哈特利柏圈（Hartlib Circle）堅稱「煉金術和科學」具有「點燃隱藏資源」的力量。有些人希望能在美洲找到這些隱藏資源，還有些人則認爲通往財富之路是推測出市場機制的祕密。因此，他們研究了信用和機率法則，甚至是博弈。計算風險與意外事件、甚至計算一副撲克牌中的牌數，理論上都應該可以幫助投資人制定出保險與可靠的投資計畫。[4]

這些想法很快就引起了社會大眾的注意。一七〇七年，倫敦出現了一本標題非常精彩的匿名小冊子：《論有效應對方法；又名，圖隆等式：改善美洲西南部貿易的友好認購提案，每年爲東印度貿易和王室收入增加三百萬黃金與白銀，若得到鼓勵則將會產生相應的結果》（*An Account of What Will DO; or, an Equivalent for Thoulon: In a Proposal for an Amicable Subscription for Improving TRADE in the South-West Part of AMERICA, and Increasing BULLION to About Three Millions per Annum, Both for the East India Trade and the Revenue of the Crown, Which by Consequence Will Be Produced if This Is Encouraged*）。這本小冊子主張，美洲是「所有黃金與白銀的唯一泉源」，任何占領了美洲的國家就能擁有「這個世界上的所有**物質財富**」，並控制「全天下的貿易」，並堅持英格蘭應該要比法國先一步統治西印度群島。英格蘭應該要幫助「計畫者」——也就是冒險家暨企業家——占領美洲，在必要時使用強烈手段，以便英國能控制美洲的所有財富。如此一來，英國就能打造一支勝過所有國家的海軍，建立起一個全球帝國。[5]

在這樣的氛圍中，英荷諷刺作家、醫師暨經濟哲學家伯納德・曼德維爾寫下了《蜜蜂的寓言：又名，個人惡行，公眾利益》（*The Fable of the Bees: or, Private*

Vices, Public Benefits，一七一四年），這是早期自由市場哲學中最清楚好懂、也是引起最多爭議且最知名的著作之一。《蜜蜂的寓言》爲英國的商業社會總結出一個同時充滿批判與希望的願景。曼德維爾遵循馬基維利、霍布斯、拉侯謝傅科描述人類本質時採取的憤世嫉俗觀點，描述了一種充斥著惡行的商業文化，在這個宛如蜂巢的國家中，律師、商人、神職人員和鄉紳都無異於「騙子、寄生蟲、皮條客、賭徒、扒手、僞幣製造者、江湖醫師（和）占卜師」，全都對於「詐騙、奢侈品和傲慢」輕微上癮。事實上，他還以押韻的文體指出：「所有交易和每個角落都必定有欺騙存在／沒有任何志願能免於詐欺的殘害。」他相信是「自私」在推動人類的行爲。[6]

然而，曼德維爾也認爲個人惡行並不全然是壞事，因爲個人惡行能推動蜂巢中的蜜蜂共同創造出財富：「因此，儘管每一個角落都充滿了罪惡／但整體來說這裡卻是天堂。」曼德維爾最著名的其中一個主張是，個人惡行就是公眾利益，且這些惡行和「詭計」共同形成宛如行星運作般的「和諧」，創造出財富與「輝煌成就」。他認爲英國需要正貿易平衡才能使國家成長。爲此，英國應該出口、而非消費奢侈品。但是，眞正刺激市場活動的潛在能量其實是貪婪。這樣的觀點確實會引發道德爭議。就連柯爾貝都認爲商人應該要謹守西塞羅式的禮貌與誠實。但永無止境的戰爭與貿易鬥爭已經使許多人厭倦了。曼德維爾等人大膽的態度承襲了楊森主義的觀點，認爲只要把罪行納入貿易體系中，就可以靠著罪行打造出世俗天堂。[7]

法國就和英國一樣，想要爲他們的債務與不斷衰退的經濟系統找到神奇解方。法國被饑荒壓垮了，現在已瀕臨破產。一七一四年，柯爾貝的外甥，也就是財政總監督尼古拉斯·德馬雷茲正絞盡腦汁，希望能解決法國實際上已經面臨的破產問題。所有改革都停滯不前，他仍在努力試著從法國飽受摧殘的人民手中榨取每一分稅收。法國沒有國家銀行，稅收基礎薄弱，這是因爲法國貴族不需要定期繳稅。德馬雷茲已經無路可退。他曾聽聞著名的蘇格蘭經濟理論學家暨賭博玩家約翰·勞（John Law，在法語中，他的姓氏〔l'as〕念起來像是「王牌」〔the ace〕）提出一個計畫，要在蘇格蘭建立國家銀行並印製紙鈔。一七〇五年，勞出版了一本非同尋常的小冊子《貨幣與貿易的思考》（*Money and Trade Considered*），指出一個國家擁有愈多貨幣，就能進行愈大量的貿易。他的點子就是印製貨幣，這並不是在製造財富，而是製造一種推動財富創造的催化劑。[8]

勞有著現代市場工具方面的遠見。他提出要創造一種紙鈔，與白銀價值和土地價值掛鉤。阿姆斯特丹、紐倫堡、斯德哥爾摩和倫敦的銀行都已經根據硬幣儲備量發行紙鈔了。勞的理論爲這些銀行的行動背書。貨幣必須是穩定的、可信任的、充足的，才能支持英國在經濟方面的高交易率與高成長率。紙鈔和貴金屬硬幣不同，沒有鏽蝕或剪邊的問題；勞認爲，紙鈔因此比硬幣更穩定，能創造更高的市場信心。[9]

勞沒能成功爲蘇格蘭建立國家銀行和紙鈔計畫，之後他轉而向法國政府提案。他覺得柯爾貝的外甥已經準備好要對市場改革做出承諾了。德馬雷茲想要把勞的計畫上呈給路易十四，但年老的國王已經病了——這不是適合革新的時機。不過，在路易十四於一七一五年駕崩後，機會的大門就爲勞而大開了。雖然德馬雷茲在一七一五年已丟了工作，但與此同時，勞已經和路易十四的姪子奧爾良公爵（duc d'Orléans），即腓力二世（Philippe II）成了朋友，五歲的國王繼承人路易十五繼位後，奧爾良公爵成爲法國的攝政王。勞向這位攝政王提出了更加野心勃勃的建議，攝政王當時正需要資金，願意放手一搏。[10]

這位蘇格蘭人與法國攝政王在法國的上層階級賭場碰面。勞是一名賭徒，既會研究賺錢的機率方法，同時也對風險上了癮。這樣的個性著實不像是成爲未來法國財政大臣的最佳人選。一七一六年，奧爾良公爵批准勞建立私人資助的通用銀行（Banque Générale），可以依據法國的黃金儲備量發行紙鈔。法國政府接受人民用這些紙鈔來繳稅。一七一八年，勞創辦的通用銀行變成了皇家銀行（Royal Bank）。這間銀行承辦存款與借貸業務，也進行有利可圖的國家壟斷，營運殖民地的菸草貿易與銷售。勞在同一年新成立了西部公司（Company of the West，爲密西西比公司〔Mississippi Company〕的前身），接著和幾間在塞內加爾與幾內亞進行奴隸貿易的公司合併。一七一九年，勞的公司併購了法屬東印度公司與中國公司，成爲全球金融集團「永存印度公司」（Perpetual India Company），靠著包括奴隸買賣在內的殖民貿易獲利。攝政王希望勞成立的壟斷公司能爲國家管理財政，並帶來他們急需的資金。[11]

一七二〇年，奧爾良公爵任命勞擔任財政總監督——也就是過去曾屬於柯爾貝和德馬雷茲的財政大臣職位。這位蘇格蘭賭徒晉升至法國政府職位的顚峰。他成功合併了皇家銀行和永存印度公司，現在永存印度公司爲了回報當初在殖民貿易方面的壟斷，承攬了所有政府的債務。這筆交易似乎解決了棘手的法國財政問題。但是，勞的殖民貿易公司必須迅速賺進一大筆錢，才能履行他們在這筆交易中的承諾。勞已經取得了攝政王的信任；如今他需要社會大眾投資他的新計畫。

乍看之下，所謂的「勞氏體制」（Law's System）似乎和自由市場沒有半點關係。然而，勞的貨幣理論和創新構想——也就是可以靠著一間公司來處理整個國家的債務——至少被視爲與被宣傳爲一種以市場爲基礎的因應方式。身爲賭徒的勞深知在推動信貸與驅動市場的過程中，想像力將扮演重要的角色，因此他發起了一場大規模的宣傳活動，宣揚美國有多少潛在財富，希望能說服社會大眾投資他的銀行和公司股份。密西西比河谷（Mississippi Valley）就是勞的黃金國與法國版的美國夢。勞引用了拉薩勒男爵勒內·羅伯特·卡維利耶（René-Robert Cavelier, sieur de La Salle）對密西西比探險經歷的描述，又出版了製圖師紀堯姆·迪萊爾（Guillaume Delisle）爲路易斯安那州的廣闊未開墾領地繪製的傑出地圖，並聘請皇家學院的成員撰寫書籍，頌揚法國新世界的自然財富。[12]

勞所描繪的願景爲：路易斯安那州是財富的奇蹟，而對此最關鍵的一篇宣傳就是法國的尙・特拉松神父（Jean Terrasson）撰寫的《無限創造論》（*The Treatise on the Creation of Infinity*，約一六九五年至一七一五年）。這篇文章聲稱地球具有「無限可能」，對於那些前往美洲的人來說，美洲的豐富資源也充滿「無限可能」，這本書在巴黎風行一時，廣受歡迎。特拉松斷定國家經濟不需要專家、金融管理人員和會計師的指導。只要有信心的驅使，經濟就會逐漸進入一個能夠自我調節的系統。皇家銀行將會提供貸款給所有想要投資勞的公司的人，進而把「整個國家轉變成一個商人主體」。這項國家投資計畫將會得到永存印度公司的擔保和紙鈔產生的經濟燃料作爲支援。如此一來，財富就會普遍化，社會中的所有成員將公平地共享財富。這樣的財富沒有任何風險，「開明」且擁有無上權力的君主，也就是攝政王本人，將會克服所有困難。[13]

勞聲明他已經擬定了一個完美的市場計畫，推動此計畫的是信貸、穩定的貨幣供給、密西西比州的無窮財富，以及致力降低稅額、對商業友善的專制皇家政府。

這個計畫只有一個大問題：這是個龐氏騙局。勞玩得太過火了，他發行的紙鈔超過了皇家銀行的貴金屬儲備價值，還開始以不符合公司實際價值的價格出售股份。他的忠實追隨者特拉松對計畫的致命缺陷視而不見，在一七二〇年五月十八日發表了最後一封爲勞氏體制辯護的信件。與此同時，勞的敵人持續買進股票，推高所謂「密西西比泡沫」（Mississippi Bubble）的價值，接著又大量兌現，藉此耗盡銀行的貴金屬儲備。這種攻擊奏效了。市面上的紙鈔比銀行的硬幣儲備還多，導致勞氏體制開始崩潰。

一七二〇年五月二十一日，法國下令將股票的價值從每股九千里弗爾下降到每股五千里弗爾，但公司的大股東紛紛反抗。恐慌隨之而來，皇家銀行外與舊巴黎中心的著名股票交易街昆坎波瓦街（rue Quincampoix）都出現了暴力抗議。政府宣告紙幣失去了價值，皇家銀行就此倒閉。而史上第一個嘗試建立自我調節市場的人，也是史丹利．庫柏利克那部描寫一名十八世紀賭徒與冒險家的電影《亂世兒女》（*Barry Lyndon*，一九七五年）眞實寫照的約翰．勞在十二月逃離法國，前往布魯塞爾，接著抵達威尼斯，他在那裡以賭博維生並於一七二九年逝世。而他的股東則失去了一切。[14]

在勞離開之後，攝政王召來了兩位國家財務官暨專業會計帕立斯兄弟（Pâris brothers），希望他們能試著達到收支平衡，解決法國不斷急遽攀升的債務。一夕致富的美夢變成了一頁頁資產負債表，而且上頭的數字可不漂亮。克勞德．帕立斯．蒙塔尼亞（Claude Pâris La Montagne）在寫給攝政王的祕密文件中提出警告，說勞的計畫背後的原則導致了貪腐，唯一解決方法就是維持透明：只要有複式記帳的「正確表格」帶來的「穩定且符合幾何原理的計畫」，就能讓整個法國的經濟獲得「總體控制」。他總結道，健全的公共財政管理是「公眾利益」的基礎。對帕立斯．蒙塔尼亞來說，製造財富的市場體系不會出現在美洲的黃金夢裡，而是出現在帳目的平衡中，只要以正確的方式維持帳目平衡，就會擁有其自身的引力。但是社會大眾想要的不是嚴肅的資產負債表，他們想要的是美國夢。雖然勞失敗了，但他也揭露了自由市場思想的一些基礎：推動自由市場的往往是熱情與欲望，而非確鑿的證據。尚．多馬和伯納德．曼德維爾主張，自由市場在受到貪婪和利己的「個人惡行」推動後就會自動化地運作——沒錯，個人惡行能帶來財富，但同時也會導致災難和經濟崩盤。[15]

▽•▲

有鑑於英國金融、甚至英國政治與商業階級的精密與成熟，我們可能會對英國試圖用類似的計畫來處理公債感到不可思議。但英國也同樣著迷於靠美洲致富，認爲美洲的財富就是能撐起信貸市場的希望。一個能解決所有財務問題的系統，這樣的美夢擁有強大的力量。首席國庫大臣暨財政大臣羅伯特．哈雷（Robert Harley）決定與約翰．布倫特（John Blunt）聯手，後者曾是抽籤公債的推動者，和勞一樣是股份公司與銀行的董事。他們在一七一一年成立了南海公司（South Sea Company）。王室將會賦予該公司貿易壟斷權，使公司能壟斷南美洲的整片東海岸——從最北的奧利諾科河到到最南的火地島（Tierra del Fuego），傳說中的財富之源——以及整片西海岸。一七一九年，該公司效法了勞的做法，把公司股份提供給所有政府債券持有人。如此，英國的政府公債一樣神奇地變成了南海公司的股份。[16]

手握大權的輝格黨（Whig）政治家，未來的首相羅伯特．沃爾波爾（Robert Walpole）希望能透過市場提供公債，讓投資者「利用這個大好機會，使社會大眾共同分享正蓬勃發展的國家公共信貸帶來的益處」。這筆交易被譽爲現代金融奇蹟，可以在支付國家債務的同時爲投資者帶來股利。不過，英國的狀況和法國一樣，沒能實現預期的收入。南海公司靠著假造的利潤報表創造了投機熱潮。該公司依循勞採用的龐氏騙局邏輯，靠著發行更多股票來支付股利。[17]

不意外地，股價在一七二〇年八月暴跌，整個系統徹底崩潰，使投資人損失慘重，其中一些投資人甚至是知名貴族和政府首長。就連艾薩克．牛頓也在該計畫的熱潮高峰進行投機交易，因此損失了一筆兩萬英鎊的鉅款。這名發現行星運動的天才是英國鑄幣廠的董事，正是他的研究使許多人相信市場也會像萬有引力定律一樣運作，而這一場向大眾承諾了「永遠不會崩盤的自給自足的市場」之騙局就這樣讓牛頓重跌在地。[18]

不過，勞認爲法國需要國家銀行與紙鈔的看法是對的。雖然遭遇了前所未有的失敗，但社會對市場機制有了更深的瞭解與信念，人們因此仍懷抱著希望，期待能在某個光明的未來找到創造財富的完美祕訣。不可思議的是——或者，也許顯而易見的是，一種關於自給自足的自由市場的哲學將在凡爾賽宮中，在這個路易十四宣告破產的幻想宮殿中，捲土重來。

CHAPTER

11 法國的自然崇拜與啟蒙經濟學的發明

所有能夠製造出財富的泉源與物質，都來自土地。

——理查・卡丁倫（Richard Cantillon），

《貿易本質概論》（*Essay on the Nature of Trade in General*），約一七三〇年

到了十八世紀中葉，全球最大的兩大經濟強權國家法國和英國都遇上了股市崩盤，同時仍在進行一系列代價高昂的毀滅性戰爭。兩個國家都認爲自己正被對方趕上，陷入了亞當斯密的導師——蘇格蘭哲學家大衛・休謨（David Hume）——所說的，一種商業上的「嫉妒恐懼」。值得注意的是，儘管法國在金融與外交上比英國

更慘，但法國仍繼續主導著羊毛貿易。法國的出口之所以能超過英國，都要感謝柯爾貝的工業政策，以及在魯昂和里昂成功發展的製造業。更令人訝異的是，儘管法國的財政和外交出了問題，更不用說還缺乏國家銀行，但路易十五仍成功以英國政府向國家銀行貸款的相同利率借到了錢。[1]

沒變的是，經濟前景依然不樂觀。法國在勞的計畫帶來的混戰中失去了紙鈔和皇家銀行。為了建立市場制度和市場信任所付出的努力都付諸東流，法國手上沒有任何工具，無法打造出有效的資本和股票市場來償還已經瀕臨極限的債務。那些支持農業主導型社會的哲學家和貴族指望藉由重農抑商來解決問題，使得新興的商業階級受到打擊。人們再一次老調重彈地回歸了西塞羅的古老信念，也就是社會階級和經濟單純只是宛如發條裝置般的大自然「因果」機制的反映，於是當時出現了一群被稱作重農主義者（physiocrats，源自希臘語「phusis」，意思是「自然」）的法國經濟學家，他們狂熱地相信，唯有在政府對工業課稅，並放任農業以不需盡義務與遵守法規的狀況下運作，自由的農業才能產生出財富。[2]

農業自由市場思想的出現，是階級意識歷史上一個非同尋常的時刻。有些人依然比較信任土地階級制度和農業主導的世界，他們認爲農業放任主義是一種自然療法，可以應對專制政府的威脅與商人階級的崛起。法國在經歷了一七二〇年的崩盤後，經濟信心落到了新低點，經濟哲學家不僅帶頭抨擊勞的失敗計畫，也抨擊製造出這個計畫的金融界。他們不相信金融工具，因此也不相信國家銀行、紙鈔和早期的主權債券，而想要設計一套以農業爲基礎的自我驅動經濟系統，他們說，這種系統具有社會美德。當時的商人尚未完全控制法國的社會和經濟，十八世紀初的改革家下定決心要維護農業的經濟主導地位。

支持西塞羅與牛頓的自然崇拜學說的人們在法國組成了一個勢力龐大的自由市場遊說團體。一七三〇年代早期，愛爾蘭裔的法國自由市場經濟學家理查·卡丁倫寫下了奠基性的農業經濟著作《貿易本質概論》，該著作以手稿的形式流通，在一七五五年於作者逝世後正式出版。卡丁倫的著作擁護的是一個過度簡化又機械式的觀點：不受稅制與法規約束的農業將會產生資本，並轉化成經濟成長。十九及二十世紀的兩位經濟學家威廉·史坦利·傑文斯（William Stanley Jevons）和約瑟夫·熊彼得（Joseph Schumpeter）一致將卡丁倫譽為比亞當斯密更早出現的第一位「系統性的」經濟思想家。對他們來說，所謂系統性經濟學意思就是所有聽起來像是經濟均衡理論的事物。事實上，許多思想家都對創新與工業蘊含的財富創造潛力有所誤解，卡丁倫只是其中之一，他們都認為解放農業是創造富裕社會的唯一途徑。[3]

卡丁倫是愛爾蘭地主的兒子，於一七〇〇年代早期移居法國，他在西班牙王位繼承戰爭中靠著融資與供給軍隊裝備賺了錢。他很早就投資了勞的計畫。事實上，他的投機行為也協助推動了股價的飆漲。他及時拋售了股票，靠著投機賺進一筆可觀的財富，接著聲稱自己只不過是早就知道勞氏體制會崩潰罷了。而那些被他說服去買股票的人卻因此賠得慘兮兮。卡丁倫生活富裕，在歐洲各處雲遊，後來定居倫敦。大家都覺得他是個騙子——至少在他去世前。卡丁倫身上仍纏著許多投資人與債權人提出的訴訟官司，甚至有傳言說他靠著倫敦家裡的一場火災假裝死亡，藉此躲避債權人。[4]

卡丁倫也是農業勞動理論的先驅之一。雖然十七世紀的經濟哲學家威廉·佩第認爲是人口與生產力驅動了國家財富，卡丁倫卻表示國家財富只和農業勞動力有關，他主張：「所有能製造出財富的泉源與物質，都來自土地。」在卡丁倫聲稱的觀點裡，農業勞動成本是所有成本、價格與價值的基礎。如果農業能擺脫稅收、規則和法條的話，這種首要的經濟驅力就會生產財富，使市場達到均衡。對卡丁倫來說，創造出經濟平衡也就代表了要找出最重要的資本生產者，提供完全自由放任的特殊地位給他們。卡丁倫針對擁有大量土地的貴族提出了現代化的理論：地主是財富創造過程中的領導者，應該「獨立於」國家，而國家應該依賴地主。「領主和地產所有者」擁有高於政府的近乎神聖地位，此地位也同樣凌駕於較次等的商業與工業中的「創業家與技師」。[5]

卡丁倫的自由貿易信念僅限於農業，並提倡立法規範製造業成品的貿易。這種版本的放任主義只適用於那些被視爲經濟贏家的人。他希望外國買家用黃金購買國內農產品，如此一來，農業勞動力就會比製造業更加值錢，使製造業成品的價值下降，進而保護農業。在當時的英格蘭，工業財富具有極高的重要性，因此卡丁倫會出現這種想法其實十分古怪。但這種農業偏見是很難擺脫的。依據卡丁倫的推論，歸根究柢所有市場力量都是由農業勞動成本所推動的，他堅稱在計算所有市場價格時，都應該要從農民在農業生產中支付的租金與成本開始計算。唯有確定了農產品的價格之後，數量與供給才會開始在決定價值的過程中發揮作用。[6]

卡丁倫靠著他不怎麼科學的統計數據，依照土地生產所需的勞力量來算出農業產出的淨值。接著，他又計算了這些產出中有多少回到了土地擁有者的手上，能讓他們維持勞力、租金與整建維護。製作這些數據表單時，他沒有參考商業數據，也沒有比較農業和製造業的勞動生產率價值。他對農業自由市場的願景忽視了數百年的城市史和商業統計數據。與此同時，儘管他早期提出的價值勞力理論具有缺陷，還是爲經濟思想的悠久傳統奠定了基礎，亞當斯密、大衛・李嘉圖（David Ricardo）和卡爾・馬克思都因此獲益。

卡丁倫沒有描述工業如何爲原物料附加價值，只打造了一個等式，顯示出原物料決定了工業製成品的價值。「企業家」——也就是商人和工業家——只不過是製造業成品的中間商，把農產品的原初價值與市場需求彼此混合，得出最終的銷售價格。而這些企業家付出的勞力與使用的科技一文不值。卡丁倫堅持認爲，無論「企業家」有多重要，他們對貨品價格仍然只有微乎其微的影響，商品價格依然是以土地上的勞力價格爲主。卡丁倫甚至還主張，雖然貿易和製造業能把農產品帶進市場並影響定價，但他們其實是把資本從地主手上奪走了，因此這些產值不能計入經濟淨值資產中。雖然工業能補償農業的不足，但工業同時也是一種負擔；如果國家允許工業支配經濟的話，工業將會削弱農業與國家的財富。卡丁倫錯誤地相信，如果國家不進行市場干預、允許地主自由耕作的話，經濟將會出現指數成長。[7]

卡丁倫的著作將會對他之後的農業自由市場思想家造成深遠的影響。然而，其他當代經濟學家雖然相信農業經濟自由主義，但他們同樣承認金融成長的核心要素也包括了工業、商業與金融。他們對「農業比工業更有生產力」的想法感到困惑。約翰·勞的前祕書，法國經濟思想家尚—法朗索瓦·梅隆（Jean-François Melon）把柯爾貝在市場建設方面的舊概念與自我延續的經濟系統概念結合在一起。梅隆的重要著作《商業政治概論》（*Political Essay on Commerce*，一七三四年）重申了紙鈔在幫助國家擴展經濟發展與商業活動中的重要性。但他同時也認爲市場必須由國家來連結、弭平障礙——舉例來說，將度量衡標準化。[8]

梅隆相信「商業自由」，他曾說過，站在自由的那一邊永遠都會是比較好的選擇，因爲商人無論如何都會找到方法繞過制度與法規。與此同時，他也描述了具有西塞羅和洛克思想元素的自由商業願景：自由不是「讓每個人去做他們覺得適合的事情的許可證」，而是要努力達到「共同利益」的一種授權。他警告說，給予商人完全的自由是「輕率」的行爲，商人傾向於欺騙他人。政府必須揀選出口與進口的貨物，如此一來製造業所需的寶貴自然資源才不會被賣到海外。換句話說，梅隆認爲市場會透過自由與國家法規之間的平衡狀態運作，而國家法規的制定目的是支持國家經濟策略。[9]

梅隆進一步堅持，爲了確保法國能在歐洲經濟中占優勢，他們需要成立數間國營的壟斷公司。政府必須把勞曾試著建立的系統設計得更好，打造一個能夠創造信貸與資本的系統，藉此發展經濟。若想爲法國創造更多投資資本，最好的方法就是在自由、信貸、貨幣、利率與貿易間找到正確的平衡。梅隆希望政府能創造出一套

「普遍化且能廣泛應用」的經濟計畫，使法國變得富裕。但是他也承認，建立此種市場系統的計畫是令人卻步的，而且這個系統很可能不是個一體適用的模型。他警告說，法國不是一張白紙，而是一個受到自身歷史與特定國情所限制的國家。必須要先考慮到法國的特殊背景，才能設計出一套成功的經濟制度。[10]

其他思想家尋求的則是更通用的經濟計畫，能像萬有引力定律和行星運動定律一樣適用於所有時空。法國哲學家孟德斯鳩在影響力深遠的著作《法意》（*On the Spirit of Laws*，一七四八年）中指出，繁榮來自和平，社會與國家必須用和諧的方式自我管理。他進一步斷言，「和平是商業自然而然帶來的結果」。各國可以透過貿易合作分享共同的利益，使他們「溫和」地對待彼此。[11]

一七五二年，在啟蒙哲學和經濟思想大量萌發的期間，法國商業總督雅克—克勞德—馬利．文森．古爾奈（Jacques-Claude-Marie Vincent de Gournay）決定他要建立一個經濟思想家的「圈子」，藉此處理法國面對的商業挑戰，並發展出不同的方法來打造市場機制。古爾奈出生於法國聖馬洛（Saint-Malo），曾在家族位於西班牙的公司中從事國際貿易產業工作。除了商業方面的實務經驗外，他也因爲柯爾貝的國家總督傳統而接受過商業法規管理訓練。他同樣認爲若想管理法國商業，就應該採用具有連貫性的國家經濟政策。古爾奈很清楚法國需要改革，包括在政治與經濟方面都需要更高的自由，他爲此邀請了許多年輕的經濟思想家加入他的團隊。[12]

雖然古爾奈不支持某些政府干預，但他的格言是「放任作爲，放任通行」（Laissez-faire, laissez-passer），也就是讓商業隨心所欲地自行發展。赫赫有名的哲學家暨經濟思想家，也是利摩日（Limoges）總督與未來的財政大臣奧尼男爵安·羅伯特·雅克·杜爾哥（Anne-Robert-Jacques Turgot, baron de l'Aulne）寫道，古爾奈的觀點可以用兩個詞來表達：「自由與保護，但自由才是最重要的。」古爾奈也打造了官僚主義（bureaucratie）一詞作爲一個諷刺笑話，這意思是用辦公桌來管理政府。雖然他大加批判法國的嚴格法規和保密機制，並希望公眾的意見與喜好能協助推動市場，但他仍然在柯爾貝式發展和自由放任主義之間選邊站。[13]

古爾奈的圈子是一群致力於研究經濟思想的哲學家。法朗索瓦·維隆·福爾博納（François Véron de Forbonnais）是來自布商家族的金融家，而後攀升至鑄幣監察長的高位，在古爾奈的團體中是主要成員，他不同意農業致富理論。福爾博納是柯爾貝的崇拜者，支持自由開放版本的國內經濟監督。他相信商業自由，認爲國家不應該在沒有具體目標的情況下幫助工業發展並干預經濟。他的著作《商業要素》（*Elements of Commerce*，一七五四年）是針對卡丁倫提出的謹慎批判。福爾博納指出，雖然財富同時來自農業與製造業，但他不偏不倚地堅持，製造業和商業才是能創造財富的眞正泉源。他和柯爾貝一樣，認爲一旦達到了特定的貿易平等水準，市場就可以自由化。[14]

福爾博納認爲不受管理的自由貿易很可能無法順利運作，與之相對的，他相信每個國家在設計貿易政策時，應該要依據自身的需求與優勢做出調整。他建議國與國之間發展出平等互惠的交易制度，使雙方都能受益。他不認爲市場能夠自行做到這一點。一旦各國建立了設計完善的互惠貿易協定，這些國家就可以提高關稅，使市場獲得自由。如果各國和商人能共同設計一套「完美的商業平等」，將會帶來國家之間的和平與蓬勃發展。[15]

福爾博納談到，如果農產品短缺的狀況出現在一個商業高生產的時候，那麼開發程度較高的國家可以效法荷蘭的模式，去購買國外的農產品。參照柯爾貝的做法，他堅持認爲一個國家能做到的事情中，最重要的就是發展藝術和科學，藉此建立信心、專業與製造業。福爾博納反駁卡丁倫的觀點，他認爲經濟要素並非來自土地；經濟要素源自於國家對教育、對創新產業與製造業中需要扶植與保護的特定局部進行投資。他舉例，英格蘭正是因爲透過這種方式審慎地發展布料貿易，才成爲富裕又成功的貿易國家。[16]

但是，即使是這種柯爾貝式的自由開放式國家工業發展願景，也在哲學界遇到了很大的阻力。古爾奈和福爾博納代表的觀點可以被視爲放任主義的中間立場，但在古爾奈的圈子中，有一位成員透過著作對卡丁倫的農業模式表達了強烈支持，這位成員是法朗索瓦．魁奈（François Quesnay）。魁奈是農民的兒子，先是成爲了醫師，而後開創了被稱爲重農主義的經濟思想學派。魁奈把卡丁倫的思想推到了新高度，使用數學方法建立了早期的均衡理論，在該理論中，低稅金與穀物自由進出口能把價格降低、提高農業生產，並爲農業再投資創造愈來愈多的盈餘。因此，卡爾．馬克思認爲魁奈是資本主義與剩餘價值的先驅思想家，而二十世紀的美國諾貝爾經濟學獎得主保羅．薩謬爾森（Paul Samuelson）則視他爲均衡理論的發明者。

除了堅持自己的自由貿易哲學外，魁奈也深信農業是財富的唯一形式，而工業與商業本身是「不結果實的」，僅僅只是推廣農產品時的助力。他像卡丁倫一樣，認爲農業勞動的價值會決定製造業成品的價值。這代表了在他的國家資產負債表上，商業和工業被計算爲一種經濟虧損，只有農業才能產生盈餘。[17]

魁奈在凡爾賽宮居住與工作，他撰寫了卷帙浩繁的著作來描述放血這種致命的醫療技術在治療病人上具有何種醫學優勢。他的醫學背景讓他相信，經濟的運作原理就像血液循環一樣。他是路易十五才華洋溢的情婦暨哲學家贊助者——龐巴杜夫人（Madame de Pompadour）——的醫師，隨後因此被封爲貴族，這令他欣喜萬分。他們兩人都是新晉貴族，且都在路易十四的舊權力殿堂中爬升至具有重要影響力的職位。事實上，龐巴杜夫人後來還資助魁奈推廣他的經濟哲學。她與生俱來的聰慧、財富與遠近馳名的談吐技巧，使她成爲巴黎文學沙龍中光彩奪目的人物。她主動去吸引路易十五的目光，在一七四五年成爲正式情婦，爲這位國王帶來嚴重醜聞。路易十五爲表達他對這位平民的愛，賜予了貴族頭銜和土地，又替她買下巴黎最好的城市宮殿艾佛宅邸（Hôtel d'Évreux），這棟建築如今被稱作艾麗榭宮

（Elysée Palace），是法國總統的居所。

在龐巴杜夫人權力竄起的一年之前，魁奈搬進了凡爾賽宮地下室的住所。這位即將領導早期最強大的自由市場思想家運動的人，就在國王的宮殿中開始構思他的哲學觀。自由市場思想就這樣在非常專制、非常親工業的國家內部逐漸發展起來，許多自由市場主義者都想用他們的哲學來抗衡這樣的國家。但魁奈並沒有因這種矛盾而感到困擾。他是「法治專制主義」這個巨大矛盾修辭的信奉者。他受到哲學家皮耶—保羅・盧梅希・李維耶赫（Pierre-Paul Lemercier de la Rivière）的啟發，相信自然系統會透過君主的意志進行自我表達。魁奈說，只有國王才有能力解放穀物市場，爲地主創造更多財富。[18]

魁奈時而前往龐巴杜夫人位於巴黎的宮殿，在那裡舉辦晚宴招待當時的重要哲學家們。他邀請的客人包括暢銷著作《百科全書》（*Encyclopédie*，一七五一年至一七七二年）的主要作者丹尼斯・狄德羅（Denis Diderot）與尚・瑞恩・達朗貝爾（Jean le Rond d'Alembert）；無神論者、平等主義哲學家暨路易十五的虔誠波蘭皇后瑪麗・萊什琴斯卡（Marie Leszczyńska）的醫師克勞德—安德林・艾爾維修

（Claude-Adrien Hélvetius）；著名的自然學家與皇家植物園（Jardin des Plantes）管理者布豐伯爵喬治—路易·勒克萊爾（Georges-Louis Leclerc, comte de Buffon）；以及傑出的放任主義經濟學家杜爾哥。龐巴杜夫人身爲皇室的情婦，既不能正式邀請這些人參加餐宴，也不能自行舉辦沙龍，所以她會不時參加魁奈的聚會，這些賓客在優雅的環境中討論有關形上學與經濟學的新哲學。除了在關於農業放任主義的哲學對話中盡情暢談，魁奈的高貴客人也能享受驚人的奢侈品、王室廚房提供的精緻美食，此外還能透過龐巴杜夫人把話直接傳進國王的耳中。[19]

重農主義者在巴黎沙龍滔滔不絕地主張人們應該重視農業財富勝過工業時，海峽的另一邊出現了截然不同的景象。英國的第一次工業革命已然展開，大力驅動著英國經濟。蒸氣引擎登場了。英國人湯瑪斯·薩維里（Thomas Savery）在一六九八年打造了無活塞引擎，湯瑪斯·紐科門（Thomas Newcomen）在一七一二年製造了一種可以產生連續能量與運動的蒸氣泵引擎。除了蒸氣動力，到了一七〇〇年代，機械紡紗也出現了。一七三三年，約翰・凱（John Kay）發明了一種可以自動配線給線軸的飛梭，加快了手工編織的速度。一七三八年，路易斯・保羅（Lewis Paul）和約翰・懷亞特（John Wyatt）則打造了能生產羊毛布和棉布的紡紗架。到了一七五〇年代與六〇年代，魁奈和他的重農學派追隨者開始寫作的當下，英國製造業已經開始在大規模工廠中廣泛使用水力磨坊了。整個一七五〇年，英國的手工紡織業共製造了兩百五十萬磅的原棉。到了一七八〇年代末，英國織布機曾加工過的棉花總計已經有兩千兩百萬磅。這對於歐洲和貴族地主的農業社會秩序造成了威脅。隨著工業蒸蒸日上，法國這個仍然實施封建制度、農業掛帥的社會中展開了一場商業地位爭奪戰。自由市場思想家努力想找回農業的優勢。他們認爲針對穀物的自由放任改革將能徹底激發大自然的潛能，屆時農業將會氣勢如虹地返回經濟主導地位。[20]

一七五六年，北美爆發了七年戰爭。戰事從歐洲席捲至北美與南美，再蔓延到印度與非洲，這是史上第一場全球衝突，法國與英國陷入國際貿易控制權的爭奪戰，同時也把其他歐洲強權給牽扯了進來。這場戰爭像是法國自由市場思想的催化劑，因其清楚顯示出農業社會正在讓位給一套新的商業秩序。出於顯而易見的原因，保守派的法國貴族統治階級不願意順從地坐視商人接手他們的位置；有些人甚至建議，貴族應該要掌控製造業的生產方法，把這些方法從工業階級手中奪走。一七五六年，法國神職人員暨親工業經濟思想家蓋比爾·法朗索瓦·科耶（Gabriel François Coyer）寫下了一部顛覆性作品《商業貴族階級》（*The Commercial Nobility*），在其中大力抨擊貴族農業社會秩序。科耶是古爾奈的圈子裡的一員，他呼籲貴族對擔任士兵與牧師的天職放手，別再被動地生活在他們的土地上，只想靠著農業榨取財富。他警告說，法國正承受著經濟競爭和戰爭的壓力，需要利用貿易與工業製造財富。科耶不認爲坐擁土地的貴族是經濟的驅動力，反而將他們視爲寄生蟲。科耶指控道，由於法國的封建法禁止這些貴族參與貿易，所以這些貴族在經濟方面「一無是處」。[21]

科耶認爲，相較於商業和製造業，農業和相關封建體系的生產力極爲低落。科耶要求法國改變貴族的地位。根據他的計算，如果法國貴族能成爲商人並去工作的話，法國會變得富有得多，像英格蘭就讓貴族的第二個兒子從事貿易。他這是在實質上呼籲要推翻法國的封建憲法。科耶的作品大受歡迎，被收錄在廣泛流通的期刊《法國信使》（*Mercure de France*）中，而他的書也獲得了無數次的再版與翻譯。[22]

這部作品的迴響來得很快。身爲貴族的亞克騎士（chevalier d'Arcq）菲利普－奧古斯特·聖富瓦（Philippe-Auguste de Sainte-Foix）發表了《反對商業貴族的軍事貴族，又名，法國愛國者》（*The Military Nobility Opposed to the Commercial Nobility, or The French Patriot*，一七五六年）作爲回應，捍衛傳統秩序。一場文字論戰隨之而來，接著政府禁止了所有追隨科耶並呼籲修法改變貴族地位的著作。不過作爲商業與工業的信徒，古爾奈和福爾博納繼續公開支持科耶。[23] 科耶和他的追隨者想要實現經濟自由，但他們也希望透過工業化和商業來實現廣泛的社會改革。地主必須對這種日益增長的威脅做出回應，而他們的回應則是更徹底的自由市場農業主義。

強大的法國貴族擁有各種特權。貴族不但持有法國絕大多數的土地，而且在戰爭的特殊時期之外擁有不繳稅的特權。布阿吉爾貝爾和德馬雷茲當時嘗試對富有的貴族徵稅，導致了十七世紀末貴族和中央集權王室彼此對立，並史上頭一遭，產生了將富人納稅議題連結到不只要保護窮人、也要保護具生產力之階級的經濟論點。貴族地主仍舊認爲，任何要求貴族繳稅的舉措都會加劇不平等，他們聲稱貴族是唯一的財富創造者，若國家對農場課稅就會損害經濟成長。他們拒絕接受此一概念：自由市場必須建立在公正且平等的稅收上。[24]

作爲自由市場重農主義的領袖，魁奈強烈反對工業崛起與對農業實施徵稅。他把資產階級的商人和製造業者稱作「蠢貨」，呼籲政府取消他們的所有特權和自由。魁奈想要把重農主義轉變成一場狂熱的社會運動，促使那些認爲社會的基礎是自由主義農業經濟的人去對抗柯爾貝想要提升的階級——商人、製造商、高階政府官員和金融家，那些認爲法國的未來在於工業與貿易的人。[25]

在工業與貿易崛起的十八世紀中期，魁奈的想法著實令人驚愕不已。他無視於狄德羅和達朗貝爾在著名的《百科全書》中的主要論述：科技、實用機械、貿易、手工藝和工業如今舉足輕重，應該跟神學與哲學一樣列入正式知識。從許多方面來說，《百科全書》都宣告了西歐的資產商業階級正逐漸成爲社會的顯學。雖然魁奈也受到《百科全書》的撰稿邀約，把他的自由市場農業理論也納入了該著作兼容並蓄的經濟學派與思想內容中，但這種包容對他來說是不夠的。他希望自己的想法能獨占鰲頭。

魁奈開始尋求追隨者，來將重農主義轉變成一場日益壯大的意識形態運動。一七五七年，他邀請年輕的米拉波侯爵維克多・里克提（Victor de Riqueti, marquis de Mirabeau）到他位於凡爾賽宮地下室的住所，和他討論農業經濟學奠基者理查・卡丁倫的著作。小米拉波（Mirabeau the Younger）出身貴族家庭（他的父親是惡名昭彰的米拉波伯爵，將會成爲法國大革命的領導人之一），是孟德斯鳩的朋友。他在《人類之友，又名，族群論》（*The Friend of Mankind, or Treatise on Population*，一七五六年）中爲貴族的財產權與免稅權辯護，反對政府侵犯這些權利。魁奈請年輕的米拉波幫助他完成他的新計畫《經濟表》（*Tableau économique*），這本書試圖證明卡丁倫的理論，而他的理論是用僞科學方式主張財富來自土地。這本書後來成爲重農主義與十八世紀自由市場思想的《聖經》。[26]

米拉波後來聲稱，他和魁奈對話的時候經歷了一種智識與精神上的「歸信」，成爲大自然經濟教派的信徒。若想阻擋工業潮流並贏得重要哲學家和決策者的信任，需要的是對農業的盲目信仰，再加上魁奈自行提出的科學方法。他們立刻著手研究魁奈的《經濟表》，試圖透過簡單的理論來吸引想要改革和擴大法國農業的人，也就是更好的土地管理將會透過農業盈餘產出更大的財富。[27]

在七年戰爭的背景下，魁奈這個古怪的理論模型所提出的國家自給自足確實有其賣點。只要解放與改善農業，法國就能存活下去並變得更富有。法國的農場生產力低於英國，魁奈在這一點上是對的。他希望降低稅收並移除所有農業法規能在貴族間建立起新的農業倫理，當時貴族往往擁有廣袤的土地，以及對於百分之四十的農民財產具有封建權力，但這些地主常常人都不在現場，也不會花錢投資土地改良。[28]

不過魁奈的《經濟表》並非一本農業改革的實用手冊。魁奈的目標是以「只有土地能產生財富」的理論爲基礎，透過對法國經濟產品的僞科學式計算爲實施自由農業市場提供充分理由。《經濟表》的左側欄位中，魁奈在收入下方列出了經濟的生產面：農業、森林、草地、牲畜、原物料和某些製造業加工商品。右側欄位中，他在支出下方列出了「破壞性」的非農業產品，把它們歸類在「無生產力等級」：製造業加工商品、倉儲、商業成本和銷售。《經濟表》在這兩側欄位的各種經濟活動之間畫了許多曲折的箭頭，以說明只有農業才能產生財富；而工業和商業則從魁奈所謂的國家「生產淨值」（net product）中減去，他在第三版《經濟表》中計算出了生產淨值這個數字。魁奈明白勞動價值可以創造財富，也知道資本盈餘的重要性；但他不理解的是，投資工業生產帶來的附加價值和報酬，絕對比農產品還要多上無數倍。[29]

魁奈大肆宣揚地主應該擁有市場自由的同時，他也相信只有強而有力的國家才能創造並維持這些市場自由。重農主義者希望國王能成爲完整掌權的專制統治者，可以獨斷獨行，並保證地主階級獲得經濟自由。魁奈的典範就是中國。在他的著作《中國專制主義》（*Despotism in China*，一七六七年）中，他指出皇帝能維護自然的父權制與農業秩序，經由訓練他的子民聚焦在「種養」技能，讓社會集中關注紀律嚴明的農業活動。魁奈認爲，中國皇帝的絕對權力，代表他永遠都不會違法，也不會做出任何違背普遍利益的事，因爲他就代表了普遍利益。所以，魁奈相信中國皇帝的子民享有純粹的自由，可以無拘無束地耕作養畜。30

根據魁奈的說法，法國也需要一個擁有無上權力的專制統治者，把工業推到一旁，讓國家擺脫壟斷和無用的監管。這一點在殖民地尤爲重要。魁奈提議要廢除殖民壟斷，給予那些出口糖和奴隸的法屬殖民島嶼的栽培園主自由的權利。這個自由的「君主帝國」不但能激發殖民者的農業能力，更能激發奴隸的農業能力——依照魁奈的計畫，讓奴隸成爲契約工人，努力工作以爭取自由。魁奈相信讓殖民者與奴隸獲得自由有助於法國的復興。但栽培園主並不打算放棄他們的奴隸。這終究是一個徒勞無功的理想主義式絕對君主願景。31

對於重農主義者來說，所有批評都無關緊要，即使這些批評來自古爾奈的圈子裡備受尊敬的成員、即使人們對魁奈的統計數據提出了具體質疑，都沒有差別。福爾博納直言不諱地批評了魁奈在數字方面的錯誤。他提出數據，指出法國的農業產量比魁奈聲稱的更高，且許多《經濟表》中的數字都不準確。他無法理解爲什麼魁奈會認爲農民有生產力，而商人卻沒有，他在魁奈對國家生產淨值的計算中找到嚴重錯誤，貨品與貨幣流通的部分也謬誤百出。對福爾博納而言，最後一個重大分歧點是魁奈認爲經濟可以一種用他在《經濟表》中提出的「超然經濟眞理」來理解。福爾博納不認同有一種普遍的經濟模型能適用於任何時空，並斷定魁奈的虛假統計數據不能證明經濟能透過自由放任主義自動運作的理論。[32]

儘管面對種種批評，魁奈和他的信徒仍不知疲倦地捍衛與宣揚他們對農業與王室專制的願景。在魁奈的追隨者中，最成功的其中一位是皮耶－山繆·杜邦·內穆赫（Pierre-Samuel du Pont de Nemours），他是一名充滿熱忱的重農主義者、法國革命支持者，也是奴隸制度的批評者。杜邦·內穆赫是一個新教徒鐘錶匠的兒子，但他爲了追求抱負而離家前往巴黎，加入米拉波成爲重農主義的信徒。一七六五年，杜邦·內穆赫針對「自然權利」撰寫了一系列文章，這些文章奠定了他後來最著名的著作《重農主義》（*Physiocracy*，一七六八年）。他透過這些文章爲勞工與財產的積極自然權利辯護，自然權利代表人類有權擁有土地，也有權靠著在土地上的勞動賺進財富。杜邦重申了洛克的觀點，認爲個人享有自我保護的自由，且只要不去侵犯他人的財產或「所有權」，他們就應該有致富的自由。政府的作用是爲民眾確保個人自由與私有財產權。這種個人權利的觀點使杜邦反對奴隸制，他認爲此制度違反了全人類與生俱來的自由。在此要留意的是，杜邦和魁奈一樣，都支持貴族封建主義原則。事實上，他熱切地接受了路易十五賜予的貴族頭銜。[33]

魁奈和杜邦聯手合作，堅稱自由的國際穀物貿易對農業有利，並能夠建立起一套系統：各國透過天然的相對優勢，和諧地只進口自己所需的農產品。對魁奈來說，自由貿易的重點不是競爭，而是和諧。大自然給予每個國家不同的在地農業資源。因此，他們不需要任何規則：國家只會進出口他們需要的貨品，從而避免了直接競爭。當時英國在工業發展方面突飛猛進，而七年戰爭卻已經使法國陷入更嚴重的貧困、債務與破產之中，這使得魁奈的訊息顯得充滿希望又容易理解。[34]

▽•▲

一七六三年，英國贏得了七年戰爭，鞏固了他們在殖民市場與奴隸貿易中的優勢地位。與此同時，英國正在經歷第一次工業革命（一七六〇年至一八二〇年），發明家與製造商紛紛從手工生產轉爲使用蒸氣與水力，打造出機械化的工廠、化學產品和金屬製品。在實質層面，這使得重農主義除了一系列自我安慰的理想外，什麼也不剩了。正如杜邦．內穆赫的後代——也就是杜邦公司（DuPont fortunes）在新大陸的創辦人——後來將發現到的，釋放美洲奴隸的並不是大自然，而是經過工業化的砲兵部隊與最終獲得了勝利的聯邦軍。[35]

儘管英國的工業實力日漸明朗，重農主義者與其信徒仍緊抱著「農業可以帶來經濟成長」的懷舊觀念。在那個時間點，自由市場思想與經濟現實是彼此脫節的，對於商業強國的經濟政策幾乎沒有影響力。若非要說自由市場思想有什麼發展的話，那就是英國、歐洲和北美的工業革命曙光見證了柯爾貝觀點的重生，即國家對於建立與維持複雜的經濟市場來說至關重要。除此之外，民主的腳步也慢慢近了。雖然英國在君主立憲制度與貿易方面都取得了經濟上的進展，但對於法國來說，專制君主和少數農業菁英就有能力監督整個國家的經濟狀態的想法，在經歷了一千年的封建制度後已經不再有說服力。

CHAPTER 12

自由市場與自然

人雖生而自由，卻無處不在枷鎖之中。

——盧梭（Rousseau），《社會契約論》（*The Social Contract*），一七六二年

在製造業蒸蒸日上、海外帝國擴張且國際貿易蓬勃發展的年代，重農主義可算不上受歡迎的經濟理論。儘管重農主義哲學家的著作受到現代自由市場思想家的熱烈讚賞，但這些作品在他們那個年代並不暢銷。事實上，十八世紀最暢銷的那些經濟學書籍都在批評「經濟完全可以自我調節」的觀點。處於經濟成長前線的人都在尋找方法推動工業與自由市場的發展。這意謂著除了自由放任的要素外，還必須讓

國家扮演具有建設性的經濟角色。

於是無須訝異，接下來親工業改革運動出現在義大利這個歐洲資本主義與貿易的起源地。義大利哲學家尋求的是更加貼近柯爾貝主義的道路，透過新的法律體系與開明的政府機構來建立市場。博學多聞的盧多維科・安東尼奧・穆拉多利（Ludovico Antonio Muratori）是神職人員、歷史學家，也是米蘭宏偉的安布羅西亞那圖書館（Ambrosiana Library）的圖書館員，他的著作《論公共幸福》（*On Public Happiness*，一七四九年）受到柯爾貝和孟德斯鳩的啟發。穆拉多利的文章解釋了人類要如何透過政府改革與立法來改善安全、教育、健康與宗教生活，使這個世界變成一個「更幸福」的所在。包括奧地利女皇瑪麗亞・特蕾莎（Maria Theresa）在內的幾位專制君主都遵循他的建議，支持自然科學與宗教寬容，並透過憲政主義擴張個人與市場的自由——儘管是有限的自由。義大利和奧地利的啟蒙運動思想家與巴黎、倫敦和蘇格蘭的思想家密切合作，致力於打造出更公正的社會，一些義大利人把這種概念稱作「社會主義」，也就是透過現代化的法院與法典、學校和基礎設施等國家機構來打造社會與市場的一套計畫。（歷史學家伊斯凡・洪特〔István

Hont〕將此時社會主義「socialism」的追隨者稱作「society-ists」。）此一社會運動後來也影響了斯密。[1]

▽•▲

在義大利的國家市場建造者中，最重要的一位就是拿坡里的政治經濟學家安東尼奧・傑諾維齊（Antonio Genovesi），他可以說是亞當斯密的前輩，認爲經濟是一系列能夠自我延續的市場機制。身爲一名有遠見的市場思想家，他認爲政府必須打造適合市場的條件。他不贊成勞動力本身就能創建價格的觀點，而認爲驅動價格的是無形的社會條件與勞動條件。在他廣受讚譽的《商業課，又名，論公民經濟》（*Lessons on Commerce, or On Civil Economics*，一七六五年）中，他指出效用性、個人關係與公共信任決定了勞動與貨品的價值。雖然國家必須給予市場自由，但同時也要小心翼翼地扶植市場。舉例來說，政府必須修建道路，並保護道路不受盜匪侵擾。傑諾維齊引述了梅隆、休謨和孟德斯鳩，認爲財富是有效率的農業與工業之間的互相作用。他和福爾博納一樣，認爲消除商業上的障礙通常是好事，但商人仍然必須遵守法規與支付一定的關稅。因此，自由市場是國家與商人之間持續且小心地互相退讓的成果。並不存在一種通用法則，反之，需要具備的是一種務實的意識：信任與商業自由必須根據當地環境去協商、建造與維持。[2]

義大利和奧地利的工業沒有英國那麼發達。二者的國家領導人相信，他們必須要像過去的英格蘭與荷蘭一樣，努力刺激創新。透過拒絕重農主義準則，並走上更偏向柯爾貝主義的路線，義大利北部後來成爲了全球最富有、工業化程度最高的地區。米蘭哲學家皮耶特羅・維利（Pietro Verri）等早期城市工業思想家認爲，保守又傾向農業的重農主義者，對於現代工業改革來說是一種障礙。維利警告道，認爲工業是「不結果實的」這種重農主義觀念是個嚴重的經濟謬誤。要說起來，工業和具有專業工業知識的人才應該是「豐足」的源頭。[3]

在眾多義大利經濟思想家中，重農主義的頭號敵人是一名翻譯了洛克著作的拿坡里人，修道院長費迪南多・加利亞尼（Ferdinando Galiani）。一七五九年，拿坡里國王查理四世派遣這位傑出的經濟學家到巴黎的拿坡里大使館擔任祕書。他成爲巴黎社交場合與時尚沙龍的常客，和狄德羅交上朋友，並向狄德羅介紹了經濟學研究。加利亞尼曾在拿坡里執行過貨幣改革，並因此和重農主義者有過密切往來，他向來沒有耐心應對那些魁奈信徒無知的農業樂觀主義。他相信社會必須和大自然彼此合作，而非只是追隨自然。加利亞尼在《穀物商業對話》（*Dialogues on the Commerce of Grains*，一七七〇年）中堅稱，只有國家才有足夠的外界信用，能夠在歉收、饑荒與戰爭的處境下處理食物短缺的問題。[4]他同意自然與社會都是以系統的形式在運作的。他也認爲製造業需仰賴農業。然而，他同時堅持農業仍然太不可靠，不能讓農業完全控制市場體系。在歉收的時期，不只有農業，相關產業也會跟著停滯不前，接著社會就會陷入經濟與財政災難之中。若國家沒有儲備與管理糧食供應，農民很容易會「失去所有資金」而無法重新開始種植。換句話說，加利亞尼認爲成功的農業系統既不能完全依賴自然，也不能完全依賴市場。他堅稱大自然帶來的災難規模只有國家才能應對。[5]

一七七〇年代之間，古爾奈的圈子中具有最高知名度和影響力的成員，法國哲學家暨國家總督杜爾哥最終成爲了財政總監督。他將會成爲第一位欣然接受自由市場原則，並嘗試應用在國家政策上的重要政治家。他的努力與他的失敗不但導致大規模的群眾起事，更鞏固了對「市場可以依賴農業，無需國家干預」抱持反對的哲學觀點。杜爾哥是富有的貴族與政府官員，而他相信人類和社會可以不斷進步；他對經濟自由有著堅實的信仰，全心接納貨幣數量理論，並且反對政府壟斷與國家監管。他創造了農業中的邊際收益遞減法則理論——這個市場理論指出，生產能力是有限度的，在無法生產更多財富的狀況下，增加勞動力是一件低效率的事。杜爾哥相信，社會和經濟都跟大自然一樣，具有自然均衡。國家可以幫忙打破這個平衡，給予人類創造財富所需的自由與協助。[6]

雖然杜爾哥是自由市場的支持者，但他在一七五七年出版的《百科全書》中的〈市集與市場〉（Fairs and Markets）一文中，表達得比魁奈反覆強調重農主義觀點的文章還要更加隱晦。杜爾哥主張，大型的中世紀市集——著名的現代法國歷史學家費爾南．布勞岱爾（Fernand Braudel）後來把這些市集連結到資本主義的崛起——是一種壓迫性壟斷。中世紀的博覽會往往坐落在各個國家或各個地區之間的主要貿易路線交會點，例如法國香檳區。每年都有數週的時間，農民、工匠、商人和銀行家會帶著他們的商品和技能來到這裡，創建一個推動中世紀經濟的巨大商業區。杜爾哥說，「方便性」使博覽會地點不會變動；這也使得博覽會成爲控制價格的壟斷場所。博覽會有一群固定的參加者，因此限制了競爭與交易總量。固定地點的博覽會也使國家得以簡化和控制貨品稅收。他說這種做法「不理性」，讓博覽會只有利於稅收，而不利於財富創造。[7]

杜爾哥主張，他們需要的不是在固定地點舉辦年度博覽會，而是持續在任何有需求的地方進行自由貿易，並不對此課稅。這樣的經濟自由會使社會進步。只要移除了特權與規則，貿易就會欣欣向榮；儘管君主會失去一些稅收，但社會整體會更加富裕。杜爾哥比重農主義者更重視商人。他認爲，隨著交易量增加，貿易會變得更有效率，並藉由降低價格、刺激消費與生產來創造出邊際效益。杜爾哥說，荷蘭沒有所謂的博覽會舉辦日；取而代之的是貿易會每時每刻發生在所有地點，荷蘭人因此變得更加富裕。或許杜爾哥沒有注意到荷蘭已經徹底放棄把農業當作貿易與工業的經濟基礎，更沒有注意到荷蘭政府在經濟政策與商業法規中，扮演了非常積極的角色。[8]

在杜爾哥眼中，市場不是由擁有財產的個體驅動的，而是由農村的勞動者驅動的。杜爾哥和杜邦・內穆赫合作撰寫了《對財富的形成與分配之反思》（*Reflections on the Formation and Distribution of Wealth*，一七六六年），杜爾哥在書中透過效益主義勞動的概念，爲封建貴族進行了革命性的現代辯護，即地主沒有生產力，但地主是合乎情理的閒置者。他在他對貴族財產的辯護中，主張物業擁有者對經濟制度來說具有社會必要性，他寫道：「僅僅是因爲人類習俗以及公民法律，耕種者需要物業擁有者。」杜爾哥的看法呼應了西塞羅、洛克和孟德斯鳩的論點，他認爲雖然地主本身是閒置的，但對整個制度的平衡來說至關重要，這些地主產生了一個菁英階層，他們具備道德能力，因此得以精通法律、博雅教育和科學，也能領導社會與農業耕種。[9]

與此同時，杜爾哥運用他的效益主義農業勞動理論，去批判奴隸制度與殖民主義。他堅持自由必須是積極的，不得侵犯其他人的權利，而財產擁有權不能應用在奴隸制度上；奴隸制度是某種剝奪之下的產物，即「暴力分子」剝奪了勞動者在他們「創造」的「產品」中自然擁有的份額。杜爾哥進一步批評殖民經濟是一種非長遠之計的竊盜行爲。他對封建主義也抱持同樣的態度，並且倡導初步版本的勞動分工，自由的工人藉此朝向專業化、變得更有生產力。對於貴族、農業經濟的倡議者與皇家政府首長來說，這是非常革命性的想法。[10]

重農主義者在凡爾賽宮的沙龍與居所中提出了他們的勞動理論，而杜爾哥則不同，他以國家督察的身分進入了法國政府，實際嘗試把他的自由市場理論應用在眞實世界中。從一七六一年至一七七四年，他擔任著法國中西部的貧困城市利摩日的總督。作爲王室在利摩日的直接代理人，他致力於透過稅收與穀物市場的改革來減緩當地的貧困問題。重農主義者在農業方面的論述聚焦於穀物市場中的生產和流通，而杜爾哥不一樣，他希望能把財富分配給窮人，如此一來穀物市場就能爲整個社會帶來經濟發展。[11]

雖然有些重農主義者批判杜爾哥太依賴國家，但杜爾哥仍堅守柯爾貝主義的觀點，認爲除非國家先進行大範圍的改革，市場是無法發揮潛力的。杜爾哥相信，在讓市場自由化之前，首先要做的是保護窮人免受自由化帶來的直接衝擊，國家必須插手協助那些沒有工作、沒有食物的人。他強制要求地主們爲窮困人口提供支援，並訂定修建公路用的稅制，藉此廢除封建制度中修路的強迫勞役。他提議建立國家支持的「慈善辦公室與工作坊」來爲窮人提供就業機會，甚至爲婦女提供「公共職務」。其中最重要的計畫非道路建設莫屬，因爲道路能促進糧食與其他產品的自由流通。杜爾哥甚至嘗試進口食物來幫助這個貧困區域，爲那些無法工作的人提供食物。本著柯爾貝的精神，他隨後動用國家權力的幫忙，創建了如今舉世聞名的利摩日陶瓷產業。杜爾哥用非正統而高度務實的方法將柯爾貝主義與重農主義改革相結合，並取得了一定的成功，這使他渴望推動更具野心的計畫。[12]

一七七四年，杜爾哥有了機會可以更大範圍地嘗試他的政策，他接掌了曾經屬於柯爾貝的、手握大權的財政總監督一職。杜爾哥上任後採取的第一步非常成功。他堅持中止國家借款，並設法降低了利率。然而，杜爾哥想要使穀物貿易自由化的嘗試卻一敗塗地。他取消了價格控制與政府補貼，廢除了法國境內複雜而古老的麵粉與麵包分配系統，接著他們馬上遇到了歉收。食物短缺、混亂、投機買賣、價格上漲和饑荒釀成了一七七五年四月與五月的一系列抗議行動，史稱麵粉戰爭（Flour Wars）。加利亞尼利用這個機會重申了他的觀點，也就是在自然災害發生時，政府必須介入提供幫助。在法規鬆綁的同時若沒有對窮人提供援助，將會導致一場大災難。杜爾哥已經忘卻他當初的市場發展原則了。[13]

在麵粉戰爭的高峰期，賈克．內克（Jacques Necker）出版了《論立法與穀物商業》（*On the Legislation and the Commerce of Grain*，一七七五年），抨擊杜爾哥和重農主義。內克是一位非常成功的瑞士新教銀行家、金融家暨哲學家，他住在巴黎，而且借了一大筆錢給法國。身爲一名經濟思想家，他同意自由比監管更好，而且一般來說，貿易自由都是好的。他主張人們應該有權利能依照自己想要的方式，來運用自己的金錢、勞力與產業。內克追隨柯爾貝的觀點，堅持認爲國家立法者必須制定「禁制性法律」，如此一來，穀物貿易中才不會出現「對自由的濫用」而導致饑荒。他同意加利亞尼的想法，認爲人們不能只是把穀物留給市場力量操作——自然太過反覆無常，社會又太過脆弱。他就像加利亞尼一樣，認爲易受影響的食物供應需要政府提供護欄。因此，內克提出了古老的論點：雖然市場自由很重要，但這種自由比較適合非必需品。[14]

儘管受到了這樣的批評，杜爾哥仍鐵了心要進行他的自由化改革。他希望能打破封建制度中的強制性農民勞動與行會特權。他在這過程中成功與所有人為敵——從農民、商人到貴族。杜爾哥的改革和宮廷中的角力鬥爭導致所有政府派系都和他作對。一七七六年五月，國王路易十六令他辭職。他在農業自由放任方面進行的大型自由主義實驗，被人們視爲一次無比壯觀的失敗。在這場顏面盡失的慘敗所帶來的混亂中，他的許多其他現代化改革也化爲泡影了。[15]

▽•▲

對於「自由市場無需政府干預就能自動運作」這一觀點的反對，因爲杜爾哥的失敗而更加牢不可破。有些基進派的哲學家認爲封建社會與文化需要的不是改善，而是革命性的轉變。政府首長在君主制度下未能取得成果，哲學家們於是又重新回到拉侯謝傅科公爵與曼德維爾的觀點，也就是情緒感受是市場的主要驅動力。他們試著去理解這些人類情感能如何創造出更加公正的市場社會。

關於人類情感與經濟之間的關係，出生於瑞士的哲學家尚—賈克·盧梭（**Jean-**

Jacques Rousseau）提出了其中一些最有力的觀點。儘管他也相信農業在經濟上占首要地位，和杜爾哥不同的是，盧梭反對由貴族地主支配的社會制度。他設想的是一個民主而平等的農村社會，此社會以原始狀態的自然爲基礎，人們共同管理財產，也共享地球上的果實。盧梭回過頭去研究拉侯謝傅科公爵對市場運作方式的看法。他不相信大自然會自發性地打造出健康或和諧的社會與經濟秩序。相反地，「自然」和農業創造出了社會階級，導致貧困、不公正與不平等。他認爲貴族拒絕納稅是法國經濟問題的根源。盧梭對於法國社會的嚴重不平等感到怒火中燒，這啟發他寫下了基進立場的《論人類不平等的起源與基礎》（*Discourse on Inequality*，一七五五年）。這本書劃下了一條清楚的戰線，區分了菁英式的自由放任主義哲學，以及基進的共和式民主的呼籲，這種民主以馬基維利和霍布斯的政治思想爲基礎，要求制衡市場與向富人徵稅。盧梭指出，很顯然地多數派政府必須要嚴格監管財富、商業和地主掌握的權力。在他看來，西塞羅一派對自然狀態的尊崇，以及效法大自然永恆法則的社會，都導致了不公正。民主政治必須介入並打破這種「自然」階級制度，打造更加公正的世界。[16]

盧梭將會成為那個年代最負盛名的作家以及偉大的基進派領袖，他的思想將會啟發湯瑪斯・潘恩（Thomas Paine）和其他大西洋兩岸的革命者。他的政治手冊《社會契約論》（一七六二年）將會動搖歐洲體制的根基，為國家地位和民主奠定了框架。正是在這本著作中，盧梭寫下了這句名言：「人雖生而自由，卻無處不在枷鎖之中。」與霍布斯以及洛克相反，盧梭並不認為社會能使人類變善良；相反地，他認為社會破壞了人類最原初的善良狀態，從而墮落。真正的原罪就是社會與財產本身。對盧梭來說，不平等是自愛（self-love）與驕傲的產物，透過自愛與驕傲，個人只藉由與他人比較來定義自己。人會為了滿足自己的驕傲，而創造出不自然的「常規」與「特權」，藉此在階級制度中區分自己和歌頌自己。反洛克和反重農主義的思想在此昭然若揭。人類的枷鎖就是私有財產和菁英階級，是少數決的政治和經濟規則。[17]

盧梭聲稱，我們可以在憐憫的情感中找到最正向的人類價值，這種情感與「理性公正的崇高準則」並肩而行。憐憫帶來了一種同理的本能。當我們看見苦難時，我們會有所共鳴，並且實踐「己所欲，施於人」的理想。盧梭相信，如果沒有這些與生俱來的慷慨之情，人類早就已經不復存在了。更甚者，他認爲財產是一種腐敗的惡習，需要用同情心、同理心和朝向經濟平等的政治努力才能與之對抗。強大貴族地主與農民的存在只不過代表了現代人需要去糾正傳統。盧梭抨擊洛克所提出對於私有財產的基督教史觀，洛克認爲伊甸園的墮落創造了財產所有權的法律。盧梭則抗議道，第一個找到一塊土地並說出「這塊土地屬於我」的人不過是個「冒牌貨」，而這個冒牌貨必須對人類承受的苦難和不平等負責。他認爲，承認財產的存在是通往封建主義、寡頭政治和暴政之漫長道路上所踏出的第一步，因爲承認財產就等於把個人權利讓渡予貴族和君王。盧梭覺得，法律不該來自財產，也不該來自文明與禮儀的採用，而應該來自社會多數人的共同民主決策：「這顯然違反了自然法則……一小撮人狼吞虎嚥著過多的食物，而飢餓的大多數卻缺乏必需品。」[18]

盧梭的著作對各門各派的經濟學家提出了一個駭人的問題，他熱切地反對利益導向的市場，支持透過基進民主制度來實現市場干預與平等主義。盧梭與早期的經濟理論家不同，諸如馬基維利、曼德維爾和多馬都認爲人類的激烈情緒是市場交易的強大驅力，個人惡行（或者以多馬的基督教詞彙來說，叫作原罪）所推動的交易可以帶來公共利益，而盧梭斷然拒絕此一觀點。反之，他認爲多數人類必須有意識地拒絕驕傲和自愛的弊病，並且調動憐憫與同理的情感，藉此創造一個更幸福、更平等也更公正的社會。

盧梭的哲學直接威脅到了當時的所有掌權者：君主、神職人員、貴族、商人和金融家，後兩者的財富已經逐漸和古老貴族平起平坐了。那是對一切事物中的人民主權的呼籲，尤以農業爲最；這可以被視爲一種極端形式的馬基維利思想，也就是任何個人或任何寡頭團體都不應比國家更富有。這種觀點冒犯了西塞羅對禮儀與反映自然秩序之階級社會的理念。透過他無比暢銷的著作，盧梭要求著農業的民主化，並說服社會大眾他們在經濟方面應該擁有立法上的發言權。

盧梭不只是平等政治基進主義的先驅。他對人類情緒與經濟的分析也成爲了啟發亞當斯密的主要來源。斯密在盧梭身上看到了一種思考自由市場的方式，諷刺的是，他最終也是用這種方式爲自由市場提供合理性。但斯密會徹底反轉盧梭的等式：盧梭認爲憐憫和同理心等較高層次的人類情緒，是貪婪、驕傲和自愛等驅動市場的熱切情緒之解藥；斯密則認爲推動市場的不只貪婪——人類的同理心與道德責任等美德本身就是市場驅動力。盧梭認為，由同理心帶動的基進民主制度是通往和平、道德社會的途徑；斯密則相信，傳統的農業英國議會制社會是具有天然的道德性，在適當的環境下，這樣的社會可以引導貪婪與階級制度去創造一個為公共利益而運作的良性自由市場。

CHAPTER 13

亞當斯密和良性自由貿易社會

他們（商人與製造商）正是憑藉著對自身利益擁有較多知識，因此經常強迫利用他（鄉紳）的慷慨，並說服他放棄自己的利益與公眾的利益，出於非常簡單且正直的信念：他們的利益才是公眾的利益，而他的利益則不是。然而，無論在貿易或製造業的任何一個分支，商人的利益總是會在某些方面和公眾利益有所分歧，甚至相反。

——亞當斯密，《國富論》（*The Wealth of Nations*），一七七六年

亞當斯密和盧梭一樣不欣賞貪婪。並且他也同樣有些擔心曼德維爾在《蜜蜂的

寓言》中表達的憤世嫉俗。斯密是在格拉斯哥大學（University of Glasgow）研究斯多噶道德哲學的教授，他不認爲惡行會是美德。美德是一種艱苦的努力，而他的工作就是教導何謂美德。斯密不同意盧梭對於純粹天生的人類情緒的看法，無論是貪婪還是憐憫都一樣，他也不同意盧梭認爲社會的本質是罪惡的論點。西塞羅的斯多噶哲學教導我們，個人可以學習自律和道德，進而使社會變得更美好，斯密相信這一點。如果要從斯密的經濟作品中提煉出一個明確的概念，那這個概念就是：道德是市場運作的必備要素。我們可以從《國富論》（一七七六年）清楚看出，斯密不是現代所謂的經濟自由主義者，更不用說自由意志主義者（libertarian）了。他認爲只有道德農業社會搭配上強大的統治菁英階級，才能夠創造與維持自由市場。

現代經濟學家對斯密的看法多半不是這樣。人們往往覺得他是個爲貪婪與商業利益辯護的人。但就和柯爾貝一樣，現代經濟學家用諷刺的手法將他扭曲成一種截然不同的樣貌。舉例來說，一九四四年，弗里德里希·奧古斯特·海耶克（Friedrich August von Hayek）將斯密描繪成一個反對所有政府干預，並且聚焦於經濟效率的思想家。密爾頓·傅利曼也依循同樣的脈絡，把斯密在《國富論》中提及看不見的手的段落，解讀爲呼籲社會將政府從經濟生活之中完全移除。傅利曼主張，斯密的「關鍵見解」是經濟合作應該維持「嚴格自願」，必須「沒有外力、沒有脅迫、沒有對自由的侵犯」。然而，海耶克和傅利曼引用的段落都經過精心挑選，在過程中把斯密從一位道德哲學家——不信任商人和企業，相信強大的菁英政府、殖民規範、奴隸制度、公共教育和針對性關稅——轉變成了一位現代企業的自由意志主義辯護者。[1]

不過老實說，要閱讀斯密那本將近一千頁的《國富論》確實是件苦差事，而且他引述的許多語句都使得他像是在提倡完全的自由放任主義。他提出警告，政府「試著指示人民要以何種方式應用他們的資本」是一種愚行。他也批判政府不該干預個人的直接經濟決策：「在人類社會這個巨大的棋盤上，每一枚棋子都有自身的移動原則，與立法機關可能選擇強迫採用的原則完全不同。」此外，儘管他在未來成爲了關稅部長，但他也對稅收帶來的痛苦有所深思：「一個政府向另一個政府學習經驗時，學得最快的就是從人民的口袋裡搜刮錢財的藝術。」斯密認爲，生產和消費必須免受政府的任何阻礙：「消費行爲是所有生產行爲的唯一終點和目的；生產者的利益只應在促進消費者利益的必要範圍內予以關注。」斯密的部分文章段落使他看起來像是徹頭徹尾的自由市場支持者：「〔在沒有貿易限制的狀況下，〕自然自由（natural liberty）這個理所當然又單純的系統會自行建立起來。每個人……都可以全然自由地以自己的方式追逐自己的利益。」[2]

然而，如果我們按照當時的歷史脈絡去解讀斯密針對市場自由所寫的這些引述內容，就會清楚看到他的願景和現代自由市場思想家相去甚遠。《國富論》是一部充滿雄心壯志的作品，旨在調和當時實際存在的農業寡頭和願景中的自我調節的市場，同時應對商業與帝國的崛起。斯密認爲，貿易只會在農業主導的社會中蓬勃發展，在這樣的社會中，擁有大量土地的統治階級菁英能夠限制商人的利益、推廣學習與提倡斯多噶美德。斯密是羅馬道德哲學教授，這個身分很適合協助引導這種西塞羅式的道德復興。

英國與法國之間的持續衝突，打碎了重農主義者對於農業、自由市場與國際和平能捲土重來的希望。這兩個國家都採取了保護性策略，藉此發展國內產業，相互爭奪全球市場的主導地位。十八世紀上半葉，英國的經濟景氣衰退。法國的布料製造業正在蠶食英國經濟。法國緊密控制地中海市場，阻礙了英國與土耳其以及西班牙的貿易。法國也主宰著糖業市場，他們的國家出口總糖量和英國持平，甚或略勝一籌。到了一七四〇年代，法國的海外貿易成長速度是英國的三倍。在一七二〇至一七五〇年代間，法國的出口以每年百分之三至五的速度成長，英國的出口成長率則是百分之一點五。奧地利王位繼承戰爭（War of Austrian Succession，一七四〇年至一七四八年）是英法的全球代理戰爭，將這兩大強權的對抗置於帝國的舞臺上，而七年戰爭（一七五六年至一七六三年）則成爲一場更大規模的全球商業與帝國霸權鬥爭。戰事從歐洲擴及美洲、印度和西非。人們需要達成某種協議來平息紛亂，而許多經濟思想家認爲自由市場就是能帶來和平的解決方案。[3]

斯密是一名學者，他認爲國際學術互動證明了自由交流是一種互惠的模式。在法國與英國軍事上互相對抗的期間，兩國在知識與科學方面的合作仍十分自由。英法兩國的傑出思想家時常進行跨海峽的研究工作，這是源遠流長的傳統，他們在衝突、友誼與學習中共同發展。湯瑪斯・霍布斯在一六三〇年代於法國接受教育，一六四〇年代再次爲了躲避英國內戰初期的政治衝突而逃到法國，並在這裡寫下了《利維坦》（一六五一年）。這樣的交流是雙向的。法國哲學家伏爾泰流亡至倫敦，寫下了有關英國哲學、政治與生活的作品。到了十八世紀中葉，全歐洲與美洲的知識分子都湧入了巴黎的沙龍，哲學家在那裡談論科學、政治、無止盡全球衝突的可能解決方案，以及如何面對市場帶來的挑戰。英法知識交流的悠久傳統對於斯密的自由市場理論來說至關重要。[4]

此外，斯密在社交與知識兩種層面上也很依賴他的導師，蘇格蘭哲學家大衛・休謨；休謨的法國知識淵源和關於自由市場思想的文章，爲斯密鋪設了一條通往《國富論》的道路。休謨的作品是斯密的作品藍圖。自小就是神童的休謨出生在貧困的貴族家庭，擁有愛丁堡大學（University of Edinburgh）的學位，他到法國繼續接受教育以「增進」他的「文學才能」。一七三四年至一七三九年，休謨在羅亞爾河谷（Loire Valley）的安朱（Anjou）就讀弗萊徹耶穌會學院（Jesuit college of

La Flèche），該學校以笛卡兒曾就讀過而聞名。許多當地的耶穌會士曾是傳教士，他們向年輕的休謨講述他們旅行至亞洲與南美洲的故事，聽得津津有味的休謨因此對於各個社會與民族之間的對比深感著迷。他充分利用了學校圖書館中有關希臘哲學、歐陸哲學、法國歷史、道德與經濟思想的廣泛藏書。[5]

休謨在弗萊徹學院寫下了開創性的著作《人類理解論》（*Essay on Human Understanding*），而後在一七三八年返回倫敦後發表此作。休謨的書是啟蒙認識論的基礎——認識論是研究人類如何學習與認識事物的一種學科。休謨認爲，人類可以透過對倫理的瞭解，建立道德的經濟制度與社會。他描述了斯多噶學派與伊比鳩魯學派的希臘哲學家如何對自然運動與行爲建立歷久不衰的原則，並將這些原則拿去和托勒密（Ptolemy）以及哥白尼如何發展出他們對行星運動的理解進行比較。他相信若能把斯多噶主義和天文學結合起來，就能更深入瞭解人類行爲與經濟。這個方法後來對斯密的經濟思想產生了深刻的影響。[6]

休謨是個宗教懷疑論者，他認爲人類的進步並非來自努力去理解上帝，而是來自人類透過觀察去認識與理解自然和社會的能力。他認爲所有未採用理性與科學理解方法的宗教哲學著作都應該要「付諸」於「火焰」。休謨從未宣稱自己是無神論者，但他拒絕接受所有超自然與神蹟的論調。他認爲一切的一切都能用自然和機率來解釋。[7]

以他對歷史的研究爲基礎，休謨主張人類可以透過自由思想、教育、藝術、科學與自由貿易來避免社會陷入失敗。休謨並非透過基督教原罪的視角來看待生命，而是汲取西塞羅、羅馬皇帝馬可·奧理略（Marcus Aurelius）與希臘斯多噶哲學家愛比克泰德（Epictetus）的觀點，爲美德打造出了一種樂觀的願景，此願景以世俗形式的正義與慈善義務爲起點，而遵循這種義務將能走向幸福與繁榮。馬可·奧理略藉由思考「作惡者的觀點」構思了一種達成社會和平的方法。他認爲，要達到社會和平必須調節個人的虛榮心，並培育仁慈的行爲。馬可·奧理略承襲柏拉圖與西塞羅的觀點，主張「藝術與科學」是讓人性更加完美的道路。成功獲得學問的唯一途徑，是透過自由政府和「有禮且博學的社會」，這樣的社會在遇到「暴政」時會成爲公民同胞的堡壘。依循這些古早的斯多噶式方案，休謨希望在理想情況下，英國領導階層能制定完善的法律，來支持道德的、以農爲本的自由貿易。[8]

休謨指出，若要讓自由貿易和商業蓬勃發展，英國就必須克服與法國之間的「對貿易平衡的嫉妒恐懼」。他聲稱這種對法國的「仇恨」是「沒有界限的」，會破壞幸福與繁榮。柯爾貝和孟德斯鳩也抱持同樣的期望。按照休謨的預測，一旦商業社會臻至成熟，自由貿易就會帶來和平與商業財富的種種益處。他從自己在法國的正向經驗出發，指出與其追求對英國有利的貿易平衡或一個沒有奢侈品的世界，不如追求和法國之間的「開放性商業」，這不僅能帶來和諧，也會帶來英法雙方都能獲益的比較優勢。[9]

休謨和斯密寫作的時間都是在一七〇七年《合併法案》（*Act of Union*）簽訂之後的那段期間，英格蘭與蘇格蘭根據此法案合併爲大不列顚。蘇格蘭因爲《合併法案》而進入了英格蘭市場與殖民市場。愛丁堡與格拉斯哥（Glasgow）成爲富裕的帝國貿易城市，取得籌碼可以進行有利的條款與契約協商。休謨與斯密都見證了當時的經濟擴張，也都因此受益。一七四七年，格拉斯哥市經交涉後簽署了一項從法國殖民地進口菸草的壟斷協定。克萊德河（Clyde）變成了菸草與製造業商品的貿易樞紐，蘇格蘭商人在此處的貿易圈交易奴隸，這對五十年前的格拉斯哥人來說是作夢也想不到的。菸草、奴隸、棉花、糖和蘭姆酒使蘇格蘭商人發家致富，使學院和優秀的大學蓬勃發展。蘇格蘭人終於品嘗到了財富的滋味，那滋味令人陶醉又充滿誘惑力。很顯然的，正是這種帝國自由貿易帶來的確鑿承諾與隨之而來的富饒，使得大衛·休謨與其門生亞當斯密支持《合併法案》，也支持自由貿易和帝國的廣闊願景。[10]

亞當斯密就是在這麼一個充滿衝突、經濟擴張和知識野心的時代下步入成年。他於一七二三年出生於蘇格蘭的古老商業製造城鎮克爾卡迪（Kirkaldy），隔著福斯灣（Firth of Forth）與愛丁堡遙遙相望。他的父親（在他兩個月大時去世）是一名律師與海關首長。他的母親來自擁有土地的鄉紳家族，而斯密就讀的是鎮上一所出色的自治學校，他在那裡接受豐富的古典教育，打下扎實的拉丁語基礎。斯密從小聰穎過人，十四歲就進入格拉斯哥大學就讀，他的老師是傑出的道德哲學家法蘭西斯·哈奇森（Francis Hutcheson）。在哈奇森充滿感召力的鼓勵下，斯密開始對當時的啟蒙運動風潮產生了興趣，啟蒙運動重視羅馬倫理、科學、言論自由與洛克的自由思想。一七四〇年，斯密獲得了獎學金，成爲牛津大學貝里歐學院（Balliol

College）的研究生。斯密痛恨這個地方，覺得這裡既墮落又缺乏智識上的挑戰。他靠自己大量廣泛地閱讀，但卻受神經顫抖所苦。他在獎學金耗盡之前，於一七四六年離開了牛津。一七四八年，他開始在愛丁堡大學（University of Edinburgh）授課，一七五〇年，他成爲格拉斯哥大學的教授，教學內容包括古典修辭學、道德哲學、法律與純文學。

斯密的作家生涯始於一七五六年他寫給《愛丁堡評論》（*Edinburgh Review*）的一封信，他在信中抨擊了盧梭關於不平等與同理心的理論。斯密不接受盧梭的觀點：人天生就具有道德素養，這種道德的唯一基礎是憐憫。而身爲斯多噶主義者的斯密則認爲，道德來自教育、社會、財產、後天哲學交流與個人紀律。斯密在批評中指出，盧梭對社會的憤世觀點創造出了一種虛無主義式的「對善惡漠然」。斯密承認商業社會確實有糟糕又貪婪的傾向，但他反駁道，要解決這個問題就需要那些擁有土地、富裕、守法、受過教育、理性、充滿善意又「富有同情心」的人來做公民的領導人。斯密指出，若不這麼做的話，世界將陷入戰爭與「絕望」中。[11]

一七五九年，斯密出版了《道德情感論》（*Theory of Moral Sentiments*），在書中提出了他的核心思想：人可以透過斯多噶式的道德哲學建立道德的社會。在霍布斯和盧梭的描述中，情緒的根源是與生俱來且野蠻的，斯密則不同，他依循的是斯多噶派的理想，認爲道德情緒是可以培養的，而我們可以藉此創造美好的社會。斯密認爲：「悲痛與憎恨帶來的情緒是苦澀且疼痛的，更加需要同情的治療與安慰。」他撰寫此書的背景是一七五〇年代末的英法衝突期間，他希望能找到一種哲學方法以擺脫戰爭的控制，在他看來，戰爭是人類在道德方面失敗後製造出來的產物。[12]

斯密借鑑自愛比克泰德，提出了一種拒絕貪婪的哲學。若要讓社會與市場能運作良好，有道德的個人就必須控制憤怒與欲望等激烈情緒。最重要的是，永遠都不要「對犯下錯誤的人生氣」。反之，我們必須成爲「無偏見的旁觀者」，讓他們明白自己的錯誤爲何與「如何修正這些錯處」。斯密希望能找到方法引導這種自我控制與客觀公正的個人斯多噶派理想，並將此方法融入他所處的社會中，他想要打造一個更美好的世界。[13]

雖然斯密的行文帶有一種基督教的口吻，但他的作品沒有提及過《聖經》。他使用的語言是絕對的自然神論。他將神描述成「自然的全智創作者」，這個作者創造了人類當作「他在人間的代理人，監督他的弟兄的所作所爲」。斯密也把神稱作「宇宙監督者」。但這位神祇並不是道德判官。取而代之的是，人類必須成爲彼此行爲舉止的道德判官。斯密希望人類可以透過道德、透過牛頓式的因果概念，建立一個自我規範的社會。而後，他在一七七三年的著作《天文學歷史》（*The History of Astronomy*）中寫道：「一連串看不見的物件，連結著兩個按照全世界都很熟悉的順序發生的事件。」在牛頓提出的「系統」中，是一隻「看不見的手」設置了一種理性的、發條式的平衡狀態。[14]

在斯密看來，人類的道德行爲、愛與合作都是槓桿，共同維持社會機制的平衡與恆動。他認爲在勞動分工的機制中，自由、合乎道德、以農業爲重點的貿易是必不可少的一個零件。這種分工機制能有效率地分配具有差異且相互協作的製造業活動與貿易活動，使人們能夠共同努力，和平地創造出財富。斯密把論述導向西塞羅，並寫道，商業「應當是聯繫國與國、人與人的一種友誼團結的紐帶」。斯密的傑出見解是，如果人類和國家能在經濟上彼此合作，就能爲所有人創造財富。[15]

然而，斯密理想中那個仁慈、合作且自我規範的社會是無法單靠自己實現的；這個社會需要領導人與立法者，而對斯密來說，這些人只能是受過教育的富裕貴族地主。斯密很早以前就注意到，鮮少有人能眞正理解治理的法律原則，就連瑕不掩瑜的都很少見。用一種帶有亞里斯多德和西塞羅色彩的觀點，他把理想的立法者描述成受過良好教育、禮貌、仁慈並且只會對法律偏心的人。只有這種人才能實踐公民法律所需的自我約束和「科學精神」。[16]

具有道德良知的貴族政府，將會爲國家帶來著名的路易十四批評家芬乃倫在小說《忒勒馬科斯的冒險》中所描述的那種自由與富裕。斯密主張，法國也許比英國有錢，但法國缺乏成爲商業領導國家的道德社會特質，原因在於法國沒有自由的議會政府能維持「我國公民享有的安全、體面且幸福的境況」。法國的君主制專制且不容異己，在這種缺乏政治與社會美德的國家中，社會無法實現眞正的仁慈。斯密相信，英國從一六八八年的光榮革命後開始實施的菁英代議制政府，是唯一能夠避免「國際戰爭與國內派系鬥爭」並打造一個幸福、闊綽國家的途徑。這也是唯一能成就自由市場的方法。値得注意的是，斯密的理論未能解釋英國爲什麼會和法國交戰將近一個世紀，而且仍然沒有通過自由市場法規。但是，他似乎十分樂觀，覺得英國有道德基礎能做到他熱切相信的這些進步。[17]

▽・▲

我們在檢視亞當斯密的哲學時，絕不能忽略他的個人生活與物質環境，正是他的所處環境使他的第一本書《道德情感論》大獲成功。在休謨的幫助下，斯密悉心建立了有權有勢的朋友網絡，藉此累積財富與推廣他的作品。《道德情感論》在一七五九年首次出版時，休謨和斯密在《愛丁堡評論》的朋友聯絡了斯密的出版商安德魯・米勒（Andrew Millar），確保他將其中幾本書寄給擁有權力與影響力的幾位著名蘇格蘭貴族：王室寵兒暨首相比特伯爵（Earl of Bute）、阿蓋爾公爵（Duke of Argyll）、曼斯菲德勛爵（Lord Mansfield）、塞爾伯恩伯爵（Earl of Shelburne）與查爾斯・湯森（Charles Townshend），也就是巴克勒公爵（Duke of Buccleuch）的繼父。經由休謨優越的人脈關係，《道德情感論》「送到了所有受歡迎人物的手中」。這些權貴之手能夠形塑斯密的職業生涯與社會大眾對其作品的接受度。[18]

一七五九年的夏天，斯密成爲了第一代塞爾伯恩伯爵（Earl of Shelbourne）的小兒子湯瑪斯·費茲莫里斯（Thomas Fitzmaurice）的老師。對斯密來說，這是一段激動人心的時期，他開始教授許多偉大蘇格蘭貴族的兒子。他引導這些晚輩認識古代哲學、法律與羅馬貴族美德。作爲一個長年單身的學者，斯密喜歡奢侈品，也漸漸喜歡上昂貴的服裝。他生活在所謂的英國「寡頭時代」（Age of Oligarchy），當時主導社會的是「獨立的鄉村仕紳」，他們往往是托利黨員（Tories）或保守派的輝格黨員（Whigs），一手掌控著下議院。這些世襲的貴族族長在議會掌握的權力幾乎達到了有史以來的最高峰。儘管斯密曾批評過專斷的社會階級制度，但他成功爬上蘇格蘭地主社會的頂端，對此感到稱心如意。如果他的經濟願景看起來像是爲他的贊助人量身打造的，或許並非偶然。[19]

斯密能被雇用爲年輕的巴克勒公爵的教師和旅伴，有部分原因在於當初致贈的那本《道德情感論》。巴克勒公爵的繼父支付給斯密的教師薪水是每年五百英鎊（在今天超過十萬美元），之後又提供斯密每年三百英鎊的終身津貼。除了這些薪酬之外，巴克勒家族最終還幫助斯密取得海關部長這個能帶來豐厚收入的政府職位。[20]

如往常一般，休謨爲這位門生鋪平了道路，並確保他會在成功之後與老師共享。一七六三年，赫特福德伯爵（Earl of Hertford）招攬休謨擔任英國駐巴黎大使館的祕書，這是一個有利的職位。休謨寫信給斯密，表示這項工作邀約「伴隨著絕佳的前景與期望」。法國在七年戰爭敗北後陷入經濟蕭條。儘管如此，休謨的巴黎社交生活還是非常豐富，他幾乎連「翻開書」的時間都沒有，忙著和其他的知名哲學家往來。斯密在湯森的重金資助下，於一七六四年跟隨休謨的腳步前往歐陸。他曾提及他利用這個機會開始「撰寫一本小書來打發時間」。一般認爲這本書就是《國富論》。[21]

在休謨的引見下，斯密認識了法國最有影響力的幾位經濟思想家，和他們一起討論當時的一些重要觀念。他在日內瓦認識了伏爾泰。而在巴黎，休謨介紹他認識法裔德國無神論哲學家霍爾巴赫男爵保羅—亨利．提利（Paul-Henri Thiry, baron d'Holbach），霍爾巴赫男爵非常歡迎斯密進入他的圈子，魁奈與其他重農主義者也同樣樂見他的到來。彼時歐洲菁英的通用語言是法語，有鑑於斯密是當時少數不會說流利法語的知識分子，他在社交上的成功令人十分驚嘆。他成爲各個重要沙龍的常客，也時常穿上嶄新的巴黎服裝在歌劇院留下瀟灑的身影。這是有史以來第一次，人們可以在歐洲的繁榮城市中找到經濟哲學家的社交團體。斯密覺得和重農主義者相處起來最自在，他從這些人手中拿到了許多手稿，以及他們畢生力作的早期版本。魁奈、杜邦．內穆赫和米拉波都向斯密概述了自己的主要論點：土地是國家財富的唯一泉源。與重農主義者相處時，斯密感覺自己找到了智識上的同道。22

一七六六年，他結束旅行並回到蘇格蘭，一年後，他因爲健康因素不得不搬回克爾卡迪和母親同住。他正是在此時寫下了《國富論》。斯密的謬斯女神就是英國及其殖民帝國，而專制主義的法國站在其對立面，至少在修辭上是如此。斯密的自由市場思想具有鮮明的民族主義和帝國主義色彩。當他談及自由市場時，他談的其實是英國及其殖民地。他相信英國是因爲君主立憲制與《權利法案》才能獲得這些成功，這對於採用不同社會制度與政治體制的各個歐陸國家而言，是不可能實現的。

以「財富來自農業」的老生常談爲開頭，斯密在《國富論》中發展出了屬於他自己的重農經濟學。斯密同意魁奈的觀點，認爲農業勞動是一切財富的泉源，而多餘的農產品是工業能製造出財富的基礎。工業本身不會生產財富，其作用只是廣泛發揮多餘農產品的價值。對斯密來說，魁奈的《經濟表》是「我們這個時代的偉大發現」，原因在於《經濟表》展現出農產品是如何餵養商業，帶來經濟成長與「富饒」。斯密和休謨一樣，認爲農業不應該被課稅，如此一來才能保護農業生產力。他也不認同對工業的投資。在一個健康自然的體系中，即使是非農業的商業與工業利潤，都應該要直接回歸到農業上，因爲「任何同等的資本帶來的生產勞動量，都比不過農民所帶來的」。斯密研究了經濟流動以及經濟要如何實現傳說中的均衡，但他不瞭解的是，創造指數成長財富的唯一途徑不是把資本投資在農業，而是投資在科技與工業。23

斯密深切懷疑工業與私營企業是社會的潛在敵人，指責公司和貿易行會不僅導致壟斷，更導致工人待遇不佳。《國富論》花了可觀的篇幅警告「大公司」和「雇主」會如何侵蝕「工人」的薪資、誠信和勞動力，而「工人」如果直接和「顧客」交易則生產力會更高。斯密認爲企業是寄生於社會的中間人，拉低薪資的罪魁禍首。他說，促進工業發展的不是發明家、公司和投資人，而是各個勞工本身。他認爲如果勞工能擺脫公司，就會導致薪水整體上漲和社會進步。[24]

斯密引用魁奈的話，堅稱商人和製造商在經濟上是「不結果實的」，他主張：「工匠和製造商付出的勞力，永遠都不會使土地原始產品的整體年產量之價值出現任何增加。」商業階級的成員只有把資本重新投資於農業，才能夠「提高社會的收入與財富」。對斯密來說，唯有讓農業領域更加富有，才能使商業擴張、工業成長，甚至能使「勤勞的窮人」及其家人的薪水足以供應「有益健康」的飲食、合用的衣物和舒適的居所。基於這些理由，斯密提出，如果社會能賦予農業生產自由，任由地主主導社會，那麼此一制度將會創造出一個充滿仁慈美德的社會，這個社會中有一隻「看不見的手」，把商業帶入農業的道德柵欄之內。[25]

斯密在他的著作中三度使用「看不見的手」這個比喻：一次在《道德情感論》中、一次在《天文學歷史》中，一次在《國富論》中。他每次使用此比喻的方法都相當模稜兩可，甚至帶有批判意味，這使得歷史學家艾瑪．羅斯柴爾德（Emma Rothschild）假定他是「諷刺性」地使用這個隱喻。斯密不喜歡「系統能像移動棋子一樣移動人類」這樣的情況。相對的，他認爲人類會在社會中自行移動，而道德可以幫助他們採取對集體有益的舉措。然而斯密也認爲，若放任商人自行其是的話，他們並不會做出符合道德良知的經濟決定。他認定商人很自私，就算有某個商人做了一件好事，那也是因爲「有一隻看不見的手推動了這個事件，而非出自商人的意圖」。這隻「看不見的手」就是社會，它會拉著商人遠離本能的貪婪，而引導這隻手的是我們完全看得見的地主統治菁英，他們藉由精心打造的稅收制度來支持重農抑工，讓大自然獲得自由並爲國家創造財富。唯有與農耕密切相關的農民和勞動者不需要社會道德來推他一把；在農業生產中，他們已經依據勞動分工在工作了，這種勞動分工並非來自智識，而是來自一種斯密認爲是與生俱來的事物：對效益主義交換行爲的「人性傾向」。社會中的領導者必須透過政治支持農業領域，從而創造出經濟平衡。斯密表示，透過這種方式，他們得以效法西塞羅式的羅馬美德。[26]

社會領袖必須確保商人無法控制政治。如果商人控制了政治，他們將會建立壟斷，並破壞市場。斯密認爲柯爾貝犯的錯誤是給予商人和企業家太多權力。斯密錯認爲是商人的影響力導致柯爾貝通過了太多政府法規，更過分的是，柯爾貝甚至因此高估了「城鎮工業」又低估了農業。斯密是第一個使用「重商制度」（mercantile system）一詞的人，他在此指的是由商人管理並且爲商人牟取利益的政府。斯密堅持認爲，商人階級的壟斷傾向對市場的道德與自由構成了最大的危險，因此國家必須進行反制。政府角色該做的就是解放大自然，和阻止商人具有破壞性與壟斷傾向的行爲，讓道德的市場把商人拉回到農場這個財富之源。[27]

然而，就算在斯密提出了這麼多批判之後，他的觀點還是與柯爾貝有諸多共通之處，他讚揚柯爾貝的「傑出能力」和「誠實正直」。斯密的學說並不反對如今和柯爾貝以及重商主義連結在一起的經濟民族主義，而他在《國富論》中某些章節裡的論述簡直就像是柯爾貝說的，在他描述如何建立帝國貿易區時尤其如此。斯密解釋，看不見的手的部分任務是引導商人去支持「本國」而非「國外工業」，進而產生「最大價值」。他大加稱讚一六五一年通過的保護主義性質《航海法》，認爲此法規「或許是英格蘭所有商業法規中最明智的一項」，因爲《航海法》的目的是防止外國商人損害英國貿易，並推動國內與帝國市場的擴張。[28]

按照現代的標準來看，斯密所讚揚的英國社會並不是什麼自由主義的天堂。十八世紀的貴族對生活在他們土地上的人們仍保有強制性的封建權力。他們控制了法官、警察、民兵、領地中的所有公共生活與大多數私人生活。而國家也並不友善：這是個「強徵隊」（press gang）四處橫行的時代，軍隊從路上抓走貧窮的男孩與男人，未經同意就徵召他們進入海軍生涯。一七二三年，英國制定了《血腥法典》（*Bloody Code*），列舉了兩百種可予以判處死刑的罪行，包括偷羊、偷兔子與未經許可砍樹。絞刑官的繩索逼近人們眼前，罪犯常常被烙上鐵印。斯密並不是盧梭。他不打算改變英國。但他確實希望增加國家財富能帶來適度的社會進步。他所謂的進步指的是工人能達到合宜的生活水準，讓他們一家人都有足夠的食物、像樣的居所、溫暖的衣物。[29]

英國社會的看不見的手，得負責將英國的文明力量帶到殖民地，這意謂著要教育殖民地的人口，他們因為距離大都市很遙遠，需要花時間才能發展為成熟的商業社會。斯密以美洲為例，說明商人之所以不適合執政，是因為他們在決策過程中只會考慮自身利益。斯密並沒有提到是約翰．洛克自己創造出馬里蘭州的菸草壟斷的，只是抱怨商人「出於怪異的荒謬想法」，認爲「君主的特質」只不過是貿易與商人利益的「附屬品」，一心只想要排除競爭對手。對於先進商業社會尚未完全形成的地方，一個洛克的菁英式開明政府，必須先透過文明的影響力介入，將自然之手引導向適當的位置。斯密寫作的時候正值美國獨立戰爭（American War of Independence，一七七五年至一七八三年），雖然他反對美國殖民地脫離大英帝國，但若這件事眞的發生了，他希望兩國能結成自由貿易聯盟。但新生的美利堅合眾國做的決定卻正好相反，美國在一七八三年對所有外國商品徵收關稅，以保護正在發展中的脆弱經濟。[30]

斯密相信社會進步的階段性，也相信英國的洛克式農業契約社會，所以他熱切地支持殖民征服與奴隸制。因大英帝國將會把農業社會帶到「獵人與漁民的野蠻國度」，讓這些獵人與漁民可以創造出盈餘，朝著商業社會的文明化「便利」而進步。此外，斯密也相信更好的法律有可能改善奴隸制度。斯密顯然對法國殖民地普遍實施的刑求、強暴和肢解等行爲毫不知情，他不知爲何認爲法國奴隸制度是一種「溫和的手段」，使受奴役者更加忠誠、更有生產力，還能增進他們的「智識」，使他們把自己的利益與主人的利益連結在一起，並逐漸進步成爲「自由的僕人」。斯密看待自由的觀點如同他看待經濟：兩者都是進步的連續體中的一部分。雖然看不見的手也爲奴隸而運作，但先決條件是這些奴隸必須演化到斯密所認定的更高道德程度與社會層次。[31]

斯密認爲奴隸制度沒有根本性問題，忽略了重農主義者其實反對限制人類，他也同樣忽視了第一次工業革命的經濟潛力，而當時那場革命就在他眼前改變了整個世界。他認識工業蒸氣引擎的發明者詹姆士・瓦特（James Watt），還幫助他在格拉斯哥大學找到一個可以當作實驗室的地點。然而，沒有任何證據顯示斯密瞭解工業化紡織與工廠的眞正經濟意義，他甚至可能根本不瞭解瓦特的蒸氣引擎具有何種革命性的力量。[32]

像瓦特這樣的先驅工業發明家很清楚，財富源自於附加價值、創新的製造業與工業，而非源自農業。一七七五年，馬修・博爾頓（Matthew Boulton）和瓦特成立了引擎製造公司，到了一七八一年，他們開始在英國中部地區建造大規模工業紡紗廠。這件事發生時，斯密還活得很健康，正在收稅。英國經濟因爲創造力、自然科學、企業創造、工業、煤礦，以及親工業與親殖民的政府政策而取得優勢。斯密會分別在一七七八年、一七八四年、一七八六年與一七八九年重新編輯並出版《國富論》，他修改了有關斯多噶主義和其他關鍵主題的段落，但隻字未提這些年來發生的科技進步和勞動力改變。他的行爲就像是在二〇〇〇年於舊金山寫下一本有關經濟學的書，卻不去提及科技和軟體創造財富的能力。無論如何，在歷史的另一個偉大而發人深省的反諷中，這位寫下了最具影響力的自由市場經濟書籍的作者，把他的晚年耗費在重新撰寫有關羅馬道德與經濟自由的歷史，以領取高薪的國家官僚身分度過餘生。他的身分也就是一名與高層關係良好的稅吏。[33]

▽•▲

從現代的角度看來，斯密的思想顯得很矛盾。他所設想的是一個由道德和交易爲基礎的市場。這是一種柯爾貝式的思想，希望靠著保護主義與帝國來幫助國內發展，讓投資資本留在國內。這也是一種重農主義思想，將農業視爲財富的動力。現代經濟學家往往把斯密描繪成社會自由意志主義者，但是事實恰恰相反，斯密支持擁有財產的寡頭統治一個洛克式的、受限的、代議的政府，且他認爲此政府能在特定狀況下糾正商人的自私傾向。[34]

斯密在促進初生經濟科學方面帶來很大的幫助。他理解在商業化的製造業社會中，勞動的分工——或者該說是專業產業的合作——的重要性。他體認到政府立法的關鍵作用在於阻止壟斷，藉此保證自由競爭並提高工資。他預見了凱因斯式經濟刺激的到來，也就是富人會在經濟困難期間消費以維持就業。他也相信某種形式的一般均衡理論，根據此理論，農業勞動、供給和需求、代議制政府與具有道德良知的社會，應該能維持一個運作良好的市場和定價系統，無需太多政府干預，也無需侵犯個人財產和消費者權利。[35]

到頭來，斯密的核心專案其實是爲了新商業時代重新塑造古代道德。一旦地主能擺脫設計不良的稅收制度和其他經濟「禁令」，自由農業貿易就會繼續爲英國帶來富庶、秩序與仁慈。同時也會帶來和平。正如西塞羅曾保證過的，以及斯密在《道德情感論》中解釋過的，自由與農業將帶來健康的友誼。斯密堅持認爲，商業不需要成爲敵意與不和諧的來源，而是可以成爲個人之間與國家之間「結盟與友誼的紐帶」。36

更重要的是，斯密解決了伊甸園的古老道德問題，正是這個問題促使安博、奧古斯丁和聖方濟各推動如此高強度的宗教緊縮與物質撙節。在基督教傳統中，人是一種墮落的造物，唯一能使自己進步的方法就是尋求基督的救贖。斯密發現了一個新穎的方法能繞過原罪，也繞過盧梭對人類與公民社會提出的奧古斯丁式、喀爾文主義式悲觀看法。亞當和夏娃犯的錯是打破了伊甸園的規則。此一行爲導致他們遭受驅逐，在墮落的人類世界中成爲全人類的祖先。斯密樂觀地認爲，人類可以藉由斯多噶式道德與優秀的政府，回歸到接近世俗農業天堂的狀態。只要人類願意擁抱自然，那麼即使是商業行爲也可以符合倫理道德，並成爲人類世俗進步的一部分。上帝，或者說自然（取決於個人的神學觀點，斯密從未清楚透露過他自己的看法），希望人類實現這種地上的富庶與進步。休謨、斯密和其他許許多多啟蒙運動中首屈一指的思想家，都把進步視爲自然過程的一部分，只待人類的自由、教育、科學、仁慈之情、農業和商業去實現。在斯密的哲學中，人類會自然而然地從進步中受益，且正如伏爾泰說的，人類可以藉此創造「所有可能世界中最好的世界」。37

在斯密的晚年，他對工業崛起帶來的成就與挑戰一語未發。馬修・博爾頓、詹姆士・瓦特、約書亞・瑋緻活（Josiah Wedgwood）和其他發明家在當時都已經成爲極其富有的實業家了，這證明了通往未來財富的路徑就是工業。然而，儘管工業爲許多人創造了不可估量的財富，同時也爲其他人創造出了可怕的工作和生活環境。船隻和薪水並沒有隨著商業社會與市場自由的浪潮一起均衡上漲。從某些方面來說，斯密對工業的擔憂成眞了。就連瓦特和瑋緻活也開始意識到，工業汙染會對他們的工人、他們自己與所有人的家人造成致命的傷害。

除此之外，這些龐大的新財富與驚人的經濟發展也帶來了其他挑戰。財富與發展並沒有帶來和平與農業烏托邦。到了一七七〇年代末期與一七八〇年代，英國已經成爲全球最富有、工業化程度最高的國家，在世界舞臺上掌握了最大的帝國權力。然而，英國仍就北美獨立與印度洋的殖民統治權繼續和法國爭鬥不休。本應透過「溫和商業」達成的世界和平並未成眞。儘管如此，斯密留下的遺產就是商業社會能在未來變得充滿道德與良善的一份希望，此願望至今仍是許多經濟思想的核心。這種新的世俗市場理想將對維多利亞時代的英國產生巨大的影響。對於一個在貿易、工業和創新方面即將衛冕近八十年、享有超越所有對手之優勢的國家來說，「潛在的財富可以任人開採」的自由市場信念是非常有吸引力的。

令人不可置信的是，英國在世界上的主宰地位竟然把斯密轉變成了製造業與公司行號的支持者。最重要的是，英國將會把自由市場思想應用在他們的工業與帝國霸權時代。問題在於，這個由斯密打造了其中一部分的自由市場思想，成爲了經濟勝利者和「全球代理人」專屬的哲學。因此，就算是那些願意全心接納自由市場的思想家，也仍在尋找一種方法，使他們的理念適用於那些並非自然而然獲得財富的人。

CHAPTER

14 自由市場帝國

你們認為保護政策如何能增加一個國家的財富？你們能否透過立法使國家的財富增加任何一文？你們或許可以透過立法，在一夜之間摧毀一世紀的勞動帶來的成果和累積；但在我看來，你們不可能透過本院的立法，為國家財富增加任何一文。財富來自勤奮與智慧，你們無法找到比任其自行發展更好的方法。

——理查．科布登（Richard Cobden），《下議院演講》（*Speech to the House of Commons*），一八四六年

十九世紀，自由市場思想出現了根本性的變化。自由思想運動中最有影響力的

部分都集中在英國及其工業。自由市場理論家認爲，如果政府取消了針對製造業的關稅和管制，國家將會興盛起來。這種方法將提高生活水準，創造一個以製造業與消費主義爲基礎的市場均衡。但工業時代的經濟理論家面臨著一個由來已久的問題：國家始終在維持市場均衡方面發揮著重要作用。

▽•▲

亞當斯密是十八世紀末與十九世紀初最重要的市場思想家，他的思想繼承者是傑瑞米・邊沁（Jeremy Bentham）、托馬斯・馬爾薩斯（Thomas Malthus）和大衛・李嘉圖。這三位學者都在和一個能夠自我延續且創造財富的市場概念搏鬥，一方面將這個構想建立在斯密對勞動與價値的願景上，一方面尋求修正、甚至駁斥斯密的許多觀點。同時，他們也試圖針對道德與經濟設計出自己版本的斯密式「宏大動力學」。但那個時代的政治情緒已經出現了變化，追隨斯密哲學的人很難繼續維持斯密的樂觀態度，認爲市場能帶來幸福的結果。[1]

邊沁是英國法學家與改革家，也是效益主義哲學的創始人，他或許是斯密的思想繼承者之中最樂觀的一個，他認爲人類的情感推動著經濟活動，盡可能爲最多人帶來幸福。邊沁採用了希臘伊比鳩魯哲學的信念，即追求幸福是一種有道德的善意行爲。根據邊沁的「幸福計算法」（felicific calculus）概念，人類會依據在他們製造的快樂和痛苦之間達成的平衡，來選擇他們的行爲。邊沁的《道德與立法原理》（*Principles of Morals and Legislation*，一七八一年）解釋了快樂與痛苦的感覺決定了哪些事物對社會來說最有用。在邊沁的理想世界中，一個人愈富有，財富增加爲這個人帶來的快樂就愈少，這使得人們變得愈發重視更高的智識成就與社會進步所帶來的快樂。根據他的計算，獲得財富帶來的樂趣消減時，便會自然而然地抑制貪婪，因此財富創造者會追求把錢投資回社區所帶來的道德回報。[2]

邊沁認爲，個人的欲望和自由會驅動經濟，並帶來經濟與社會這兩方面的進步。他是個人自由最早的倡導者之一，也捍衛女性權利、同性戀自由與非常規性別。然而，他的幸福計算法有時會需要政府進行修補，才能保持經濟平穩運行。邊沁堅信，當這個由快樂與痛苦所驅動的市場沒能導致好的結果時，政府就必須進行干預。舉例來說，政府應該要透過改革監獄、改善公立學校和禁止移民來促進社會大眾的福祉和幸福。此外，政府也應該資助有生產力的移民工作者、依據需要擴建城市，並確保醫療服務的供給。[3]

並不是所有人都用邊沁這種相對樂觀的視角看待市場。隨著法國大革命轉爲暴力行動，和緊接而來的全球拿破崙戰爭（Napoleonic Wars），有些經濟思想家對於自由市場帶來幸福結局的能力表示悲觀。不苟言笑但才華洋溢的劍橋大學教師托馬斯·馬爾薩斯與重農主義者以及斯密相反，馬爾薩斯相信市場的力量，同時也警告其危險性。馬爾薩斯是聖公會的神職人員，他眼中的人類因爲原罪而具有缺陷，因此他拒絕接納啟蒙主義所相信的人類進步的自然系統，也拒絕接納所謂由個人選擇的美德。他雖然同意其他經濟學家的觀點，認爲人類的欲望推動了市場體制，但並不認爲這種推動是一種進步。對馬爾薩斯來說，欲望推動著市場，也將會摧毀這個世界。他不像斯密一樣認爲勞動者可望成爲得體之士，而將勞動者視爲一群飢餓且無望的恐怖存在，只會受到性慾這類動物本能的驅使。他早期的著作採用了斯密對於自我延續系統的構想，但賦予這個系統一個嶄新的、更具威嚇性的描述：人類是原始的罪人，與生俱來的欲望致使人類以破壞平衡的方式繁衍。過剩的人口最終會耗盡地球上的所有富饒資源，人類會脫離自然的均衡機制，自己將自己消滅。

馬爾薩斯的人口過剩理論是建立在舊的重農主義和較近期的斯密經濟概念之上，即所有財富都來自農業，且市場是由情緒驅動的，但馬爾薩斯同時也拒絕了他們的另一個觀點：財富可以爲人類創造出恆久的富裕生活與仁慈之情。馬爾薩斯相信的是財富的增加將會引發一種指數型成長的人口爆炸，這種「成長速率」很快就會使人口超越地球資源能承載的數量。在《國富論》中，斯密亦提出了類似的主張，他說：「每種動物都會自然按照其生存條件成比例地繁殖。」雖然斯密認爲增加財富會爲貧困的工人帶來更好的生活條件——例如更好的衣物與食物——但同時他也擔心他們的生育率。身爲單身學者的斯密指出：「住在蘇格蘭高地（Highland）且時常吃不飽的女人往往會生養二十多個孩子，而嬌生慣養的高雅淑女則經常連一個孩子都無法生養。」[4]

斯密當然不是生育議題的專家，而馬爾薩斯對於工業經濟中更大人口規模的生產潛力所知甚少。儘管如此，馬爾薩斯仍舊附和了斯密對於窮人生育能力的擔憂，他認爲濟貧法和慈善事業對「稍微減輕個體的不幸程度」毫無用處。馬爾薩斯預見了維多利亞時代工人階級會遇到的駭人苦難，但他完全忽視了創新與工業提高生活水準的可能性，他預測城市的大量貧窮人口將受到疾病與苦難的折磨。致命的流行病將會導致饑荒，饑荒是「自然界最可怕的終極資源」，唯有這種最終的、令人不忍卒睹的市場轉折，能夠淘汰與削減人口，並予以控制。就像重農主義的義大利批評者加利亞尼一樣，馬爾薩斯警告社會大眾大自然是殘酷的。他抨擊斯密對「人類的可完美性」與善良本性的信念，並反駁道，在這個充滿不確定的殘酷世界中，只有基督教的信仰才能帶來救贖的希望。到了晚年，他開始相信世俗法規可能在抑制人類衝動方面發揮作用，並認爲政府實施的人口限制能增加經濟與社會的穩定性。5

在斯密的早期追隨者中最具影響力的大衛．李嘉圖呼應了斯密對自我調節之自然市場系統的信念。他和斯密一樣，認爲農業是所有財富的基礎。雖然自由市場理論者的背景非常廣泛，從天主教徒到新教徒、從自然神論者到無神論者皆有之，李嘉圖是第一位較著名的猶太血統自由市場經濟學家。不過他後來棄絕了猶太教，在一七九三年，他於二十一歲時與一名貴格教徒結婚，歸信了一位論（Unitarian）的基督自然神論教派。這讓他與斯密的信念又更近了一步。他很早就對自由市場思想產生了興趣，並與邊沁和馬爾薩斯有書信往來。李嘉圖設計了一場操縱主權債券市場的詐欺騙局，並因此致富。那是在一八一五年，他收到了可靠的資訊指出拿破崙即將輸掉百日統治（Hundred Days）的最後一場戰爭，於是李嘉圖散播了相反的謠言——拿破崙快打贏了——導致許多英國的債券持有人開始拋售。他在債務市場崩盤時買下了所有債券，等到英國最終戰勝了拿破崙後，他靠著那些因謠言賣掉債券的倒楣投資人大賺了一筆。

他在發家致富後確立了自己的鄉紳地位，並繼續撰寫經濟哲學相關著作，主要著眼於如何提高農業生產力。他成了蓋特科姆公園（Gatcombe Park）的擁有者、格洛斯特夏郡（Gloucestershire）的高級治安官，並當選爲國會議員。身在地主和貴族的地位上，他矛盾地爲了降低農產品價格而和地主利益相對抗，認爲這麼做能爲最多的人爭取到最大的利益。

十九世紀初，李嘉圖形塑與捍衛著斯密遺留下來的建樹，堅持認爲財富來自農業。不過他跟斯密不同的地方在於，他認爲財富是有限的。在《論政治經濟與賦稅原則》（*On the Principles of Political Economy and Taxation*，一八〇九年）一書中，他發展出了地租法則（Law of Rent），此法則的基礎概念是土壤的肥沃決定了勞動的價值。他認爲定價與薪水會隨著土地的生產能力而起伏，而需求不會帶來任何影響。李嘉圖在馬爾薩斯的影響下，發展出了工資鐵律（Iron Law of Wages），根據該定律的描述，窮人的收入總是會持續下降到可維生的最低水準。一旦農場工人得到報酬，他們就會生下更多孩子，這只會使他們變得更加貧困，抵銷任何工資增長。唯一能夠大幅提升工資的方式就是解放國際穀物市場以創造競爭，如此一來，英國的土地擁有者就會投資農場，推高生產率與工資，也可能一併提高生活水準。然而，李嘉圖警告如果土地擁有者是靠著固定的總資本來支付工人高薪，他們以後就沒有錢重新投資農場了，這將會再次壓低工資。[6]

若說李嘉圖對薪資的態度是悲觀的，那麼他在另一方面則樂觀地認爲，對於在經濟方面占主導地位的英國來說，自由貿易能夠壓低價格、創造更多商業並提高生活水準。考慮到英國在世界經濟中的主導地位，李嘉圖說的沒錯：英國將會在開放的經濟競爭中獲勝。另外，他也提倡比較優勢（comparative advantage）這個較古老的觀念，這是一種勞動分工，指的是每個國家都要生產和銷售另一個國家未生產和銷售的事物，藉此提高國家生產力、拓展市場，或許還能改善生活條件。在李嘉圖看來，自由全球貿易會使世界更加富裕，每個受到允許的人都能從中受益。[7]

斯密和李嘉圖提出的例子之中，都包含了英葡貿易和一七〇三年的梅休因條約（Methuen Treaty），儘管英國與葡萄牙的經濟能力不同，雙方都因爲此條約受益。斯密認爲，就算貿易對於其中一國來說比較有利，另一國則否，這樣的貿易仍會因爲競爭加劇而導致社會推動潛在的財富創造。在斯密和李嘉圖的思想中，若英葡兩國能完全開放市場，能夠幫助葡萄牙的葡萄酒業（絕大部分都是由英國港口的製造商所有）和英國的布料產業，當然也會對兩國的整體經濟有幫助。然而，他們的說法聽起來頭頭是道，做起來卻不是那麼一回事。大量較便宜、品質較高的英國商品湧進了葡萄牙，使葡萄牙的經濟陷入掙扎，這種狀況下，葡萄牙是不可能將國內工業發展到足以和英國競爭的。如今人們普遍認爲，這種不對稱的交易必定會使英國獲得競爭優勢，同時嚴重破壞葡萄牙的工業發展。無論如何，李嘉圖都是爲了英國與其持續的經濟優勢地位而建立這套經濟理論的。[8]

到了十九世紀初，英國無庸置疑成爲了世界工廠——在工業與殖民方面首屈一指的國家。同時英國也是穀物的主要生產國。李嘉圖身爲議員的偉大計畫就是支持自由貿易。他支持廢除穀物法，也就是一八一五年拿破崙戰爭結束時設立的保護主義穀類關稅，當時設立關稅的目的是保護英國地主不受定價更便宜的外國穀物影響。李嘉圖借鑑了斯密對於自由貿易自我調節本質的牛頓式信念，主張土地擁有者只不過是利用關稅來創造國家對穀物的壟斷，並推高價格。儘管李嘉圖沒來得及親眼目睹，但後來在實業家理查·科布登的帶領之下，反穀物法聯盟（Anti-Corn Law League）的自由放任提倡者施加壓力，使英國的穀物法於一八四六年遭到廢除，科布登是來自製造業中心——曼徹斯特的企業家與國會議員，他代表了歷史學家稱作「自由貿易國度」的英國時代之起始。[9]

穀物法的終結不僅是自由英國的開始，更標誌了自由市場政治神話的開端。在「普遍適用市場法則」的這面大旗之下，人們在推動自由貿易的過程中犧牲了英國的農業菁英階層——斯密非常珍惜的一群人——並藉此使製造業獲益，這些製造業者需要更便宜的外國穀物，才能壓低工人的麵包價格。自由派的親製造業輝格黨以自由市場思想及其令人嚮往的特質作爲中心，成功建立了一套經濟敘事。輝格黨政治家大聲讚揚反穀物法聯盟的成功，視爲普通人贏過了貪腐與貴族的一場勝利。然而，這場成功也代表了維多利亞社會的秩序與財富正在興起。[10]

即使在世界市場占據了主導地位，英國仍必須面對貧困與財富不均的棘手問題。正如馬爾薩斯所警告的那樣，任由市場自生自滅是無法解決這些問題的。經濟與政治哲學家約翰．史都華．彌爾（John Stuart Mill）認爲，自由貿易是一把雙面刃，我們在歡慶自由貿易的自由面時，也必須承認它並沒有爲窮人帶來更好的生活水準。從許多方面來說，彌爾都是最能代表十九世紀早期自由市場思想內部矛盾的思想家——他相信自由市場的生產能力，同時也承認國家需要爲了打造出更公正的經濟系統而進行社會改革，並在兩者間達到平衡。

彌爾出生於一八〇六年，由他的父親扶養長大，他的父親是邊沁效益主義教義的追隨者，而彌爾則在長大後成爲了政治經濟學家。這裡又出現了另一個充滿諷刺意味的經濟史片段，偉大的自由思想家彌爾曾爲國家壟斷的東印度公司工作，直到公司私有化，而他遭到解雇，且在這之後他也從沒有停止過為這間公司和帝國主義辯護。彌爾追隨斯密的理論，他相信自由市場會帶來財富與社會進步。在他的設想中，國際貿易的運作方式就是一套自我調節的系統，能夠壓低英國的價格，並推高生產量、資本財富與發展。這個系統會產出「多餘」的商品，再加上低價的進口商品，必定會改善社會與經濟條件。彌爾寫道：「自由放任主義」應該成為「普遍做法」；那些背離自由放任主義的行為都是「某種邪惡之舉」。[11]

然而，彌爾也在斯密的進步系統與李嘉圖對市場的信心之上加了一道警示。彌爾避開了斯密對於自然神論、創造財富的「宇宙監督者」的信仰，他轉而將信仰寄託在西塞羅式與洛克式的民主政治上。最好的政府不會出現在寡頭之中，而是會出現在普通公民中，這些公民受過義務教育，將會成為具有道德良知的立法者。彌爾接受了馬爾薩斯的主張，認為經濟雖然能夠機械式地運作，但終究有其自然極限，並不是所有人都能因此繁榮。彌爾相信工人和投資資本家能共同創造價值，但他也預言了工業會出現邊際效用的遞減，堅稱製成品數量的增加會壓低價格和平均工資，最後就會如同馬爾薩斯所預測的那樣，導致「勞動報酬」降低。[12]

彌爾和斯密同樣天眞地認爲存在一個市場上限，當富有的人累積到了足夠的錢財，他們就會滿足。一旦上層階級的生活水準夠高了，他們就會放棄賺錢，自然而然地轉向休閒活動和追求學問。這將導致一種經濟的「恆定狀態」，能夠產出規則且持續的財富流。到了這個時候，國家就必須實施「社會主義」改革，幫助那些陷入馬爾薩斯工資陷阱的窮人與「勞動者」。[13]

彌爾還認爲，資本擁有者、勞動者及其工會之間的競爭有助於改善社會。理想上來說，國家應該幫助勞動者取得財產，使他們擺脫貧困，進入一個道德的、效益主義的擁有和競爭的狀態。彌爾混合了洛克對財產的信念、斯密的自然神論樂觀主義、邊沁的效益主義和馬爾薩斯的奧古斯丁式悲觀，抵達了社會民主主義的大門之前。[14]

彌爾在一八六九年寫下了《論社會主義諸篇》（*Chapters on Socialism*），距離查爾斯・達爾文出版《物種起源》（*The Origin of Species*，一八五九年）正好十年。達爾文透過商業的視角思考生物學，他的演化理論將會對自由市場思想留下深遠影響。根據他的理論，演化看起來就像是把斯密的理想主義進步觀點結合馬爾薩斯認爲自然會剔除弱者的想法，形成了某種積極的、超出道德範疇的演化方式。雖然達爾文在《人類的由來及性選擇》（*The Descent of Man, and Selection in Relation to Sex*，一八七一年）引用了馬爾薩斯「令人永遠難忘」的著作，但達爾文與馬爾薩斯的基督教道德觀完全切割。達爾文不再受《舊約聖經》的創世紀故事所限制，他眼中的大自然只會按照自然本身的無情邏輯運作。在自然選擇（natural selection，又稱天擇或物競天擇）中，既沒有高尚的西塞羅觀點，也沒有基督教倫理的存在，只有適者才能生存與繁衍。[15]

達爾文的自然選擇論爲同一時代的卡爾．馬克思提供了哲學參考資料，馬克思是名德國記者，也是革命性的共產經濟的發明者。馬克思研究了斯密和李嘉圖的「古典經濟學」，他認爲斯密的多數想法都是錯的，卻也認同斯密的地租論在理論上來說有部分是正確的。雖然馬克思是無神論者，但他同意斯密認爲經濟學可以發展成自我延續的系統之觀點。不過，馬克思也延續了馬爾薩斯的想法，認爲市場會向消極的方向前進。馬克思指責道，斯密簡直是在歷史的眞空中形塑了有關勞動分工與資本的理論，且他竟然還認爲是仁慈的自然上帝推動了人類進步和經濟，這根本就是一套「幼稚的錯誤觀念」。斯密認爲資本是存在於大自然中的「自然」要素，甚至連彌爾也認爲勞工階級的貧困是市場機制與生俱來的特質，而馬克思則認爲所有這些經濟現象，其實是社會權力不平等所帶來的歷史產物。按照馬克思的看法，資本擁有者會使用股票、勞動分工和機械等工具，去竊取勞工階級的剩餘勞動量。市場機制不會創造出財富，這個系統單純只是資產階級爲了欺騙無產階級而設置的。馬克思認爲，當面對這種權力差異，彌爾的社會改革理論一無是處。想要改變市場與歷史的軌跡只有一個方法，那就是無產階級革命。16

馬克思不是唯一一個抨擊資本主義與自由市場的人。外國的批評者逐一出現，他們認爲英國的自由市場政策是爲了進一步增加自己的競爭優勢，並破壞國際競爭。十九世紀末成長得最快的那些國家——美國、普魯士和日本——都拒絕接受全面的自由市場做法，他們轉而採用來自十七世紀英國與柯爾貝主義發展策略。美國的第一位財政部長是亞歷山大．漢米爾頓（Alexander Hamilton），他制定的經濟政策十分接近柯爾貝的市場建構模型；美國將會在之後的一個多世紀按照此路線前進，不斷抵制自由放任經濟，直到一九三〇年代爲止。這個新興的商業共和國接納的政策，與李嘉圖所說的競爭優勢與自由貿易徹底相反。美國經濟的基礎是保護主義、增加國內回報，仰賴著移民、奴隸制度與國家引導的進步，美國的狀況完全顛覆了英國的自由放任主義法則。[17]

漢米爾頓十分欽佩柯爾貝成功把處處都是鄉村的法國轉變成一個擁有集中稅收、統一度量衡和國家補貼交通道路的工業強權。他寫道，法國如今發展繁榮，從農業轉移到了製造業，這都是因爲「偉大的柯爾貝所具有的能力與他堅持不懈的努力」。漢米爾頓的個性大膽，甚至有些魯莽，他是一位精明幹練的政府管理者，對美國這個年輕國家懷抱著清晰的經濟願景。他認爲，如果美國向極度發達的法國和英國開放市場，將會被廉價貨品給淹沒，導致國內的製造業基礎就此崩塌。執行自由放任主義是絕對不可能的，因爲美國的鉅額債務與力乏兵衰的海軍，將他們置於一個脆弱的位置。相反地，這個新國家必須像十七世紀初的英國一樣，引導相對原始的經濟逐步發展。[18]

漢米爾頓堅信，共和體制必須由強大的政府來建立。他認爲國家應該要由多位握有重權的首長來管理，「就像法國的那些首長一樣」——正如他後來在《聯邦黨人文集》（*Federalist Papers*）第三十五篇中堅持的——這些人應該各自專精不同的領域，像是金融。一七九一年，漢米爾頓在「致國會之製造業報告」（Report to the Congress on the Subject of Manufactures）中堅稱，處於起步階段的國家政府必須把焦點放在發展工業上，而非農業。雖然農業是生活中不可或缺的，但農業其實不如重農主義者、休謨和斯密所說的是創造財富的基礎。事實上，漢米爾頓深深認爲這個概念必須在公眾面前接受挑戰，並由此明確聲明，眞正使得英國獲得「大幅進步」的是工業的「棉花紡織廠」，而不是農耕。[19]

漢米爾頓依循柯爾貝的觀點，認爲政府必須保護國家市場，吸引有才能的人透過移民來到國內打造初創產業。且政府還要爲投資人提供「誘因」。作爲一個自給自足的信奉者，漢米爾頓得出結論，由於美國獨立戰爭期間在「自我供給」的方面「極度難堪」，所以美國在開放市場之前必須先「促進製造業」。

美國在亨利・克萊（Henry Clay）的支持與保護下，依循著這套初創的工業發展模式。克萊是強大的參議員暨國務卿，他的「美國體制」（American System）推動了關稅、國家商業銀行與產業補貼。克萊抨擊自由貿易理論是一種「英國殖民主義」，主張只要保護美國不受英國侵害，這個初創的共和國就會繁榮發展。美國的出口從一七九〇年的兩千萬美元，成長至一八〇七年的一億八百萬美元，而美國就這樣持續朝著貿易盈餘的方向發展，直至一八七〇年。[20]

德國經濟學家佛瑞德里克・李斯特（Friedrich List）也將會從漢米爾頓和克萊提出的美國體制中獲得靈感。李斯特在一八二五年移居賓州，因爲美國內部受到外部關稅保護的自由貿易區而獲得啟發，主張要建立德國關稅同盟（*Zollverein*），將德國各州都納入經濟同盟的各個方面。李斯特在《政治經濟學的國家體系》（*National System of Political Economy*，一八二七年）中，解釋了德國各州之間爲何需要貿易條約來支持德國國內工業。關稅將會在他們遇到國外競爭力時保護他們，如此一來，德國才能順利發展，養成國際競爭力。李斯特的想法在法國也很受歡迎。這些觀點反映了內部自由貿易的有效性，並且可以由內部關稅同盟來促進，此外，策略性保護主義可以刺激德國在面對英國工業巨頭時蓬勃發展。

美國的自由貿易辯護者往往都是農業奴隸主，例如美國第七任副總統約翰・卡爾洪（John Calhoun），他希望能找到更簡便的方法來出口棉花。但棉花和奴隸制不是美國的未來。李斯特就像漢米爾頓一樣，提倡的是工業而非農業，斥責奴隸制度是一場「公共災難」，表現出一個國家的軟弱。李斯特確信，能夠創造財富的只有工業發展策略，而不是殘酷的農業自由貿易。德國終究採用了李斯特的國家發展模式與傳統的柯爾貝方法，到了十九世紀的最後數十年，美國與德國的經濟發展都超過了英國。當時就和現在一樣，當我們的競爭對手、身爲經濟主導者的國家採取的是自由放任政策時，最成功的回應就是以謹慎的方法建立市場。

然而，這些針對自由貿易的批判，和反制自由貿易的模式，並沒有澆熄十九世紀的英國自由主義經濟思想家心中的如火熱情。憑藉著經濟與帝國獲得了極高的競爭優勢，英國和國內的自由市場思想家覺得自己全然不受國際競爭影響。反穀物法聯盟的建立者理查·科布登領導了支持自由貿易主義的曼徹斯特學派（Manchester School）。然而，科布登接納了工業，也接納了製造業財富與市場自由之間的關係，藉此轉變了自由貿易的概念。雖然他們仍然非常重視「自由貿易是能夠反映出自然的一面鏡子」這個概念，但是自由貿易支持者必須選出一個經濟贏家，在工業化的英國，這個贏家顯然是製造業。[21]

科布登也提出了一個古老的自由市場議題，也就是支持「自由貿易是結束戰爭的關鍵」的觀點。科布登是充滿熱忱的和平主義者、廢奴主義者、女權的信奉者，也是認為帝國主義必須付出代價的批評者（他希望國家把資金花在國內），他依循斯密的觀點，堅信自由貿易將會帶來和平，造福工人與全體人類。一八四三年，他在柯芬園（Covent Garden）的一次演講中，把廢除穀物關稅描述得像是一場宗教聖戰：「我們相信商業自由將會發展出智識與道德的自由，」他高聲疾呼，「教導不同階級互相依靠彼此，在兄弟情誼中彼此團結。」科布登抨擊奴隸制是不道德的，並呼籲眾人抵制巴西產的糖。一八四九年，他更進一步地聲稱自由貿易將會帶來國與國之間的和平、減輕殖民地的國防需求；科布登不但通過了自由貿易法，還力勸其他國家解除武裝。值得注意的是，科布登的和平主義願景有時並不會延伸到受殖民的人身上。出於互惠互利的想法，他認為殖民主義應該要維持和平與價格低廉。然而，他同時也認為殖民主義者應該要保留警察權力，以便在必要時鎮壓當地的「野蠻部落」。[22]

儘管如此，在科布登的脈絡中，他的自由主義是基進的自由主義。對他來說，自由貿易代表的是和平主義、政治自由、一定程度的容忍與社會進步。此外，自由貿易也代表了新聞自由，以及另一件幾乎難以想像的事：與法國建立友誼。他堅持人們有必要「相信其他國家具有榮譽與誠信」，他很確定各國只要透過自由貿易結成經濟體，就能帶來世界和平。他說服了英國政府與法國皇帝拿破崙三世在一八六〇年同意具有重大歷史意義的「科布登—謝瓦利埃條約」（Cobden-Chevalier Treaty），此條約從各種層面上實現了柯爾貝的自由貿易夢想，也爲這兩個彼此爲敵許久的國家帶來了和平。隨著製造貨品的關稅下降至百分之三十，英國出口至法國的貨品量變成了兩倍，法國的葡萄酒出口也變成了兩倍。在過去兩個多世紀以來，自由市場思想背後的引擎，一直以來都是人們對於這種難以捉摸之和平的追求。可惜的是，這種局面只持續了三十二年。法國注意到英國的競爭力正在損害法國工業與製造業的工作機會，於是法國在一八九二年開始對英國商品徵收「梅林關稅」（Méline Tariff），藉此減輕損失。儘管如此，「科布登—謝瓦利埃條約」還是開啟了嶄新的自由貿易條約的歐洲網絡，最終建立了較先進的自由貿易區，而今存於歐盟內部。[23]

至於英國，對自由貿易和帝國的信任卻占了上風。英國經濟思想家開始把自由市場經濟理論和宗教連結起來，利用宗教復興的精神打造出一場強大而獨特的民族運動。斯密對於自然神的舊式信仰如今已經被福音派基督教所取代。英國的福音派關注的不是斯多噶道德觀，他們相信只要有信仰和自由貿易，就能透過「經濟、節儉、專業技能、金融道德」解放上帝的天然能量，使社會進步。[24]

這場福音教派的自由市場運動充滿了陽光與樂觀，和維多利亞時代的英國勞工生活現實形成了強烈對比。雖然工業化提高了英格蘭的生活水準，但正如小說家暨社會改革者查爾斯．狄更斯觀察到的，這絕不代表英國經濟已經自由且公平了，也不代表一個人只要付出努力就能改善經濟狀況。工業中的悲慘事件、童工、低工資、粗劣的生活環境、工會活動與工人階級的憤怒，全都助長了社會主義和共產主義。維多利亞時代的英國人顯然沒有達到斯密和科布登的道德標準。因此，自由貿易辯論在討論的，不只是經濟學家與政治家之間的問題，而是還會受到工會成員、憲章派工人協會和反工業盧德分子的攻擊。工人階級的困境也引起了某些英國自由主義者的悲觀情緒，其中包括了隸屬《經濟學人》（*The Economist*）且具有強大影響力的記者暨編輯華特．白芝浩（Walter Bagehot）。英國工黨在一九〇〇年形成的動力，正是在社會經濟方面對自由放任主義的不滿。

儘管自由市場政策是有些缺點的，但英國的自由市場思想者仍繼續擁抱著政治經濟自由主義，把焦點放在低稅率、有限政府、自助與個人自由。屬於一位論派的基督教經濟學家威廉．史坦利．傑文斯既不承認美國、德國與日本獲得了柯爾貝式的成功，也不曾因爲勞工階級承受的苦難而減損他對自由市場的正統信仰。傑文斯遵循他那個時代的科學方法，堅持使用數學來分析經濟。在他的著作《政治經濟學》（*Political Economy*，一八七一年）中，他呼應了邊沁的理論，也就是所有人類的行爲都來自「快樂與痛苦」的「泉源」，但要用「定量方法」來理解與整理「個人數據」。其中完全不牽涉到西塞羅式的高尚道德哲學。傑文斯堅稱，這種由數據驅動的經濟學比較像是硬自然科學，並說它類似地質學。他堅持經濟學是簡單直白的學問：學習經濟學時，不需要像李嘉圖和彌爾使用的文學闡述技巧，需要的應該是有效率的數學研究方法和圖表——例如「財富」和「人類效用」的量化。[25]

傑文斯使用定量方法抨擊斯密和李嘉圖的勞動價值方法。他認爲，一件事物的

「價值完全取決於效用」，而不取決於它在農場勞動中的價值。傑文斯接受了邊沁的快樂原則，並將其變成了消費者效用原則。在他看來，只要能盡可能用最低的價格、最輕鬆的方法買到東西，就能把幸福感最大化。這套邏輯引導他發展出了邊際效用理論（marginal utility）。如果今天有一件物品很便宜，人們就會想買，因為這是一筆划算的交易。但是，一旦這個物品的價格達到了實際的市場價值，購買的人就會變少，這是因為交易的利潤會突然變得較小。如果有某個物品的價格高於市場價值，利潤就會再次改變，購買這個物品帶來的快樂與效用會開始消失。根據傑文斯的說法，欲望、效用、可得性和數量之間的關係全都會推動價格。傑文斯的這一切理論都是根據數學原理推斷的，他藉此推翻了勞動價值理論，協助推動了經濟學的革命性劇變。[26]

儘管傑文斯的效益主義理論也具有達爾文主義的元素，但他同時也相信改良主義的社會。舉例來說，他支持工會，也相信他們能夠透過與業主協商，來表達勞工的需求，並改善工作環境條件與工資，甚至加強科技與工作的效率。他認為工業合作是財富與道德經濟的關鍵，並指出工業合作將能使「勞動與資本彼此協調」，藉此「補救」不平等帶來的「邪惡」。傑文斯比馬爾薩斯和彌爾更樂觀，他確信工業與勞工的合作能讓資本家自由地支付公平的薪資，而勞工將會因爲卓越的表現獲得「獎勵」。在斯密提出「公正旁觀者」的角色時，傑文斯則設想了資本家與勞工階級之間可以有一個正式的「調解人」，調解人會幫助雙方理解他們的共同利益，並瞭解到要如何從「自願協議」中獲利。比起單純反映市場，他認爲協商更能幫助資本家計算出要怎麼做才能和勞工共享最佳利潤。想當然耳，傑文斯的模式在維多利亞時代的英國只取得了有限的成功，當時英國的勞工階級生活條件正日益惡化。許多人漸漸開始相信，只有新的基進政治運動才能充分代表勞工階級的利益。[27]

傑文斯將他對於理性與永續管理的信念，延伸到煤炭等自然貨品的節約使用上，原因在於他預測這些自然貨品將會因爲經濟成長與需求而耗盡。[28]在面對馬爾薩斯對於過度消耗與成長限制所提出的觀點時，他表示解決方法是良好的管理與堅定的信念，也就是相信人類有能力合作處理公平薪資、自我規範與替代能源等基本議題。因此，傑文斯認爲工業與社會必定會持續適應環境，譬如尋找新的能源就是一例。他認爲市場並不是所有人都能爲所欲爲，他相信的是效益主義式的合作。然而，傑文斯對於政府的複雜性與能源政治的利害關係還沒有深入的理解。當時的市場就像現在一樣，能源並不是唾手可得的。歐洲列強與美國開始爭搶煤炭與油田，各國政府仍在幫助各大公司爭奪廣大偏遠地區的自然資源，從德法打了三場戰爭來搶奪的煤炭產區阿爾薩斯—洛林（Alsace-Lorraine），一直到坐擁大片油田、位於前俄羅斯帝國的亞塞拜然巴庫（Baku）。[29]

▽•▲

值得注意的是，就在實施保護主義的經濟大國：美國、德國和日本在經濟成長方面趕上了英國時，劍橋大學哲學家阿爾弗雷德．馬歇爾（Alfred Marshall）則在繼續揮舞著教條式的自由貿易旗幟。就好像劍橋與世隔絕一樣。馬歇爾的《經濟學原理》（*Principles of Economics*，一八九〇年）取代了彌爾的《論政治經濟與賦稅原則》，成爲英國最重要的經濟學教科書，馬歇爾也成爲了劍橋大學最舉足輕重的經濟思想家。他不但繼續發展傑文斯提出的邊際效用等概念，也提出了新的構想，諸如價格彈性、需求與定價的關係，以及部分均衡理論，這些構想對往後的經濟學思想來說至關重要。他深入研究單一市場（例如羊毛）的供需流動，針對特定經濟領域的運作提出細部分析，而不是提出他對整體經濟的綜合看法。馬歇爾認爲供需的運作就像機械一樣，能創造出經濟活動的「連續鏈」，他指出正是這具機械決定了價格。這具機械能爲市場帶來「均衡」，使市場能夠靠自身運作，創造恆定的回報。[30]

馬歇爾和斯密一樣，是一名道德哲學教授。雖然他把焦點放在總量與邊際效用價值等，但他仍在大自然中尋求經濟「法則」，他認爲這套法則能使得經濟學變得類似於天文學等自然科學。因此，馬歇爾盼望能靠著與天文學和物理學的類比，去理解斯密所說的普遍驅動經濟系統。他希望經濟學的「個別學生」能夠變得有資格「使用他的科學權威發話」。對馬歇爾來說，在理解創造財富與經濟活動時，必須結合工業生產價格、數量、效率，以及「需求層次」和競爭一起理解，這些要素彼此連結在一起後才創造出了成長。[31]

儘管馬歇爾對於一直持續存在著的貧困感到有些不知所措，但他相信，只要靠著市場就能解決經濟問題，工資終究會上漲，生活水準終究會提高。他沒注意到的是，他這具巨大的經濟機械已經快解體了。他在一九二四年逝世，五年後發生了一九二九年的華爾街大崩盤，美國開始步入經濟大蕭條。馬歇爾不斷尋找新的市場機制，而從沒想過市場會崩盤。有一些二十世紀自由市場思想家一心追隨馬歇爾的思想——他們就像《白鯨記》中的船長亞哈（Captain Ahab）一樣，站在對市場的固定立場，愈來愈執著於傳統觀念：市場會自行運作，政府對經濟事務幾乎沒有影響。

CHAPTER

15

美德的終結：自由主義與放任自由主義

執著於體制的人則相反，往往對自己的智慧自負不已；他經常為自己理想中的政府計畫如此美好而深深著迷，以致於無法忍受計畫中的任何部分出現最微小的偏差。

——亞當斯密，《道德情感論》，一七五九年

若說在十九世紀，自由市場思想轉而接納了工業經濟與大英帝國的抱負，那麼到了二十世紀，自由市場思想將會讓古典經濟學在世界舞臺上擔任一個作用更加廣泛的政治角色。隨著蘇維埃共和國與共產中國的崛起，自由市場思想家開始把自

己視爲對抗集權國家的個人自由捍衛者。經濟學家不只是學者；他們同時也是冷戰中爲理想而奮鬥的軍人，並且對於自身思想中的細微差別和矛盾都缺乏耐心。經濟就像政治一樣，變成了一場非此即彼的戰鬥，參戰雙方分別是善良的自由市場國家，以及羅納德・雷根總統（Ronald Reagan）口中那些由國家政府掌控的社會主義「邪惡帝國」。

當我們以歷史的後見之明來解讀從弗里德里希・海耶克到密爾頓・傅利曼等二十世紀的自由市場思想家，從某部分來說其實是在給予肯定。他們組成了一股強大而保守的力量，預見了歐洲、甚至美國即將面臨的威權主義與集權主義危機——無論是左派或右派的。然而，自由市場思想家除了帶來傑出的道德成就與經濟觀點之外，也隨之帶來了形式非常特殊的偏執、意識形態執念與短視近利。亞當斯密透過仁慈的道德紀律、教育、基進科學與農業崇拜所帶來的進步願景早已消失無蹤了。二十世紀的正統自由市場經濟學家認爲，純粹的個人欲望與能動力是所有社會利益和經濟利益的催化劑。在他們看來，任何偏離此種觀點的體制都應該受到質疑。與其說這是一種學術立場，不如說這是一種信仰還比較貼切。

一九〇五年，阿爾弗雷德·馬歇爾在劍橋的同事威廉·康寧漢（William Cunningham）發表了《自由貿易運動的興衰》（*The Rise and Decline of the Free Trade Movement*），表達他對正統自由市場思想的控訴。康寧漢在這篇針對英國正統經濟觀念的抨擊文章中指出，傳統觀念源自杜爾哥和斯密的觀點，在這些觀點中，「經濟學把社會視爲一種機械」，提供了「寶貴的眞理，至少就目前狀況來說是如此；但問題在於這並不是完整的眞相」。康寧漢主張，如果經濟學想要被視爲科學的話，就必須承認，經濟學中的許多人類活動根本和機械運作截然不同。他使用了達爾文的說法，說社會應該是一種「在面對環境時具有自我適應能力的有機體」。因此，市場只是整具機械的一部分，而且還常常故障。爲了讓機械保持運轉，必須「一遍又一遍地測試」，即便如此，這種自由市場思想的偉大機械眞理仍有可能根本行不通。[1]

康寧漢認爲，經濟學只不過是一種「沉悶的閱讀材料」，人們可以利用供需原則等簡明扼要的原理來代替整段沉悶的經濟學閱讀。他明白「自由貿易原則」，根據該原則所述，貨品與服務的交換是沒有限制的，而消費者可以依照此原則自由選擇貨品，追求舒適與效率。康寧漢用諷刺又強而有力的言詞指出，他「打從心底完全支持自由貿易倡導者所假設的目標」，但如果他到富裕又實施保護主義的美國去，詢問一個住在紐約的美國人，想必會發現這個人對自由貿易學說抱持著截然不同的態度。[2]

一九〇〇年，英國仍是一個實施自由貿易的國家，自由貿易的理念幾乎就像是邪教一樣：消費者就是國王，人們把自由貿易的聖戰士理查．科布登視爲國家英雄，建立雕像與紀念碑來榮耀他。然而康寧漢主張這種意識形態已經破產。從劍橋大學這塊陰暗、舒適且與世隔絕的區域深處，他所發出的批判開始萌芽。康寧漢提出警告，歐洲和羽翼未豐的美國提出的「柯爾貝派」改革計畫將會成爲英國最大的敵人。他指出，佛瑞德里克．李斯特的發展模型在歐洲與美國奏效了，這是各國能順利通往自由貿易先進國家的唯一可行路徑。除此之外，科布登對和平與裁軍的盼望一直都沒有實現。康寧漢預測，軍國主義在歐洲與美國已逐漸發展起來，作爲優勢帝國的英國將會繼續仰賴國家的海軍和其他軍事的壓制力量。帝國競爭仍在持續引發殖民衝突，一八九九年在南非爆發的波耳戰爭（Boer War）就是一例。[3]

康寧漢認爲，英國與其他工業強國之間的「巨大分歧」對於國際和平與英國的經濟來說都很危險。他有些鄙夷地提出警告，說自由貿易者已經變成了「宛如拉比的評論家」（Rabbinical commentator），再三翻閱《舊約聖經》、想要找到更多能夠支持正統觀念的眞理。自由貿易不再是個實用的學說，反而變成了一種古老又具有約束力的消費主義宗教，使英國註定只得遵循「沒有任何偏差的嚴格規範」。[4]

英國的經濟發展即將進入停滯期，另一方面，儘管德國、美國和日本都拒絕了自由貿易的部分核心原則，但這三個國家的經濟正呈現指數型成長。康寧漢認爲，德國與美國的工業擴張與迅速的人口成長，帶來了更大也更有效率的成長潛力。與之相對的，英格蘭面對的則是人口數量下降的可能性，與逐漸逼近的燃料短缺問題。康寧漢呼應了斯密的觀點，提出警告說，雖然「自由放任主義的原則過去曾一度」使得「富有開創精神的」人能夠打造國家利益，但如今自由放任主義已經「變成一種純粹的煙幕彈」，讓貪婪以及對共同利益的「冷漠」能夠藉此「掩蓋自己」。大英帝國的國內市場使其他覬覦大英帝國財富的國家開始對帝國貿易產生「嫉妒」；更糟糕的是，康寧漢譴責道，科布登與「曼徹斯特人」（Manchester Men）的帝國自由貿易政策其實導致了全球武裝起來反對英國。如今的自由放任主義原則變成了一種「自我放縱的怠惰」，如果繼續以這種怠惰當作政策基礎，英國的劣勢對整個國家與帝國來說可能是「致命」的。[5]

康寧漢利用亞當斯密對英國的自由貿易帝國提出指控。他說，在他看來，斯密在思想上絕對不會如此脆弱且缺乏鑑別能力。相較於他那些走向極端的正統繼承人，斯密本人的經濟哲學對於政府的作用抱持著更加開放的態度。康寧漢主張科布登和傑文斯的「推斷」並沒有帶來預期中的效果，他認爲若要找到繼續前行的路，就必須「回過頭檢視克爾卡迪」。康寧漢義正嚴詞地解釋說，斯密早就知道通往自由貿易與經濟成長的路就是讓國家參與商業發展，正如一六五一年《航海法》的精神。康寧漢強調斯密曾清楚指出，有時我們必須爲了刺激工業與發展而給予「暫時的壟斷」。他也提醒讀者，斯密曾警告我們要小心那些出賣國家利益的商人與貿易商懷抱著怎樣的自私動機。斯密在《道德情感論》中寫道，他建議人們遵循西塞羅與柏拉圖的教誨，如此立法者才可以學習其他國家的榜樣。[6]

康寧漢和彌爾一樣，引用了斯密認爲「社群福祉比個人利益更重要」的觀點。如果個人的成功發展無法爲全體國民帶來國家的成功發展，那麼這個系統就無法順利運作，必須重新調整和改變。康寧漢認爲，十九世紀的自由市場思想家忽略了斯密理論中的細微末節和警告。因此，他將斯密的著作解讀爲向立法者提供指導，而不是將經濟原則當成「某種政治機制的素材」來建立。康寧漢指出，斯密並不是想創造出一套自我調節的系統，他認爲斯密的務實個性足以讓他瞭解，在一九〇五年馬基維利式的帝國權力大型競賽中，保護主義規範是必要的。[7]

康寧漢不可能預測得出來，斯密在逝世的一個多世紀後的今天會做出哪些事。但他說對了一件事，斯密拒絕了封閉系統，以及充滿福音派、必勝主義者色彩的新自由市場思想信條。康寧漢在一九〇五年對於英國在帝國系統中執行的「單邊」自由貿易做出的描繪可謂相當貼切。德國與日本已經全副武裝，將目光轉向了大英帝國。一八九八年與一九〇〇年，德國開始通過一系列的艦隊法案，意在打造一支德國海軍以抗衡大英帝國的霸權。在一九〇四年至一九〇五年的日俄戰爭中，日本現代艦隊輕而易舉地摧毀了俄國的過時艦隊，這場戰爭象徵著軍事技術出現了劃時代變化，已達到了能發動「總體戰」（total war）的新水準。康寧漢的擔憂確實有理有據。一次世界大戰迫在眉睫，而大英帝國和英國商業霸權已經開始解體了。

接下來就是現代戰爭的時代，科布登派的自由市場福音主義與和平主義將會遭受沉重的打擊。康寧漢將斯密視爲道德與社會方面的實用主義者，也視爲發展保護主義的信徒，這樣的觀點只是眾多解讀亞當斯密的看法之一，而且並不是最具代表性的觀點。無論從哪方面來看，時代的潮流都已經轉向了，就算是阿爾弗雷德·馬歇爾對自由貿易的信念都不得不動搖。一次大戰使眾人對自我調節的國際經濟系統能帶來和平的希望暫時止息了。

▽•▲

在兩次世界大戰期間，阿爾弗雷德．馬歇爾的學生開始攻擊市場系統能完全自我調節的概念。劍橋經濟學家約翰．梅納德．凱因斯（John Maynard Keynes）支持的是自由市場——他在一九二〇年代警告，共產主義與個人自由放任主義將會交戰，而自由放任主義必須獲勝。但凱因斯認爲，自由市場主義是有漏洞的，並且爲了生存和對抗共產主義，而必須去理解自己的弱點。凱因斯指出，他和導師馬歇爾的不同之處在於他認爲自由市場需要保護，凱因斯相信放任市場自行運作是不行的。他在《就業、利息和貨幣的一般理論》（*General Theory of Employment, Interest, and Money*，一九三六年）中提出了一項根本性的經濟新發現，他認爲薪資並不是透過市場機制自然調節而出現的。凱因斯主張，在經濟大蕭條期間，只有透過政府、公司與勞工之間進行的「談判」，才能讓市場創造出充分就業的結果。經濟大蕭條讓我們看到的是，如果經濟體的支出——也就是「總需求」——出現了急劇下降，就像一九二九年的股市崩盤與接踵而至的經濟大蕭條那樣，那麼就業率也會下降，這將會再次使總需求隨之下降，造成惡性循環。更糟的是，邊際價值理論可能反過來損害市場，將之吞噬。如果不能實現資本的邊際效率（也就是由於投資回報大於利息，使得投資在通貨膨脹的狀態下仍然能長期獲得利潤），那麼市場就不會提供投資的動機，進一步削弱成長與就業的希望。消費者無法只靠自己維持總需求，正如美國總統赫伯特．胡佛（Herbert Hoover）發現他放任市場的做法只讓經濟大蕭條變得更糟那樣。[8]

這也就代表了，如果政府不願透過支出與推動市場流動來幫助提高總需求的話，經濟危機將會愈滾愈大，讓更多人失去他們的工作和財富。以經濟大蕭條這種情況來說，光靠有錢人是沒辦法把總支出的水準提高到足以停止經濟危機惡性循環的程度。唯有國家才有資源透過總支出來催化整體的就業與經濟機能。簡而言之，在大規模的金融或經濟危機中，必須由政府這隻可見的手來增加總需求。任何無形的市場力量都無法做到這一點。國家必須承擔「直接參與和規劃投資的更重大責任」。凱因斯在批判的是提倡自由市場的「古典經濟學」和馬歇爾認爲供給與需求可以自我調節的構想。[9]

馬歇爾的另一位知名學生瓊．羅賓遜（Joan Robinson）和凱因斯一起加入論戰，並告訴我們所有所謂的自我調節市場系統都可能失敗的原因。羅賓遜是劍橋大學的教授，也是最早的重要女經濟學家之一，至今人們仍無法理解，她為什麼會在中國共產黨主席毛澤東執行了可怕且造成經濟災難的文化大革命期間（一九六六年至一九七六年）支持毛澤東。無論是否受到誤導，她之所以會支持毛澤東對社會與經濟方面的暴力國家干預，都是基於她的此一信念：貧困國家無法在經濟上和富裕國家競爭，需要衝擊式的刺激。羅賓遜成為發展經濟學的創始人，激發人們對馬克思研究產生了新一波的興趣。發展經濟學旨在為沒有大規模商業與工業基礎的國家尋求致富的途徑。此經濟學可溯源至十七世紀所謂的重商主義著作，以及柯爾貝和亞歷山大．漢密爾頓的政策。發展經濟學在二十世紀的出現與經濟未開發國家（所謂的第三世界）有關，這類國家沒有能力進行必要的結構性經濟改革，因此無法實現現代化並建立具有競爭力的商業與工業基礎。

羅賓遜帶頭指出，經濟未開發的國家在實質上無法與經濟已開發的國家競爭，那些屬於弱勢群體的人們也無法與根基穩固的外國公司或個人競爭。她的著作《不完全競爭經濟學》（*Economics of Imperfect Competition*，一九三三年）創造出了「買方壟斷」（monopsony，又稱獨買）的概念，指的是具有強大權力的單一買家控制了商品出售給其他買家的定價，因此市場價格會被一種買家對薪資的壟斷所扭曲——就像是在一個「公司市鎮」（company town，指大部分居民受僱於同一家公司的城鎮）中，所有薪資與經濟生活都由單一公司所控制的狀況。買方壟斷破壞了邊際效用的邏輯。買方壟斷的基礎並不是市場力量，而僅僅是少數買家的決定或偏見，他們可以把薪資壓低到低於邊際價值的水準。買方壟斷也解釋了爲什麼女性的薪資比男性低，和少數族群的薪資比其他族群低。舉例來說，如果一名雇主單純出於偏見而決定要降低所有女性的薪資，那麼這就會協助確立一個既定的市場價值；其他公司也可能效法此一趨勢，而女性薪資就會受到整體削弱。[10]

一九五六年，羅賓遜出版了《資本的累積》（*The Accumulation of Capital*），延續了凱因斯的傳統，指出在一些未發展的經濟體中，存在的只有資本家和勞工。勞工的薪資只能勉強維持生活，資本家在這個原始生產經濟體中的消費很少，把錢都拿去買外國商品，損害了能夠創造財富的當地消費者社會的發展。她提出的模式批判了由供需驅動的經濟模型在較貧困國家的適用性。在較貧困國家中，不僅資本成長極低，而且資本會被拉向經濟發展較高的市場，近一步削弱國內經濟發展。[11]

劍橋曾是福音派自由市場經濟學的發源地，但後來成爲了凱因斯主義的中心。如果說注重均衡的自由市場思想在英國失去了優勢，那麼此種思想將會在奧地利找到最有力的新追隨者。現代自由意志主義經濟傳統正是在奧地利出現，而在之後流傳到了美國，在二次世界大戰期間造成了巨大的影響。律師、記者暨奧地利經濟學派創始人卡爾·門格爾（Carl Menger）大力抨擊斯密的勞動價值理論，並用邊際效用理論取而代之，根據後者所述，驅動經濟的是互利的交易。他的自由主義思想，是斯密和邊沁提出的「透過實現由市場驅動的人類需求來實現人類進步」之概念的簡化版本。一八七一年，也就是傑文斯出版《政治經濟學》的那一年，門格爾出版了《經濟學原理》（*Principles of Economics*）。門格爾清楚地認識到，斯密和李嘉圖的勞動價值理論是行不通的。他帶我們回到曼德維爾的《蜜蜂的寓言》，宣稱能夠推動經濟發展的只有一件事：對商品的渴望。與曼德維爾不同的是，門格爾不認爲惡行能創造出美德，他描繪了一個簡陋而單純的經濟系統，單單只由「渴望」造成的「因果關係」來驅動，並且是這些因果關係建構了社會關係與經濟關係。他認爲社會主義者——無論是民主的或其他形式的——是不能去計劃經濟關係的。人類渴望各種事物，這種需求會創造供給，在這個不斷循環的迴圈中持續發展成更加複雜的商業與工業社會。[12]

備受尊敬的經濟學家暨學者路德維希・馮・米塞斯（Ludwig von Mises）是名猶太裔的自由市場思想家，住在國際化且學術思想豐富的奧地利城市維也納，他改信基督教的行爲十分符合自身的經濟意識形態。自由市場思想已經遠離了原本的自然神論源頭，變得更加貼近基督教運動。馮・米塞斯和科布登一樣，反對政府干預經濟，他譴責戰爭，也譴責戰爭使個人屈從於一個虛無目標的可怕行爲。一九二〇年，馮・米塞斯根據他的信念，以驚人的先見之明痛斥了「社會主義國家聯合體」中的國家中央經濟計畫。他認爲當時蘇聯的中央計畫方式在預測商品價值時，其準確度與效率都比不上供給與需求的自然定價過程。早在蘇聯出現驚人的經濟崩潰之前，馮・米塞斯就看出了社會主義的中央計畫經濟無法有效地選出應該重視哪些產業，只有自由市場能做到這一點。[13]

此外，馮・米塞斯也認爲貨幣除了市場交易功能之外，並不具有本質上的價值。對他來說，就連貨幣數量理論也毫無意義。唯一能決定貨幣價值的，是貨幣價值與商品之間的相對關係。因此，貨幣價值會根據事物的邊際效用產生變化。未來的發展證明了，這個看似單純的原則後來變成了共產計畫經濟的最大絆腳石之一。蘇聯政府當然可以宣布貨幣或麵包的價值，但供應與需求仍會在創造價值方面造成決定性影響，就算是極權國家也無法完全加以掌控。[14]

奧地利學派的特點是對於威權主義毫不懈怠的警戒。馮・米塞斯在共產主義中看見了威權主義的幽靈。他確信李斯特的「重商」柯爾貝式國家主義，和現代社會主義的福利計畫，都將會通往威權政府。他未能注意到，美國民主正是在漢米爾頓與克萊的「重商體系」中誕生與成長的。儘管馮・米塞斯十分擔憂社會主義的專制制度，但諷刺的是，他在一九四〇年代卻是因爲右派納粹分子而被迫逃往美國。因此我們也無需訝異，他後來開始堅持自由市場不只是創造財富的必要條件，也是自由民主的必要條件。不過從他的歷史觀來看，經濟自由主義比政治自由更加重要。這樣的觀點在現代會帶來危險的後果。[15]

奧地利經濟學家弗里德里希・海耶克在英國與美國是奧地利自由市場思想的主要提倡者，對新芝加哥學派自由市場思想的創建造成了很大的影響。他的身上帶有對二次世界大戰的深刻創傷與狂熱的反國家主義。海耶克來自一個在財富、學識與農業方面都具有一定成就的家族。他經歷了世紀的交替、兩次世界大戰和冷戰，並在一九八〇年代成爲了美國新自由經濟思想的典範。他在道德方面的權威經過了千錘百煉，從獨裁統治與戰爭的創傷，到西方和工業化國家的多數人口在戰後經歷的特殊和平繁榮時期。他親眼目睹了蘇聯的興衰，也目睹了英美在瑪格麗特．柴契爾（Margaret Thatcher）與羅納德．雷根的帶領下開始放寬經濟管制，更目睹了中國經濟自由化的開端。

海耶克在一九四四年出版的《通往奴役之路》將成爲戰後自由市場經濟與自由意志主義經濟的標準手冊。這是有史以來最暢銷的經濟哲學書之一，銷量超過兩百萬本，與其說這是一本經濟理論作品，不如說《通往奴役之路》是在對個人自由意志主義信念的全面宣言，包括這種信念在市場機制中扮演的重要角色，也包括經濟上的任何政府干預都具有絕對危險性的主張。以後見之明來看，再加上我們在二戰後對於政府能如何幫助經濟成長的新體認，我們會發現這本書的特殊之處在於書中缺乏各國在戰後成長時期的眞實狀況，以及海耶克把國家視爲一種邪惡力量的狂熱觀點。[16]

斯密認爲自由市場源自和平的、甚至彬彬有禮的社會與經濟進步過程，而海耶克則以好戰的眼光看待自由市場，認爲自由市場源自善與惡的競爭。我們只有兩個選擇，一是沒有政府的經濟自由主義，二是接受奴役。海耶克的急迫心態與憂懼都是可以理解的。在一九四四年，戰爭尚未獲勝。對他來說，德國與奧地利就是血淋淋的例子，讓他看見了威權政體利用國家機器實行平民暴力、戰爭與種族滅絕時會是什麼樣子。但他的視野受到了侷限。海耶克想必知道，打從希特勒開始恐怖統治到結束的這段期間，德國私人企業爲希特勒提供了多大的支援。納粹主義的經濟學十分符合斯密反企業的質疑論點。許多來自美國與歐洲的領導企業都和大力支持希特勒的德國企業家弗利茲·泰森（Fritz Thyssen）有密切合作。無論如何，海耶克都選擇了忽略希特勒若沒有德國資本家的穩固支持，是既不可能獲得權力，也不可能長期維持權力的，這些德國資本家認爲用法西斯主義來代替工會、共產主義、甚至社會民主主義，是一個誘人的解決方案。[17]

海耶克在《通往奴役之路》一書的開頭引用了大衛·休謨的話：「自由很少是

在一夕之間喪失的。」海耶克在譴責種族主義與威權主義時展現出了深切的人道主義精神。但他並不像十八世紀的蘇格蘭哲學家那樣，抱持一種溫和與開明的態度——十八世紀的蘇格蘭哲學家希望能建立良好的制度，並且覺得爲政府工作是光榮的。海耶克警告說，所有社會計畫都是一種極權主義。他並沒有解釋私人壟斷是如何運作的，也沒有將壟斷和寡頭集團連結在一起，而是連結到國家和工會的「工團主義」。所有統合主義運動，以及所有會損害海耶克對競爭和個人主義之純粹觀點的事物，都是一種壟斷。根據海耶克的偏執邏輯，任何集體的國家目標都會導致法西斯主義或共產主義——只要國家想要「組織整個社會與資源去完成某個單一目標」，那國家到頭來就是剝奪了個人自由。他認爲自由意志資本主義是唯一足以對抗威權主義的力量。他指出，民主只是達到這個經濟目標的一種手段而已。18

海耶克採納了卡爾·門格爾和路德維希·馮·米塞斯對中央政府抱持的懷疑觀點，再加上他自己對於個人能動力的絕對信念，重新包裝出一種全新的、精簡的、自由意志主義視角的自由市場思想。海耶克認爲，自由代表了沒有「強制」的存在。自由並非來自理性決定或道德，而是來自他人的自由選擇帶來的制衡。他的思想含括了法國楊森主義學者尚．多馬的觀點，即罪惡的競爭行爲會彼此抵銷。此一思想把亞當斯密的斯多噶美德轉變成了另一種信念：唯有個人行爲能驅動市場，而且個人行爲在自身之中具有完全的道德。[19]

海耶克的自由意志主義觀點具有很大的影響力，但帶來更大影響的，是獲得了諾貝爾獎的美國經濟學家密爾頓．傅利曼，他將這一派的自由市場經濟學轉變爲二十世紀後期的主要意識形態之一。傅利曼是出生於布魯克林、在芝加哥接受教育的匈牙利猶太移民之子，傅利曼是最傑出、最有魅力也最具影響力的現代自由市場思想家。透過他的研究、雄辯和個人魅力，他成功把自己的學術成果轉變成了芝加哥經濟學派在政治與經濟方面的自由意志主義意識形態。傅利曼解決了一部分的通膨難題，這是美國在一九七〇年代面臨的最嚴重問題之一。凱因斯認爲政府必須修補國家經濟引擎，才能確保國家繼續運作，這是個已經被廣泛接受的觀點，但傅利曼在此一觀點中找到了具體的謬誤。傅利曼相信經濟經驗主義，同時對自由意志主義的自由市場抱持著近乎宗教式的信仰，這套奇異的組合使他重新開始提倡阿爾弗雷德．馬歇爾的自我調節市場均衡論這套老觀點，但外加了一道條款，要求政府必須實行穩定的貨幣供應增長政策，每年定期增加貨幣的供應量。

從許多方面來說，傅利曼都具有斯密的自由市場思想傳統特徵。他和斯密一樣是思想開明的教授，重視自由辯論，也認眞對待反對意見。他同樣是一位著名且受人愛戴的大學教師。此外，他也和斯密一樣不是傳統的宗教人士，他聲稱自己在精神方面是猶太人，但在信仰上是不可知論者。傅利曼屬於戰後一代包含猶太人在內的經濟學家，在此之前，鮮少有猶太人是自由市場思想家。自由市場思想不再專屬於歐洲貴族、英國福音派、基進派和帝國主義者，它正逐漸變得更加美國化。傅利曼承襲了啟蒙運動的無限樂觀主義信念。但是，他拒絕接受斯密對於公共學校、代議制政府的集體行動以及階級體制的信心。傅利曼眼中是一個純粹由消費者驅動的社會，這種簡化的觀點和西塞羅學派以及斯多噶式的概念相去甚遠。他和妻子暨共同作者蘿絲·傅利曼（Rose Friedman）成爲了個人「選擇的自由」的熱烈支持者，但他們沒有認眞討論過這些選擇的道德含意。他似乎沒有意識到，斯密追隨著西塞羅拒絕了享樂原則，認爲這套原則過於簡化，他們認爲符合道德的選擇只能源自嚴肅的哲學紀律。傅利曼則用簡單易懂的欲望與財富的現代商業計算來取而代之。[20]

在傅利曼的設想中，政府在教育、醫療健保以及社經生活中所扮演的角色非常有限。他對稅收的看法也極爲負面，認爲政府對任何行業徵收的稅金都是一種強制，因此等同於政府擁有權：在他眼中，稅收相當於強行接管部分的私人企業。但他和海耶克不同的地方在於，他不認爲經濟自由主義比政治自由更重要。對傅利曼來說，政治自由才是首要的。[21]

傅利曼和許多自由市場思想家一樣，生活在矛盾之中。他的事業始於富蘭克林·羅斯福（Franklin Roosevelt）的羅斯福新政（New Deal），協助政府進行預算研究，接著進入國家經濟研究局（National Bureau of Economic Research）工作。他後來指出，雖然政府的創造就業計畫並不完美，但在遭遇經濟大蕭條時，這種計畫是必要的。不過，傅利曼認爲羅斯福新政的其餘部分都在以馬克思主義的方式「控制」個體的經濟生活。傅利曼在回顧羅斯福的改革時，避開了尖銳的黨派偏見，稱讚總統懷抱著「崇高的意圖」，但同時也十分遺憾地指出，他認爲社會安全保險、國家福利、公共住宅與其他政府計畫全都徹底失敗了。斯密同樣曾警告過，親商的經濟政策只會對特殊利益有利。傅利曼堅持認爲社會政策也是一樣的，他指出政府的援助破壞了「上帝面前人人平等」的原則。[22]

傅利曼對經濟學的重要貢獻始於一九五六年，他在那年發表了對於貨幣主義的研究，利用此理論與方法指出，控制貨幣供應量是穩定經濟的主要方法。他在著名文章〈貨幣數量理論：重述〉（Quantity of Money Theory: A Restatement）中主張，經濟體在逐年成長的過程中會創造出穩定的貨幣需求。他的看法與早期的貨幣數量理論學家互相呼應，認爲貨幣的價值與經濟體中的貨幣數量互有關聯，但是他比早期的理論學家更像是柯爾貝，原因在於他擔心經濟體若沒有定期提供貨幣，就會使經濟交易的速度變慢、數量減少。他感興趣的並非貨幣的價值，而是經濟體如何創造出了必定出現又必須被滿足的貨幣需求。這也就代表了政府必須每年都提供貨幣，而供給量應該相當於經濟體的平均成長值。他回到了約翰．勞提出紙幣理論時的中心思想，也就是政府必須穩定供應才能打造出信心，而傅利曼將這套觀點稱爲經濟行爲者的「理性期待」。[23]

傅利曼的貨幣數量理論批判了凱因斯的「政府能靠支出刺激經濟」的觀點。傅利曼認爲，除了軍隊和警察之外，所有國家支出都是錯誤，所有涉及聯準會

（Federal Reserve）的事情都很危險。事實上，他認爲美國應該完全廢除聯準會，直接根據統計出來的預期成長數字來發行貨幣。他和共同作者安娜・舒瓦茲（Anna Schwartz）一起寫下的巨著《美國貨幣史》（*Monetary History of the United States*，一九六三年）指出，美國的貨幣存量正隨著時間推移而不斷成長。然而在經濟大蕭條期間，聯準會限制了貨幣供給，希望能藉此抑制通膨。根據傅利曼所述，這些行爲加劇且延長了經濟大蕭條的「大收縮」（great contraction）。他和舒瓦茲做出結論，認爲聯準會能夠爲國家的成長與擴張做出貢獻的方式只有兩種，一是什麼都不做，二是拿出更多錢。[24]

這種有關經濟、通膨和成長是如何運作的貨幣觀點，是具有革命性的。根據傅利曼所述，貨幣流通速度（velocity），或者說貨幣需求的成長，等同於國內生產毛額（GDP）的年成長。傅利曼的理論逆轉了紐西蘭經濟學家暨發明家威廉・菲利普斯（William Phillips）於一九五八年提出的典型菲利普斯曲線（Phillips curve），根據該曲線的計算，緊縮貨幣與高利會導致通膨。傅利曼主張，菲利普斯曲線是具有缺陷的思維，並證明了雖然貨幣寬鬆會導致暫時的通膨，但經濟終究會回歸穩定。接著，由於那些期待經濟體中會有更多貨幣的人，會懷抱著「合理的期待」，所以對於經濟的信心會逐漸成長。雖然在一九七〇年代與一九八〇年代，貨幣主義對於美國的通膨抑制產生了一定的影響，但在瑪格麗特·柴契爾於英國實施了貨幣主義後，隨之而來的卻是大幅上升的失業率與國內經濟緊縮。儘管傅利曼不想承認這一點，不過能夠證明總體經濟平衡的證據仍然難以捉摸。[25]

一九七四年，傅利曼的朋友暨同事弗里德里希·海耶克贏得了諾貝爾經濟學獎，但他不得不和瑞典經濟學家岡納·米達爾（Gunnar Myrdal）共享這個獎項，米達爾是國家主導現代福利制度的著名提倡者。海耶克贏得諾貝爾獎的原因，是他指出了國家控制的低利率如何導致了通膨。他主張，美國在經濟大蕭條之前試圖以低利率刺激投資，卻因此鼓勵了過多借貸，導致了繁榮的泡沫經濟，而最終崩潰。這就是海耶克強而有力的經濟週期理論，也是對於一九七〇年代通膨危機的傑出見解。

另一方面，諾貝爾委員會頒獎給米達爾，是為了表彰他指出了在美國戰後經濟快速成長的過程中，非裔美國人是如何被落在後頭的。諾貝爾委員會精彩地引用了加利亞尼與內克的舊觀點：在我們對市場失望之前，市場一直都是最好的政策，而如今市場正在使美國的少數族群失望。委員會想要傳遞的訊息是，自由市場主義者與政府干預主義者都發現了經濟眞理，若他們能彼此合作，將會帶來最好的結果。然而，海耶克和傅利曼似乎無法找到經濟方面的折衷觀點，此外，他們顯然也不願意爲了矯正經濟不平等與種族不平等的問題而提出市場的失敗之處。一九七六年，諾貝爾委員會再次展現出了他們對於理解市場機制的興趣，將諾貝爾經濟學獎頒發給了傅利曼，原因是他在貨幣理論與貨幣穩定化這兩方面的研究。然而，委員會仍然沒有全盤接受市場均衡的普遍思維。

貨幣主義變成了現代政府的基本原則。傅利曼的新構想中保留了凱因斯式支出的一些基本要素。每當出現重大危機時，政府都應該要出手管理貨幣供給。儘管傅利曼堅持認爲，只有穩定的、漸進式的貨幣注入才是必要的，也認爲政府不需要調整貨幣注入的時間與數量，但政府央行如今是依據特定的脈絡制定貨幣政策——無論你是否同意都沒有差別——央行如今成爲了國家部門，對經濟生活的影響比過去任何時期都還更重要。

傅利曼是理想主義者，更對美國例外主義（American exceptionalism）深信不疑。對他來說，自由市場代表除了提供最低限度的貨幣供給，政府對於經濟成長沒有任何作用。他不認爲經濟未開發的國家與區域需要政府的投資。此外，他也堅信無拘無束的資本主義已經幫助了少數族裔、彌補了代議政府的失敗之處。傅利曼拒絕接受米達爾的研究和數據，他認爲政府計畫才應該爲不平等負責，並提出警告說，少數族群絕不能寄望政治多數派會捍衛他們的利益。他提出了一種虛無主義的、甚至近乎是一種反民主的自由意志主義概念：「所有壞事都來自政府」。[26]

傅利曼忽略自己對政府的巨大影響力，也忽略了政府對於成長與創新研究的資助（私立的芝加哥大學〔University of Chicago〕一部分仰賴的是聯邦政府提供的大量研究資助，過去和現在都如此），他認爲只有個體、股東、私營與上市的股份有限公司才能創造財富。他建議把所有藥物合法化，也是教育選擇權（school choice）的先驅提倡者。他認爲移民是推動美國經濟增長的引擎。傅利曼主張，他在保護個人自由方面最偉大的其中一個成就，在於他幫忙推動了結束徵兵制，並協助政府建立了全志願兵役制的軍隊。他公開表示他反對不寬容，同時他也是同性戀權利的捍衛者。然而在一九八〇年代，傅利曼掌握了最顛峰的影響力，卻有些奇怪地對市場的失敗一聲不吭，此外，有些自由市場提倡者——例如智利獨裁者奧古斯托．皮諾契（Augusto Pinochet）——拒絕接受傅利曼在個人自由與民主方面的核心思想，但傅利曼也沒做出回應。事實上，傅利曼還把皮諾契的鎮壓式軍事獨裁和經濟政策稱作「一個奇蹟」，卻未曾認眞對皮諾契在政治刑求與謀殺方面的惡行表達疑慮，更絕口不提在皮諾契的暴力政變之前，智利就已擁有成功商業發展的悠久歷史。[27]

▽•▲

海耶克和傅利曼兩人理想主義式的反國家自由意志主義，在美國舊有的、更複雜且更令人憂慮的自由意志主義傳統中找到了歸宿。早在二次大戰之前，有個反國家的自由市場思想運動就已在美國工業、福音派基督教運動和南方的新聯邦國權利運動中廣受歡迎了。

雖然斯密和他的十九世紀後繼者都是基進改革者，但美國仍有許多自由市場支持者懷抱著深切的保守信念。一九三四年，杜邦（du Pont）三兄弟皮耶（Pierre）、伊赫內（Irénée）和拉莫特（Lammot）因為極度厭惡羅斯福新政，開始書寫他們有多擔憂正在美國蔓延的社會主義。這三兄弟是工業家，他們是皮耶—山繆・杜邦・內穆赫的後代，後者是魁奈最忠實的追隨者之一，也是廢除奴隸制度的熱心倡導者。杜邦是農業財富論的信徒，在他從巴黎搬到德拉瓦州之前，曾協助推動法國大革命——也就是那場針對濫用權利的落後社會發動的大型政府干預。[28]

杜邦兄弟一直對美國總統赫伯特・胡佛透過《美國憲法第十八條修正案》執行了禁酒令感到非常不滿。他們同樣不滿的還有政府在羅斯福新政時期試圖禁止童工，皮耶・杜邦寫了一封信給一九三三年至一九三五年的國家復興總署（National Recovery Administration）署長休・強森（Hugh Johnson）：「除非社區中的家長認為童工不該存在，否則任何聯邦法律或憲法修正案都不能廢除童工。」杜邦兄弟認為，就算論及虐待兒童的行為，國家也不應該介入。對他們來說，應該由「社會」這個模糊的概念在沒有法律干預的狀況下管理童工。若美國的合法當選政府決定要廢除童工，這就是個民主決定，但杜邦兄弟對此表示反對。29

杜邦家族的新世代缺乏他們的法國哲學家祖先懷抱的明確道德觀。到了一九三〇年代，杜邦公司（DuPont Company）已成為全球最大的工業公司之一。杜邦公司的化學產品與塑膠產品定義了現代，也刺激了工業發展、創新與財富，但一直以來，杜邦公司都因為汙染而聲名狼籍。重農學派的後代竟然成立了一家跨國工業化學公司，靠著尼龍賺進大筆財富，這樣的轉折實在出人意料。杜邦公司已經遠遠脫離了他們奉行自然論的祖先所懷抱的農業信念與基進政治觀點。

當保護公司免受政府干預的運動在美國展開，希望能阻止羅斯福新政在社會、教育與社會福利方面的計畫，杜邦兄弟也在行列之中。當時有許多親自由市場的團體都獲得了工業家的支持，杜邦兄弟支持的是美國自由聯盟（American Liberty League），他們與該聯盟同心協力，試圖撤銷羅斯福的政策。若想達成目標，他們就需要一套意識形態。到了一九四〇年代後期，另一個保守的基督教團體也開始反對羅斯福新政，這些福音派信徒認為羅斯福新政正在把人民的信仰從基督教轉移到世俗國家。30

美國大型公司與企業自由市場意識形態建立了夥伴關係，再加上保守的福音派基督徒，以及來自美國南部和西南部的反民權政客，共同編寫出了自由市場思想歷史中最不同尋常、最反動的章節之一。自由市場運動過去的關鍵字是基進、自然神論與無神論、早期法國革命，受到廢奴主義者、和平主義者與女權倡議者的擁護，也受到約翰・史都華・彌爾這類效益主義兼社會主義者的支持。此刻自由市場卻轉變成了另一整套全新的福音，而宣揚這套福音的是美國極端保守主義者與支持種族隔離的新聯邦種族主義者。某種程度上來說，這樣的轉變是有道理的。美國受到經濟大蕭條與二戰的嚴重衝擊，對於這樣的一個國家來說，蘇聯的解體加上羅斯福以前所未見的方式進行的聯邦政府擴張，想必會使人民大受驚嚇——同時也鬆了一口氣。無論是對美國民主或自由企業來說，蘇聯共產主義都是一種威脅。二戰過後，羅斯福幾乎大舉獲勝，他的大國經濟政策持續了下去，最後帶來了大幅的經濟擴張。商業團體、福音派信徒與反對種族和平的政客都把這個活躍的新政府視爲威脅，他們開始將充滿理想主義的新自由市場思想家——例如海耶克等人——視爲盟友，能和他們一起在美國反對政府事業。

一九四〇年代，南方浸信會福音派領袖葛理翰（Billy Graham）大力宣揚混合了反共言論的親自由市場論述，並提出警告說，有勞工團體和性濫交將會導致《聖經》中的末日大戰。一九五〇年代，福特（Ford）、奇異集團（General Electric）、美孚石油（Mobil）和美國鋼鐵（US Steel）等公司，爲了維護自身利益而成立了多個支持自由意志主義的親商團體，例如美國企業協會（American Enterprise Association，後改爲美國企業機構〔American Enterprise Institute〕）與經濟教育基金會（Foundation for Economic Education）。這些公司還招募了密爾頓・傅利曼等經濟學家替他們撰稿，並且變得更加親近保守派的共和黨領袖，例如小威廉・F・巴克利（William F. Buckley）、他創辦的《國家評論》（*National Review*）以及他的政治盟友，像是支持種族隔離的新聯邦種族主義者斯特羅姆・瑟蒙德（Strom Thurmond）和傑西・赫姆斯（Jesse Helms）。一九六〇年代，野心勃勃的政治家貝利・高華德（Barry Goldwater）寫下了《一個保守派的良心》（*The Conscience of a Conservative*）。高華德一直希望能推翻較溫和的共和黨建制派，他在書中爲新聯邦國權利運動辯護，並讓廣大讀者認識海耶克與馮・米塞斯的研究。高華德抨擊所有形式的工會活動，並譴責政府對經濟的干涉是「一種邪惡」，剝奪了美國人民決定要如何花錢的權利。因此我們也無需訝異三K黨（Ku Klux Klan，通稱三K黨）在高華德於一九六四年與林登・詹森（Lyndon Johnson）競選總統時選擇支持他，不過高華德最終落選了。然而，高華德的理念其實比較傾向較古老的自由主義。他在後來全心接納了美國西南方一派的自由意志主義，倡導自由市場、同性戀權利、墮胎權和大麻合法化，因而爲今天美國西方各州歷久不衰的社會自由主義奠定了基礎。[31]

大約在高華德競選總統失敗的同時，福音派電視布道人士帕特・羅伯森（Pat Robertson）和傑瑞・法威爾（Jerry Falwell）加入了共和黨的自由主義極右翼。他們呼籲美國應該建立自由市場，在抗議政府官員時引用了海耶克和傅利曼的著作，同時照三餐譴責搖滾樂、同性戀、墮胎、公民權利和色情作品。在新自由市場運動中，強硬的右翼福音派人士是最有影響力的領導人之一。共和黨的意識形態逐漸混雜了美國東北部主流建制派、美國浸信會清教徒主義、種族主義和偏見，以及傅利曼式的美國西南學派個人自由意志主義和放縱心態——將上述所有事物結合在一起的，是對於跨國企業集團公司的一種近乎宗教式的崇敬，以及資本控股股東具有的神聖性。[32]

在這個美國自由市場的萬花筒中，還要加上俄羅斯猶太自由意志主義作家暨自由市場流行理論家艾茵．蘭德。蘭德的虛構作品比任何經濟學家的文章都更通俗易懂、更受歡迎，這些作品創造出一種以海耶克的超個人主義式反集體理論為核心的敘事。她在一九四三年出版的暢銷小說《源泉》的主角是具有強烈企業企圖心的建築師霍華德．洛克，無畏地對抗集體主義者和「無所事事」的官僚，靠著純粹的個人意志實現了創新與進步。這部作品傳達的訊息是，企業家就像現代的尼采式超人一樣，他們是「蘭德式英雄」，這些體格優越的男人需要掙脫政府的束縛，才能實現他們的偉大事蹟，並促進人類的福祉。美國許多有影響力的經濟學家——例如聯準會主席暨艾茵蘭德集團（Ayn Rand Collective）的成員艾倫．格林斯潘（Alan Greenspan）——以及無數商界領袖和政治家，都全心擁抱了蘭德的作品。一九九一年，柏林圍牆倒塌，而《源泉》獲選成為對美國議員的影響力僅次於《聖經》的書籍。[33]

傅利曼的美國企業自由意志主義和蘭德的理想，全都牴觸了斯密過去對商業企業家——「計畫者」——提出的警告，也牴觸了斯密希望市場能夠修正貪婪心態的想法。蘭德筆下的極端個人主義人物非常類似貴族和擁有大量土地的菁英，重農主義者一直都希望能讓他們擺脫國家暴政的那些人。蘭德和傅利曼的思想反映了古老的重農主義觀念，認爲創造財富的特定人士應該要在社會中擁有特殊地位。自由市場思想家認爲，只要是財富的生產者都不應該被徵稅，無論是十八世紀的農民，還是二十世紀的生產商、企業家或富有的股東都一樣。社會必須透過自由放任主義的簡單原則，解放社會原本就擁有的財富創造能力。

▽•▲

如今，當來自各方的批評者開始抨擊傅利曼的自由市場思想時，我們不禁要問：哪些版本的自由市場思想是到了現今仍然有用的？正如我們在中國、新加坡乃至所有經濟已開發國家中看到的，沒有一種經濟模式能占據主導地位。從以前到現在，從來沒有任何一個。我們總是根據環境狀況而不斷變化。但我們能確定一件事：在沒有政府的地方，例如南蘇丹這類充滿極端暴力的「邊境經濟體」，正統的自由意志主義自由市場模式並不存在，也從未存在過。大多數已開發工業經濟體都會遵循一種相對類似的配方，即自由社會民主制度，搭配上普遍的自由市場機制，以及政府對於經濟體的廣泛監督和參與。多數私營公司會根據供給與需求的市場機制來生產和銷售商品及服務，但也有些公司的根據來自私人國家壟斷（如波音公司〔Boeing〕和空中巴士〔Airbus〕），有些則依據政府合約（如IBM和微軟〔Microsoft〕）、或者依據國家補貼公司和社會福利的計畫來獲得可觀的國家援助（請回想一下亞馬遜〔Amazon〕早期使用美國郵政署〔United States Postal Service〕，或者沃爾瑪和麥當勞靠著國家醫療補助〔Medicaid〕作爲低工資戰略的一部分）。[34]

每個國家都會依據環境的不同，在發展的過程中採用極獨特的方法與途徑，這些發展往往違背了純粹的經濟模式。因此，我們不可能把新加坡拿去和中國、德國或美國相提並論，中美德皆擁有龐大且多樣化的國內市場。雖然全球規模最大的公司大多都位於美國，但目前看來，亞洲的公司成長率比美國高得多。它們全都具有不同的優勢與策略。把美國拿去和中國比較，就像是在一七〇〇年把英國與法國拿來比較一樣。雙方需要的是彼此不同的一系列經濟政策，藉此發展經濟狀況並進行有效的競爭。[35]

結語

威權資本主義、民主和自由市場思想

雖然自由市場經濟學家對市場的運作方式提供了精闢的見解——舉例來說，藉由對邊際效用的理解提出觀點——但他們同時也形成了一種含括一切的烏托邦式信念，認爲唯有透過純粹均衡的形式，經濟才能順利運作。他們堅信只要透過供需關係來創造成長，在政府只扮演最低限度角色的情況下，市場系統就會神奇地自行維持下去。但如今看來，這種經濟模式似乎顯得不切實際也不具意義。經過數十年的法規鬆綁和自由貿易擴張，這個世界經歷了週期性的經濟崩潰和政府紓困，也遇上了迅速加劇的財富不平等、戰爭、氣候危機和公共健康災難。我們無法達到均衡。

若非要說些感想的話，在這段過程中，國家仍然是強大的經濟驅動力，而中國以世界第二大經濟體的地位崛起，只加劇了自由市場的難題。一九七八年，中華人民共和國領導人鄧小平宣布「中國改革開放」，共產黨開始將漸進式的市場改革引入中國社會。一九八八年，共產黨邀請了自由市場願景最有力的捍衛者密爾頓・傅利曼正式參訪中國。不出所料，傅利曼表示，對中國來說，「沒有任何眞正令人滿意的替代品可以替代全面自由化的市場。」傅利曼與共產黨總書記趙紫陽促膝詳談時指出，就像「物理學原理一樣，經濟學原理也能平等地適用於所有國家」，他指出通往財富的唯一途徑只有擴大「私有財產」並鬆綁國家的工業法規。他告訴趙紫陽，若沒有政治自由，中國市場是無法運作的。換句話說，如果中國不走向自由政治體制，永遠不可能成爲富裕國家。[1]

儘管如此，鄧小平仍在一九八九年決定中國可以混合執行計畫經濟和市場經濟，而市場經濟也可以在他所謂的「社會主義」內發展。因此，鄧小平和其他中國領導人開始著手創建「社會主義市場經濟」，汲取了傅利曼在私有財產和誘因機制方面的觀點，同時保留了中國的威權政體。中國領導階層如今希望能在減少中央計畫、解除對私有制的限制的同時，仍保持國家對重要公司和鉅額主權財富基金的控制權。[2]

一九九〇年代，國家經濟體制改革委員會的副司長姜春澤針對計畫經濟與市場經濟編寫了報告。姜春澤是自由市場改革史上最有影響力的女性之一，她意識到市場經濟的「生產力」是很優越的。然而她也指出，成功的市場經濟並非純粹的自由放任主義。市場經濟需要一定程度的國家干預。因此，姜春澤建議將政府干預和私有財產結合至個人利潤誘因上。[3]

她建議的做法成功了。中國政府實施了對私營企業、房地產、財富誘因和私營公司的監督，投資並創建了國有資本主義公司，這些措施使中國成爲全球第二富有的國家。中國確實遵循了一些自由市場規則，但也違反了部分規則，成功證明了老掉牙的自由市場聖經是錯誤的，中國在沒有政治自由的狀況下，還是達到了經濟自由或經濟成長。[4]

事實上，中國人使用的是種舊的發展模式，源自十七世紀的尚—巴提斯特·柯爾貝。中國領導階層和其他先驅一樣，清楚看見一樣傅利曼沒有注意到的東西——也就是不同程度的私有財產、效率甚或是活躍的創業精神等自由市場理念，都可以與國家控制並存，且成長茁壯。更令人訝異的是，中國發現自由市場教條的某些元素，實際上可以在威權主義的環境下使國家變得繁榮。中國的社會主義市場經濟看起來只不過是柯爾貝式專制資本主義更有效率的版本，具有政治專制主義的所有優勢、風險與可怕之處。[5]

▽•▲

自由市場思想如今面臨的是非常艱難的選擇。對於那些拒絕科學與開放社會的人，以及那些團結起來反對民主與個人自由、支持獨裁者和盜賊統治者（kleptocrat）的人來說，自由市場思想會是盟友嗎？又或者，一種新版本的民主自由市場實用主義會變成一股強大的力量？亞當斯密擔心企業對政府的影響，而路德維希·馮·米塞斯、弗里德里希·海耶克和密爾頓·傅利曼則擔心政府對私人生活可能造成的危險。在如今這個社群媒體和大規模個資探勘的時代，自由市場思想家不得不面對和克服這個事實：政府和市場都有陰暗面，而且這兩者不一定互相衝突，有可能會協同合作，這本就是常常發生的事，而當政府和市場走入歧途時，它們必須受到管理，甚至抵制。有一件事是我們可以肯定的：如果我們想要擺脫人類如今面臨的巨大阻礙，那麼自由市場思想就必須調整狀態，變得比二戰過後至今的自由市場思想都更靈活變通、更精於世故。[6]

若說我們在此學到了任何教訓，那必定是當我們聽到任何理論宣稱「經濟系統可以在缺乏大幅政治干涉的情況下自我維持或保持平衡」，一定要心懷質疑。即使是那些相信經濟均衡的自由市場哲學先驅，也認爲國家對經濟均衡至關重要。西塞羅或許對財富垂涎三尺，但他終究爲了維護羅馬共和國這個更重要的志業而獻出了自己的性命。他認爲服務公眾是身爲人類所能做到的最偉大善行，而市場運作的基石，則是優秀的政府以及人們對與自然和諧共存的理解。到頭來，只有在社會和平與法治的基礎上，人們才能進行誠實又具生產力的交易。[7]

聖奧古斯丁等基督教領袖認爲人類不可能在地球上建立完美的制度，只有在救贖中尋求完美。在猶太教與基督教共有的傳統中，地球是上帝提供給墮落人類的不完美家園，這就是爲什麼洛克等基督教理論家認爲財產和政府是必要的，這些事物的目的是確保人們的經濟生活不至崩潰，也不至走入歧途而做出不道德和浪費的行爲。這種將人類和自然視爲不完美的觀點，在啟蒙運動哲學家（如魁奈、休謨和斯密）對世俗的熱情中出現了改變，這些哲學家希望能透過經濟均衡的自由市場哲學，爲人類的進步創造出科學方法。但是，若說斯密從某方面看來是樂觀主義者的話，那麼我們應該先將他視爲懷疑論者，他並不確定自己的經濟願景是否有實現的可能。因此，《國富論》並非宣言，而是一種假說，斯密自己就是率先承認此一事實的人。

就如同十八世紀的前輩一樣，約翰．史都華．彌爾等十九世紀的哲學家樂觀地認爲自由市場可以創造出均衡，同時他們也對自由市場失敗的狀況感到困惑，因此，這些哲學家相信國家必須掌控經濟的舵柄，防止經濟失衡。就連在維多利亞時代提出「完美市場」理論的自由市場倡導者威廉．史坦利．傑文斯也認爲，在個體無法執行有效率的交易時，政府就必須進行干預。[8]

這並不代表政府對經濟的干預必定是理想的或有效的。但根據歷史紀錄所示，隨著經濟體成長得愈來愈複雜，政府也會隨之成長，無論這是好是壞。自由市場、個人野心和企業家精神都是至關重要的，它們帶來了人類歷史上許許多多最偉大的成就。但我們必須面對的現實是，政府是不該消失的，而那些斷言國家必定對經濟造成負面影響的論點，可說是既懶惰又充滿誤導性。那些嚴厲譴責政府在商業界所扮演的角色的人，事實上有很多都非常清楚國家能對經濟造成的重大影響，想當然耳，他們也正是因此才總是在覬覦政治權力，並願意為了獲得權力付出高昂代價。

如果我們要改造自由市場思想，並使這套思想再次具有實際意義，我們就必須重新設計它，不僅把它看作一種以民主為導向的哲學，而且是一種接受國家與市場彼此有著根深蒂固關係的哲學。無論是政府還是市場，都永遠不會是完美的；市場——或者自然界——不會按照人類哪怕是最周密的計畫發展。自由的個人行動對於市場動力來說是必要的，但僅靠著這些行動不足以保證經濟穩定運行。到了最後，我們最好還是回到西塞羅的古老書本中，不是為了找到完美的市場機制，而是為了吸取兩千多年來不斷吸引讀者回頭閱讀的那些教訓。西塞羅認為，如果人們能使用財富來支持憲政、城邦的和平與文明禮儀，財富就只會是良善的。對他來說，比財富更重要的是與自然和諧相處、培養學問、建立友誼以及履行道德管理的艱苦工作。單靠對市場的信心無法拯救我們，但堅守這些古老的美德或許能為我們帶來某種救贖。

acknowledgements

致謝

首先，我要感謝我在基本圖書出版社（Basic Books）的編輯拉娜・海梅特（Lara Heimert），她幫助我構思出這本書含括的知識範圍，孜孜不倦地支持這個專案，在漫長的成書過程中一直保持信念。她是出版界最聰明的人，我很幸運能和她合作。基本圖書的編輯團隊——康納・蓋（Conor Guy）、克萊兒・波特（Claire Potter）、羅傑・拉布瑞（Roger Labrie）和凱希・史崔福（Kathy Streckfus）——絕對是最棒的團隊。非常感謝團隊中的每個人。和往常一樣，我的經紀人羅伯・麥奎肯（Rob McQuilkin）在本書的每個階段都扮演了關鍵角色，在此表示萬分感謝。

我也要謝謝南加州大學（University of Southern California，簡稱ＵＳＣ）多西夫學院（Dornsife College）和萊芬賽爾會計學院（Leventhal School of Accounting）

的支持，若非這些支持，這本書也就沒有機會出版。特別感謝國家人文基金會（National Endowment for the Humanities）的公共學者獎學金（Public Scholar Fellowship）以及查爾斯與艾格妮斯・卡薩里安基金會（Charles and Agnes Kazarian Foundation）的持續支援。

我也要感謝南加州大學哲學系、近代研究所（Early Modern Studies Institute）、我在南加州大學的馬汀經濟史論壇（Martens Economic History Forum）以及我開設自由市場思想課程時的學生，還有史丹佛大學、耶魯大學、東京大學、哈佛商學院、洛杉磯加大（University of California–Los Angeles，簡稱ＵＣＬＡ）的克拉克圖書館（Clark Library）、拿坡里腓特烈二世大學（University of Naples Federico II）、巴黎德國歷史研究所（Deutsches Historisches Institut Paris）和《威廉與瑪麗季刊》（*William and Mary Quarterly*）的研討會小組，我們一起進行具有建設性的交流和批評，並付出努力，若沒有這些人，我是不可能在智識方面做出這麼多嘗試的。

在本書專案的不同階段，我得到了法國國家檔案館（Archives Nationales de France）、法國國家圖書館（Bibliothèque Nationale de France）、佛羅倫斯國立中央圖書館（Biblioteca Nazionale Centrale di Firenze）以及南加州大學和洛杉磯加大的圖書館員提供的各種協助。

學術研究必須仰賴學識豐富的社群，而我所屬的社區既多彩多姿又啟發人心。衷心感謝亞歷山德羅·阿列恩佐（Alessandro Arienzo）、基斯·貝克（Keith Baker）、大衛·貝爾（David Bell）、寶拉·貝圖奇（Paola Bertucci）、戈登·布朗（Gordon Brown）、保羅·錢尼（Paul Cheney）、弗雷德里克·克拉克（Frederic Clark）、傑佛瑞·柯林斯（Jeffrey Collins）、黛安·科伊爾（Diane Coyle）、伊莉莎白·克羅斯（Elizabeth Cross）、威爾·德林格（Will Deringer）、西恩·唐納修（Sean Donahue）、丹·艾德斯坦（Dan Edelstein）、莉娜·福爾默（Lena Foellmer）、傑米·加爾布萊斯（Jamie Galbraith）、亞瑟·戈德哈默（Arthur Goldhammer）、安東尼·格拉夫頓（Anthony Grafton）、科林·漢米爾頓（Colin Hamilton）、盧卡斯·赫爾辛魯德（Lucas Herchenroeder）、瑪格麗特·雅各布（Margaret Jacob）、馬哈茂德·賈洛（Mahmoud Jalloh）、麥特·卡丹（Matt Kadane）、保羅·卡薩利安（Paul Kazarian）、丹·凱勒門（Dan Kelemen）、近藤仲

（Naka Kondo）、安東尼・利帝（Antoine Lilti）、西恩・麥考利（Sean Macauley）、彼得・曼考爾（Peter Mancall）、梅格・莫索懷特（Meg Musselwhite）、凡妮莎・奧格爾（Vanessa Ogle）、阿諾・奧蘭（Arnaud Orain）、傑夫・派克（Jeff Piker）、史蒂夫・平柯斯（Steve Pincus）、艾瑞克・萊納特（Erik Reinert）、費南妲・萊納特（Fernanda Reinert）、索菲斯・萊納特（Sophus Reinert）、艾瑪・羅斯柴爾德（Emma Rothschild）、安德魯・夏克曼（Andrew Shankman）、希姆・下山（Shim Shimoyama）、阿希什・西迪克（Asheesh Siddique）、馬塞洛・西蒙納塔（Marcello Simonetta）、菲爾・斯特恩（Phil Stern）、艾雷葛拉・斯特林（Allegra Stirling）、賈柯莫・托戴斯基尼（Giacomo Todeschini）、法蘭克・特倫曼（Frank Trentmann）、梅麗莎・維羅內希（Melissa Veronesi）、艾倫・威蘭—史密斯（Ellen Wayland-Smith）、派翠克・威爾（Patrick Weil）、亞瑟・韋斯泰因（Arthur Weststeijn）和山本浩二（Koji Yamamoto）。

▽註釋▲

序言・自由市場思想的新起源故事

1. Léon Walras, *Elements of Pure Economics; or, the Theory of Social Wealth*, trans. William Jaffe (London: Routledge, 1954), 153–155; Bernard Cornet, "Equilibrium Theory and Increasing Returns," *Journal of Mathematical Economics* 17 (1988): 103–118; Knud Haakonssen, *Natural Law and Moral Philosophy: From Grotius to the Scottish Enlightenment* (Cambridge: Cambridge University Press, 1996), 25–30.
2. Milton Friedman, *Capitalism and Freedom*, 3rd ed. (Chicago: University of Chicago Press, 2002), 15; Milton Friedman, *Free to Choose: A Personal Statement*, 3rd ed. (New York: Harcourt, 1990), 20, 145.
3. Anat Admati, "Anat Admati on Milton Friedman and Justice," Insights by Stanford Business, October 5, 2020, www. gsb. stanford. edu/insights/anat-admati-milton-friedman-justice; Diane Coyle, *Markets, State, and People: Economics for Public Policy* (Princeton, NJ: Prince ton University Press, 2020), 98–101; Rebecca Henderson, *Reimagining Capitalism in a World on Fire* (New York: Public Affairs, 2020), 19, 67; Bonnie Kristian, "Republicans More Likely Than Democrats to Say the Free Market Is Bad for America," Foundation for Economic Education, December 9, 2016, https://fee. org/articles/republicans-more-likely-than-democrats-to-say-the-free-market-is-bad-for-america; Jonah Goldberg, "Will the Right Defend Economic Liberty?" *National Review*, May 2, 2019; Martin Wolf, "Why Rigged Capitalism Is Damaging Liberal Democracy," *Financial*

Times, September 17, 2019, www. ft. com/content/5a8ab27e-d470-11e9-8367-807ebd53ab77; Ben Riley-Smith, "The Drinks Are on Me, Declares Rishi Sunak in Budget Spending Spree," *The Telegraph*, October 27, 2021; Inu Manak, "Are Republicans Still the Party of Free Trade?," Cato Institute, May 16, 2019, www. cato. org/blog/are-republicans-still-party-free-trade; Aritz Parra, "China's Xi Defends Free Markets as Key to World Prosperity," Associated Press, November 28, 2018.

4. Erik S. Reinert, *How Rich Countries Got Rich, and Why Poor Countries Stay Poor* (London: Public Affairs, 2007); Ciara Linnane, "China's Middle Class Is Now Bigger Than America's Middle Class," MarketWatch, October 17, 2015, www. marketwatch. com/story/chinese-middle-class-is-now-bigger-than-the-us-middle-class-2015-10-15; Javier C. Hernández and Quoctrung Bui, "The American Dream Is Alive. In China," *New York Times*, November 8, 2018; Karl Polanyi, *The Great Transformation: The Political and Economic Origins of Our Time* (Boston: Beacon Press, 1957), 267–268; Fred Block and Margaret R. Somers, *The Power of Market Fundamentalism: Karl Polanyi's Critique* (Cambridge, MA: Harvard University Press, 2014), 2; David Sainsbury, *Windows of Opportunity: How Nations Create Wealth* (London: Profile Books, 2020).

5. Martin Wolf, "Milton Friedman Was Wrong on the Corporation," *Financial Times*, December 8, 2020, www. ft. com/content/e969a756-922e-497b-8550-94bfb1302cdd.

6. Adam Smith, *An Inquiry into the Nature and Causes of the Wealth of Nations*, ed. Roy Harold Campbell and Andrew Skinner, 2 vols. (Indianapolis: Liberty Fund, 1981), vol. 1, bk. IV, chap. ii, para. 10; William J. Barber, *A History of Economic Thought* (London: Penguin, 1967), 17; Lars Magnusson, *The Tradition of Free Trade* (London: Routledge, 2004), 16.

7. Joseph A. Schumpeter, *History of Economic Analysis* (London: Allen and Unwin, 1954), 185.

8. Smith, *Wealth of Nations*, vol. 2, bk. IV, chap. ix, para. 3.

9. D. C. Coleman, ed. , *Revisions in Mercantilism* (London: Methuen, 1969), 91–117, at 97; William Letwin, *The*

Origins of Scientific Economics: English Economic Thought, 1660–1776 (London: Methuen, 1963), 43; Lars Magnusson, *Mercantilism: The Shaping of an Economic Language* (London: Routledge, 1994); Philip J. Stern, *The Company State: Corporate Sovereignty and Early Modern Foundations of the British Empire in India* (Oxford: Oxford University Press, 2011), 5–6; Rupali Mishra, *A Business of State: Commerce, Politics, and the Birth of the East India Company* (Cambridge, MA: Harvard University Press, 2018); Philip J. Stern and Carl Wennerlind, eds. , *Mercantilism Reimagined: Political Economy in Early Modern Britain and Its Empire* (Oxford: Oxford University Press, 2014), 6; Schumpeter, *History of Economic Analysis*, 94; Eli F. Heckscher, *Mercantilism*, trans. Mendel Shapiro, 2 vols. (London: George Allen and Unwin, 1935); Steve Pincus, "Rethinking Mercantilism: Political Economy, the British Empire, and the Atlantic World in the Seventeenth and Eighteenth Centuries," *William and Mary Quarterly* 69, no. 1 (2012): 3–34.

第一章・西塞羅之夢

1. Titus Livy, *History of Rome*, trans. John C. Yardley, Loeb Classical Library (Cambridge, MA: Harvard University Press, 2017), bk. 1, chap. 8. For an online version of Livy edited by Rev. Canon Roberts, see the Perseus Digital Library, Tufts University, gen. ed. Gregory R. Crane, www. perseus. tufts. edu/hopper/text?doc=urn:cts:latinLit:phi0914. phi0011. perseus-eng3:pr.
2. Livy, *History of Rome*, bk. 23, chap. 24; bk. 1, chap. 35; Ronald Syme, *The Roman Revolution*, rev. ed. (Oxford: Oxford University Press, 2002), 15.
3. Cato, *On Agriculture*, in *Cato and Varro: On Agriculture*, trans. W. D. Hooper and H. B. Ash, Loeb Classical Library (Cambridge, MA: Harvard University Press, 1935), bk. 1, paras. 1–2.

4. Cicero, *De officiis*, trans. Walter Miller, Loeb Classical Library (Cambridge, MA: Harvard University Press, 1913), bk. 1, sec. 13, para. 41.

5. Cicero, *On the Republic*, in Cicero, *On the Republic, On the Laws*, trans. Clinton W. Keyes, Loeb Classical Library (Cambridge, MA: Harvard University Press, 1928), bk. 1, sec. 34, paras. 52–53; bk. 1, sec. 5, para. 19; bk. 1, sec. 8–9, para. 24.

6. Dan Hanchey, "Cicero, Exchange, and the Epicureans," *Phoenix* 67, no. 1–2 (2013): 119–134, at 129; Wood, *Cicero's Social and Political Thought*, 55, 81–82, 112; Cicero, *De officiis*, bk. 3, sec. 6, para. 30; bk. 1, sec. 7, para. 22.

7. Cicero, *On Ends*, trans. H. Rackham, Loeb Classical Library (Cambridge, MA: Harvard University Press, 1914), bk. 2, sec. 26, para. 83; Hanchey, "Cicero, Exchange," 23; Cicero, *De officiis*, bk. 1, sec. 13, para. 41; bk. 1, sec. 16, para. 50; bk. 1, sec. 17, paras. 53–54; Cicero, *De amicitia*, in *On Old Age, On Friendship, On Divination*, trans. W. A. Falconer, Loeb Classical Library (Cambridge, MA: Harvard University Press, 1923), sec. 6, para. 22; sec. 7, paras. 23–24; sec. 7, paras. 23–24; sec. 14, paras. 50–52.

8. Cicero, *De officiis*, bk. 14, sec. 5, paras. 21–22; bk. 3, sec. 5, para. 23.

9. Caesar, *The Gallic War*, trans. H. J. Edwards, Loeb Classical Library (Cambridge, MA: Harvard University Press, 1917), bk. 5, para. 1. 另見"Internum Mare," in William Smith, *Dictionary of Greek and Roman Geography*, 2 vols. (London: Walton and Maberly, 1856), 1:1084; Peter Brown, *Through the Eye of the Needle: Wealth, the Fall of Rome, and the Making of Christianity in the West, 350–550 AD* (Princeton, NJ: Princeton University Press, 2014), 69; Pliny, *Natural History*, trans. H. Rackham, 37 vols. , Loeb Classical Library (Cambridge, MA: Harvard University Press, 1942), bk. 3.

10. Wood, *Cicero's Social and Political Thought*, 48; Cicero, *In Catilinam*, in Cicero, *Orations: In Catilinam, I–IV, Pro Murena, Pro Sulla, Pro Flacco*, trans. C. Macdonald, Loeb Classical Library (Cambridge, MA: Harvard

University Press, 1977), bk. 2, para. 21.

11. Cicero, *De officiis*, bk. 1, sec. 13, para. 47; Hanchey, "Cicero, Exchange," 129; Brown, *Through the Eye of the Needle*, 253.
12. A. E. Douglas, "Cicero the Philosopher," in *Cicero*, ed. T. A. Dorey (New York: Basic Books, 1965), 135–171.
13. Douglas, "Cicero the Philosopher."
14. Cicero, *De officiis*, bk. 1, sec. 13, para. 41; bk. 1, sec. 7, para. 27.
15. Cicero, *On Ends*, bk. 1, sec. 9, para. 30; bk. 1, sec. 10, paras. 32–33.
16. Cicero, *On Ends*, bk. 1, sec. 19, para. 69; Cicero, *On the Republic*, bk. 6, sec. 24, paras. 26–28.
17. Emily Butterworth, "Defining Obscenity," in *Obscénités renaissantes*, ed. Hugh Roberts, Guillaume Peureux, and Lise Wajeman, Travaux d'humanisme et Renaissance, no. 473 (Geneva: Droz, 2011), 31–37; Cicero, *Orations: Philippics 1–6*, ed. and trans. D. R. Shackleton Bailey, rev. John T. Ramsey and Gesine Manuwald, Loeb Classical Library (Cambridge, MA: Harvard University Press, 2009), chap. 2, paras. 96–98.

第二章：神聖經濟

1. Matthew, 13:44; Luke 12:33; Hebrews 9:22; Giacomo Todeschini, *Les Marchands et le Temple: La société chrétienne et le cercle vertueux de la richesse du Moyen Âge à l'Époque Moderne* (Paris: Albin Michel, 2017). 聖經的所有文句皆援引自英王欽定本（King James Version）。
2. Luke 12:33; Matthew 6:19–21. 另見 Mark 10:25 and Luke 18:25.
3. Matthew 25:29. 投資與報償的概念變成了 Robert K. Merton's "Matthew Effect in Science: The Reward and Communication Systems of Science Are Reconsidered," *Science* 159, no. 3810 (1968): 56–63 的基礎。

4. Proverbs 19:17. See also Matthew 25:45.
5. Matthew 19:12.
6. Clement of Alexandria, *The Rich Man's Salvation*, trans. G. W. Butterworth, rev. ed. , Loeb Classical Library (Cambridge, MA: Harvard University Press, 1919), 339; Todeschini, *Les Marchands et le Temple*, 28.
7. Walter T. Wilson, ed. and trans. , *Sentences of Sextus* (Atlanta: Society of Biblical Literature, 2012), 33–38, 74, 261–264.
8. Wilson, *Sentences of Sextus*, 2; *The Shepherd of Hermas*, trans. J. B. Lightfoot (New York: Macmillan, 1891), Parable 2, 1[51]:5, available at Early Christian Writings, www. earlychristianwritings. com/text/shepherd-lightfoot. html; Tertullian, "On the Veiling of Virgins," trans. S. Thelwall, in *The Ante-Nicene Fathers*, ed. Alexander Roberts, James Donaldson, and A. Cleveland Coxe, vol. 4, revised for New Advent by Kevin Knight (Buffalo, NY: Christian Literature Publishing, 1885).
9. Edward Gibbon, *History of the Decline and Fall of the Roman Empire*, 6 vols. (London: Strahan, 1776–1789), vol. 1, chap. 15, n. 96.
10. Richard Finn, *Almsgiving in the Later Roman Empire: Christian Promotion and Practice, 313–450* (Oxford: Oxford University Press, 2006), 93.
11. Benedicta Ward, *The Desert Fathers: Sayings of the Early Christian Monks* (London: Penguin, 2005), 20–54; Gregory of Nyssa, *On Virginity*, ed. D. P. Curtin, trans. William Moore (Philadelphia: Dalcassian Publishing, 2018), 19.
12. John Chrysostom, "Homily 3: Concerning Almsgiving and the Ten Virgins," in *On Repentance and Almsgiving*, trans. Gus George Christo (Washington, DC: Catholic University of America Press, 1998), 28–42, at 29–31.
13. Chrysostom, "Homily 3," 32.
14. Ambrose, *On the Duties of the Clergy*, trans. A. M. Overett (Savage, MN: Lighthouse Publishing, 2013), 55, 89,

205–206; Ambrose, *De Nabuthae*, ed. and trans. Martin R. P. McGuire (Washington, DC: Catholic University of America Press, 1927), 49.

15. Ambrose, *On the Duties of the Clergy*, 55, 78, 83.
16. Ambrose, *On the Duties of the Clergy*, 122–124.
17. Ambrose, "The Sacraments of the Incarnation of the Lord," in *Theological and Dogmatic Works*, trans. Roy J. Deferrari (Washington, DC: Catholic University of America Press, 1963), 217–264, at 240.
18. Peter Brown, *Augustine of Hippo: A Biography* (Berkeley: University of California Press, 2000), 169.
19. Augustine, *On the Free Choice of the Will, On Grace and Free Choice, and Other Writings*, ed. and trans. Peter King (Cambridge: Cambridge University Press, 2010), 1; Peter Brown, "Enjoying the Saints in Late Antiquity," *Early Medieval Europe* 9, no. 1 (2000): 1–24, at 17.
20. Brown, *Augustine of Hippo*, 218–221.
21. Augustine, "Sermon 350," in *Sermons*, ed. John E. Rotelle, trans. Edmund Hill, 10 vols. (Hyde Park, NY: New City Press, 1995), 3:107–108, available at https://wesleyscholar. com/wp-content/uploads/2019/04/Augustine-Sermons-341-400. pdf; Peter Brown, *Through the Eye of a Needle: Wealth, the Fall of Rome, and the Making of Christianity in the West, 350–550 AD* (Princeton, NJ: Princeton University Press, 2014), 355; Augustine, *Letters*, vol. 2 *(83–130)*, trans. Wilfrid Parsons (Washington, DC: Catholic University of America Press, 1953), 42–48; Brown, *Augustine of Hippo*, 198.
22. Brown, *Augustine of Hippo*, 299.
23. Augustine, *City of God*, trans. Henry Bettenson (London: Penguin, 1984), bk. 1, chap. 8; bk. 1, chap. 10.
24. Augustine, *City of God*, bk. 12, chap. 23; Augustine, *Divine Providence and the Problem of Evil: A Translation of St. Augustine's de Ordine*, trans. Robert P. Russell (Whitefish, MT: Kessinger, 2010), 27–31.
25. Augustine, "Exposition of the Psalms," ed. Philip Schaff, trans. J. E. Tweed, in *Nicene and Post-Nicene Fathers*,

First Series, vol. 8 (Buffalo, NY: Christian Literature Publishing, 1888), revised for New Advent by Kevin Knight, www. newadvent. org/fathers/1801. htm.

第三章・中世紀市場機制中的神

1. Michael McCormick, *Origins of the European Economy: Communications and Commerce AD 300–900* (Cambridge: Cambridge University Press, 2001), 37, 87.
2. Georges Duby, *The Early Growth of the European Economy: Warriors and Peasants from the Seventh to the Twelfth Century*, trans. Howard B. Clarke (Ithaca, NY: Cornell University Press, 1974), 29; J. W. Hanson, S. G. Ortman, and J. Lobo, "Urbanism and the Division of Labour in the Roman Empire," *Journal of the Royal Society Interface* 14, no. 136 (2017), Interface 14, 20170367; Rosamond McKitterick, ed. , *The Early Middle Ages* (Oxford: Oxford University Press, 2001), 100.
3. McCormick, *Origins of the European Economy*, 38, 40–41, 87, 101; Procopius, *The Wars of Justinian*, trans. H. B. Dewing, rev. Anthony Kaldellis (Indianapolis: Hackett Publishing, 2014), bk. 2, chaps. 22–33; Guy Bois, *La mutation de l'an mil.* Lournand, village mâconnais de l'antiquité au féodalisme (Paris: Fayard, 1989), 31.
4. Valentina Tonneato, *Les banquiers du seigneur* (Rennes, France: Presses Universitaires de Rennes, 2012), 291.
5. Tonneato, *Les banquiers du seigneur*, 315; Giacomo Todeschini, *Les Marchands et le Temple: La société chrétienne et le cercle vertueux de la richesse du Moyen Âge à l'Époque Moderne* (Paris: Albin Michel, 2017), 37.
6. Tonneato, *Les banquiers du seigneur*, 160; Alisdair Dobie, *Accounting at the Durham Cathedral Priory: Management and Control of a Major Ecclesiastical Corporation, 1083–1539* (London: Palgrave Macmillan,

2015), 145–146.

7. McKitterick, *Early Middle Ages*, 104.

8. "Customs of Saint-Omer (ca. 1100)," in *Medieval Europe*, ed. Julius Kirshner and Karl F. Morrison (Chicago: University of Chicago Press, 1986), 87–95.

9. Alan Harding, "Political Liberty in the Middle Ages," *Speculum* 55, no. 3 (1980): 423–443, at 442.

10. "Customs of Saint-Omer," 87.

11. Giacomo Todeschini, *Franciscan Wealth: From Voluntary Poverty to Market Society*, trans. Donatella Melucci (Saint Bonaventure, NY: Saint Bonaventure University, 2009), 14; Todeschini, *Les Marchands du Temple*, 70.

12. Henry Haskins, *The Renaissance of the Twelfth Century* (Cambridge, MA: Harvard University Press, 1933), 344–350; D. E. Luscumbe and G. R. Evans, "The Twelfth-Century Renaissance," in *The Cambridge History of Medieval Political Thought, c.* 350–c. 1450, ed. J. H. Burns (Cambridge: Cambridge University Press, 1988), 306–338, at 306; F. Van Steenberghen, *Aristotle in the West: The Origins of Latin Aristotelianism*, trans. L. Johnston (Leuven, Belgium: E. Nauwelaerts, 1955), 30–33.

13. Odd Langholm, *Price and Value in the Aristotelian Tradition: A Study in Scholastic Economic Sources* (Bergen, Norway: Universitetsforlaget, 1979), 29; Gratian, *The Treatise on Laws (Decretum DD. 1–20)*, trans. Augustine Thompson (Washington, DC: Catholic University of America Press, 1993), 25; Brian Tierney, *The Idea of Natural Rights: Studies on Natural Rights, Natural Law, and Church Law, 1150–1625* (Atlanta: Emory University, 1997), 56.

14. David Burr, "The *Correctorium* Controversy and the Origins of the *Usus Pauper* Controversy," *Speculum* 60, no. 2 (1985): 331–342, at 338.

15. Saint Thomas Aquinas, *Summa Theologica*, vol. 53, Question 77, Articles 1, 3; Raymond de Roover, "The Story

of the Alberti Company of Florence, 1302–1348, as Revealed in Its Account Books," *Business History Review* 32, no. 1 (1958): 14–59.

16. W. M. Speelman, "The Franciscan *Usus Pauper*: Using Poverty to Put Life in the Perspective of Plenitude," *Palgrave Communications* 4, no. 77 (2018), open access: https://doi. org/10. 1057/s41599-018-0134-4; Saint Bonaventure, *The Life of St. Francis of Assisi*, ed. Cardinal Manning (Charlotte, NC: TAN Books, 2010), 54–55.

17. Norman Cohn, *Pursuit of the Millennium: Revolutionary Millenarians and Mystical Anarchists of the Middle Ages* (Oxford: Oxford University Press, 1970), 148–156.

18. John Duns Scotus, *Political and Economic Philosophy*, ed. and trans. Allan B. Wolter (Saint Bonaventure, NY: Franciscan Institute Publications, 2000), 27.

19. Lawrence Landini, *The Causes of the Clericalization of the Order of Friars Minor, 1209–1260 in the Light of Early Franciscan Sources* (Rome: Pontifica Universitas, 1968); David Burr, *Olivi and Franciscan Poverty: The Origins of the Usus Pauper Controversy* (Philadelphia: University of Pennsylvania Press, 1989), 5, 9.

20. Burr, *Olivi and Franciscan Poverty*, 11–12.

21. Nicholas III, *Exiit qui seminat* (*Confirmation of the Rule of the Friars Minor*), 1279, Papal Encyclicals Online, www. papalencyclicals. net/nichol03/exiit-e. htm.

22. Piron Sylvain, "Marchands et confesseurs: Le Traité des contrats d'Olivi dans son contexte (Narbonne, fin XIIIe–début XIVe siècle)," in *Actes des congrès de la Société des historiens médiévistes de l'enseignement supérieur public, 28e congrès* 28 (1997): 289–308; Pierre Jean Olivi, *De usu paupere: The quaestio and the tractatus*, ed. David Burr (Florence: Olschki, 1992), 47–48.

23. Olivi, *De usu paupere*, 48.

24. Sylvain Piron, "Censures et condemnation de Pierre de Jean Olivi: Enquête dans les marges du Vatican," *Mélanges de l'École française de Rome—Moyen Âge* 118, no. 2 (2006): 313–373.

25. Pierre Jean Olivi, *Traité sur les contrats*, ed. and trans. Sylvain Piron (Paris: Les Belles Lettres, 2012), 103–115.
26. Peter John Olivi, "On Usury and Credit (ca. 1290)," in *University of Chicago Readings in Western Civilization*, ed. Julius Kirshner and Karl F. Morrison (Chicago: University of Chicago Press, 1987), 318–325, at 318; Langholm, *Price and Value*, 29, 52.
27. Langholm, *Price and Value*, 119, 137.
28. Tierney, *Idea of Natural Rights*, 33; William of Ockham, *On the Power of Emperors and Popes*, ed. and trans. Annabel S. Brett (Bristol: Theommes Press, 1998).
29. Tierney, *Idea of Natural Rights*, 101.
30. Tierney, *Idea of Natural Rights*, 35; Ockham, *On the Power of Emperors and Popes*, 35–37, 97.
31. Ockham, *On the Power of Emperors and Popes*, 15, 76, 79, 96.
32. Harry A. Miskimin, *The Economy of Later Renaissance Europe, 1460–1600* (Cambridge: Cambridge University Press, 1977), 11.

第四章・佛羅倫斯的財富與馬基維利的市場

1. Raymond de Roover, "The Story of the Alberti Company of Florence, 1302–1348, as Revealed in Its Account Books," *Business History Review* 32, no. 1 (1958): 14–59, at 46; Marcia L. Colish, "Cicero's *De officiis* and Machiavelli's *Prince*," *Sixteenth Century Journal* 9, no. 4 (1978): 80–93, at 82; N. E. Nelson, "Cicero's *De officiis* in Christian Thought, 300–1300," in *Essays and Studies in English and Comparative Literature*, University of Michigan Publications in Language and Literature, vol. 10 (Ann Arbor: University of Michigan Press, 1933), 59–160; Albert O. Hirschman, *The Passions and the Interests: Political Arguments for Capitalism*

Before Its Triumph (Princeton, NJ: Princeton University Press, 1977), 10.

2. William M. Bowsky, *The Finance of the Commune of Siena, 1287–1355* (Oxford: Clarendon Press, 1970), 1, 209.

3. Nicolai Rubenstein, "Political Ideas in Sienese Art: The Frescoes by Ambrogio Lorenzetti and Taddeo di Bartolo in the Palazzo Pubblico," *Journal of the Warburg and Courtauld Institutes* 21, no. 3/4 (1958): 179–207; Quentin Skinner, "Ambrogio Lorenzetti's Buon Governo Frescoes: Two Old Questions, Two New Answers," *Journal of the Warburg and Courtauld Institutes* 62, no. 1 (1999): 1–28, at 6.

4. Arpad Steiner, "Petrarch's *Optimus Princeps*," *Romanic Review* 23 (1934): 99–111; Christian Bec, *Les marchands écrivains: Affaires et humanismé à Florence, 1375–1434* (Paris: École Pratique des Hautes Études, 1967), 49–51; Francesco Petrarca, "How a Ruler Ought to Govern His State," in *The Earthly Republic: Italian Humanists on Government and Society*, ed. Benjamin G. Kohl and Ronald G. Witt (Philadelphia: University of Pennsylvania Press, 1978), 35–92, at 37.

5. James Hankins, *Virtue Politics: Soulcraft and Statecraft in Renaissance Italy* (Cambridge, MA: Belknap Press of Harvard University Press, 2019), 2, 42, 46; Steiner, "Petrarch's *Optimus Princeps*," 104.

6. Raymond de Roover, "The Concept of the Just Price: Theory and Economic Policy," *Journal of Economic History* 18, no. 4 (1958): 418–434, at 425; Cicero, *De officiis*, trans. Walter Miller, Loeb Classical Library (Cambridge, MA: Harvard University Press, 1913), bk. 1, sec. 13–14, paras. 43–45.

7. Gertrude Randalph Bramlette Richards, *Florentine Merchants in the Age of the Medici: Letters and Documents from the Selfridge Collection of Medici Manuscripts* (Cambridge, MA: Harvard University Press, 1932), 5; Armando Sapori, *La crisi delle compagnie mercantili dei Bardi dei Peruzzi* (Florence: Olschki, 1926); Robert S. Lopez, *The Commercial Revo lution of the Middle Ages, 950–1350* (Cambridge: Cambridge University Press, 1976), 27–36; Gino Luzzato, *Breve storia economica dell'Italia medieval* (Turin: Einaudi, 1982); Giovanni di Pagolo Morelli,

Ricordi, ed. V. Branca (Florence: F. Le Monnier, 1956), 100–101; Matteo Palmieri, *Dell' Ottimo Cittadino: Massime tolte dal Trattato della Vita Civile* (Venice: Dalla Tipografia di Alvisopoli, 1829), 20, 66, 167–168.

8. Benedetto Cotrugli, *The Book of the Art of Trade*, ed. Carlo Carraro and Giovanni Favero, trans. John Francis Phillimore (Cham, Switzerland: Palgrave Macmillan, 2017).
9. Cotrugli, *Book of the Art of Trade*, 4.
10. Cotrugli, *Book of the Art of Trade*, 112–115.
11. Cotrugli, *Book of the Art of Trade*, 25, 30, 33.
12. Cotrugli, *Book of the Art of Trade*, 46–49, 62, 86, 112–113.
13. Felix Gilbert, *Machiavelli and Guicciardini: Politics and History in Sixteenth-Century Florence* (Princeton, NJ: Princeton University Press, 1965), 160–161.
14. Hirschman, *The Passions and the Interests*, 33; Niccolò Machiavelli, *The Prince*, ed. and trans. William J. Connell (Boston: Bedford/St. Martin's, 2005), 61–62; Colish, "Cicero's *De officiis* and Machiavelli's *Prince*," 92.
15. Jacob Soll, *Publishing* The Prince*: History, Reading, and the Birth of Political Criticism* (Ann Arbor: University of Michigan Press, 2005), 23; Niccolò Machiavelli, *The Discourses*, ed. Bernard Crick, trans. Leslie J. Walker, rev. Brian Richardson (London: Penguin, 1970), 37–39, 201.
16. Machiavelli, *The Discourses*, 39; John McCormick, *Machiavellian Democracy* (Cambridge: Cambridge University Press, 2011), 55, 201; Gilbert, *Machiavelli and Guicciardini*, 184–185; Machiavelli, *The Prince*, 61–62.
17. Machiavelli, *The Prince*, 55; Jérémie Bartas, *L'argent n'est pas le nerf de la guerre: Essai sur une prétendue erreur de Machiavel* (Rome: École Française de Rome, 2011), 32–36; McCormick, *Machiavellian Democracy*, 87; Machiavelli, *The Discourses*, 201–203.
18. McCormick, *Machiavellian Democracy*, 26; Charles Tilly, "Reflection on the History of European State-Making," in *The Formation of National States in Western Europe*, ed. Charles Tilly (Princeton, NJ: Princeton

University Press, 1975), 3–83, at 52–56; Margaret Levy, *Of Rule and Revenue* (Berkeley: University of California Press, 1988), 202; Niccolò Machiavelli, *Florentine Histories*, trans. Laura F. Banfield and Harvey K. Mansfield Jr. (Princeton, NJ: Princeton University Press, 1988), 121–123.

19. Machiavelli, *Florentine Histories*, 159.

第五章・以國家為手段的英格蘭自由貿易

1. Quentin Skinner, *The Foundations of Modern Political Thought*, 2 vols. (Cambridge: Cambridge University Press, 1978), 2:5, 284.
2. Harry A. Miskimin, *The Economy of Later Renaissance Europe, 1460–1600* (Cambridge: Cambridge University Press, 1977), 36.
3. Skinner, *Foundations of Modern Political Thought*, 2:139; Francisco de Vitoria, *Political Writings*, ed. Anthony Pagden and Jeremy Lawrence (Cambridge: Cambridge University Press, 1991), xv–xix; Martín de Azpilcueta, *Commentary on the Resolution of Money (1556)*, in *Sourcebook in Late-Scholastic Monetary Theory: The Contributions of Martín de Azpilcueta, Luis de Molina, S. J. , and Juan de Mariana, S. J.* , ed. Stephen J. Grabill (Lanham, MD: Lexington Books, 2007), 1–107, at 79; Martín de Azpilcueta, *On Exchange*, trans. Jeannine Emery (Grand Rapids, MI: Acton Institute, 2014), 127. 另見 Alejandro Chafuen, *Faith and Liberty: The Economic Thought of the Late Scholastics* (Lanham, MD: Lexington Books, 2003), 54; Marjorie Grice-Hutchinson, *The School of Salamanca: Readings in Spanish Monetary Theory, 1544–1605* (Oxford: Clarendon Press, 1952), 48.
4. Raymond de Roover, *Money, Banking and Credit in Medieval Bruges* (Cambridge, MA: Medieval Academy of America, 1948), 17; Mark Koyama, "Evading the 'Taint of Usury': The Usury Prohibition as a Barrier to Entry,"

Explorations in Economic History 47, no. 4 (2010): 420–442, at 428.

5. Martin Bucer, *De Regno Christi*, in *Melancthon and Bucer*, ed. Wilhelm Pauk (Philadelphia: Westminster Press, 1969), 155–394, at 304; Steven Rowan, "Luther, Bucer, Eck on the Jews," *Sixteenth Century Journal* 16, no. 1 (1985): 79–90, at 85; Bucer, *Regno Christi*, 302; Constantin Hopf, *Martin Bucer and the English Reformation* (London: Blackwell, 1946), 124–125; Martin Greschat, *Martin Bucer: A Reformer and His Times*, trans. Stephen E. Buckwalter (Louisville, KY: Westminster John Knox Press, 2004), 236–237.
6. Jacob Soll, "Healing the Body Politic: French Royal Doctors, History and the Birth of a Nation, 1560–1634," *Renaissance Quarterly* 55, no. 4 (2002): 1259–1286.
7. Jean Bodin, *Les six livres de la République*, ed. Gérard Mairet (Paris: Livre de Poche, 1993), 428–429, 431, 485, 487, 500.
8. Louis Baeck, "Spanish Economic Thought: The School of Salamanca and the Arbitristas," *History of Political Economy* 20, no. 3 (1988): 394.
9. Henri Hauser, ed. , *La vie chère au XVIe siècle: La Réponse de Jean Bodin à M. de Malestroit 1568* (Paris: Armand Colin, 1932), xxxii; J. H. Elliott, "Self-Perception and Decline in Early Seventeenth-Century Spain," *Past and Present* 74 (1977): 49–50.
10. Hauser, *La vie chère*, lviii.
11. Hauser, *La vie chère*, 499–500.
12. David Sainsbury, *Windows of Opportunity: How Nations Create Wealth* (London: Profile Books, 2020), 11.
13. Giovanni Botero, *The Reason of State* (Cambridge: Cambridge University Press, 2017), 4; Giovanni Botero, *On the Causes of the Greatness and Magnificence of Cities*, ed. and trans. Geoffrey Symcox (Toronto: University of Toronto Press, 2012), xxxiii, 39–45.
14. Botero, *On the Causes of the Greatness and Magnificence of Cities*, 43–44; Sophus A. Reinert, *Translating*

Empire: Emulation and the Origins of Political Economy (Cambridge, MA: Harvard University Press, 2011), 117; Erik S. Reinert, "Giovanni Botero (1588) and Antonio Serra (1613): Italy and the Birth of Development Economics," in *The Oxford Handbook of Industrial Policy*, ed. Arkebe Oqubay, Christopher Cramer, Ha-Joon Chang, and Richard Kozul-Wright (Oxford: Oxford University Press, 2020), 3–41.

15. Antonio Serra, *A Short Treatise on the Wealth and Poverty of Nations (1613)*, ed. Sophus A. Reinert, trans. Jonathan Hunt (New York: Anthem, 2011), 121; Jamie Trace, *Giovanni Botero and English Political Thought* (doctoral thesis, University of Cambridge, 2018).

16. Craig Muldrew, *The Economy of Obligation* (New York: Palgrave, 1998), 53.

17. Muldrew, *Economy of Obligation*, 97, 109, 138, 151; Nicolas Grimalde, *Marcus Tullius Ciceroes Thre Bokes of Duties, to Marcus His Sonne, Turned Oute of Latine into English*, ed. Gerald O'Gorman (Washington, DC: Folger Books, 1990), 207.

18. Joyce Oldham Appleby, *Economic Thought and Ideology in Seventeenth-Century England* (Princeton, NJ: Princeton University Press, 1978), 34. 另見 Elizabeth Lamond, ed. , *A Discourse of the Common Weal of This Realm of England. First Printed in 1581 and Commonly Attributed to W. S.* (Cambridge: Cambridge University Press, 1929), 15, 59, 93; Mary Dewar, "The Authorship of the 'Discourse of the Commonweal,' " *Economic History Review* 19, no. 2 (1966): 388–400.

19. Sir Walter Raleigh, *The Discovery of the Large, Rich, and Beautiful Empire of Guiana, with a Relation of the Great and Golden City of Manoa Which the Spaniards Call El Dorado*, ed. Robert H. Schomburgk (New York: Burt Franklin, 1848), lxxix.

20. Gerard de Malynes, *Lex Mercatoria* (Memphis: General Books, 2012), 5.

21. Malynes, *Lex Mercatoria*, 27; William Eamon, *Science and the Secrets of Nature: Books and Secrets in Medieval and Early Modern Culture* (Princeton, NJ: Princeton University Press, 1994); Claire Lesage, "La Littérature des

secrets et I Secreti d'Isabella Cortese," *Chroniques italiennes* 36 (1993): 145–178; Carl Wennerlind, *Casualties of Credit: The English Financial Revolution, 1620–1720* (Cambridge, MA: Harvard University Press, 2011), 48.

22. Wennerlind, *Casualties of Credit*, 79, 114, 211; Gerard de Malynes, *The Maintenance of Free Trade* (New York: Augustus Kelley, 1971), 47.
23. Malynes, *Maintenance of Free Trade*, 83, 105.
24. Appleby, *Economic Thought and Ideology*, 37; Thomas Mun, *The Complete Works: Economics and Trade*, ed. Gavin John Adams (San Bernardino, CA: Newton Page, 2013), 145.
25. Edward Misselden, *Free Trade, or, The Meanes to Make Trade Florish* (London: John Legatt, 1622), 20, 80, 84.
26. Lawrence A. Harper, *The English Navigation Laws: A Seventeenth-Century Experiment in Social Engineering* (New York: Octagon Books, 1960), 40.
27. Charles Henry Wilson, *England's Apprenticeship, 1603–1763* (London: Longmans, 1965), 65; Jean-Baptiste Colbert, "Mémoire touchant le commerce avec l'Angleterre, 1651," in *Lettres, instructions, et mémoires de Colbert*, ed. Pierre Clément, 10 vols. (Paris: Imprimerie Impériale, 1861–1873), vol. 2, pt. 2, pp. 405–409; Harper, *English Navigation Laws*, 16; Moritz Isenmann, "Égalité, réciprocité, souvraineté: The Role of Commercial Treaties in Colbert's Economic Policy," in *The Politics of Commercial Treaties in the Eighteenth Century: Balance of Power, Balance of Trade*, ed. Antonella Alimento and Koen Stapelbroek (London: Palgrave Macmillan, 2017), 77–104.

第六章・・荷蘭共和國的自由與財富

1. M. F. Bywater and B. S. Yamey, *Historic Accounting Literature: A Companion Guide* (London: Scholar Press,

1982), 87.

2. Jacob Soll, *The Reckoning: Financial Accountability and the Rise and Fall of Nations* (New York: Basic Books, 2014), 77.
3. Maarten Prak, *The Dutch Republic in the Seventeenth Century* (Cambridge: Cambridge University Press, 2005), 29.
4. Prak, *Dutch Republic*, 102.
5. Prak, *Dutch Republic*, 91.
6. Koen Stapelbroek, "Reinventing the Dutch Republic: Franco-Dutch Commercial Treaties from Ryswick to Vienna," in *The Politics of Commercial Treaties in the Eighteenth Century: Balance of Power, Balance of Trade*, ed. Antonella Alimento and Koen Stapelbroek (Cham, Switzerland: Palgrave Macmillan, 2017), 195–215, at 199.
7. Prak, *Dutch Republic*, 105.
8. Prak, *Dutch Republic*, 96; Margaret Schotte, *Sailing School: Navigating Science and Skill, 1550–1800* (Baltimore: Johns Hopkins University Press, 2019), 42, 53.
9. J. M. de Jongh, "Shareholder Activism at the Dutch East India Company, 1622–1625," January 10, 2010, Palgrave Macmillan 2011, available at SSRN, https://ssrn. com/abstract=1496871; Jonathan Koppell, ed. , *Origins of Shareholder Activism* (London: Palgrave, 2011); Alexander Bick, *Minutes of Empire: The Dutch West India Company and Mercantile Strategy, 1618–1648* (Oxford: Oxford University Press, forthcoming); Theodore K. Rabb, *Enterprise and Empire: Merchant and Gentry Investment in the Expansion of England, 1575–1630* (Cambridge, MA: Harvard University Press, 2014), 38–41.
10. Lodewijk J. Wagenaar, "Les mécanismes de la prospérité," in *Amsterdam XVIIe siècle: Marchands et philosophes.* Les bénéfices de la tolérance, ed. Henri Méchoulan (Paris: Editions Autrement, 1993), 59–81.
11. "A Translation of the Charter of the Dutch East India Company (1602)," ed. Rupert Gerritsen, trans. Peter Reynders (Canberra: Australasian Hydrographic Society, 2011), 4.

12. De Jongh, "Shareholder Activism," 39.
13. Soll, *Reckoning*, 80; Kristof Glamann, *Dutch Asiatic Trade, 1620–1740* (The Hague: Martinus Nijhoff, 1981), 245.
14. Soll, *Reckoning*, 81.
15. Hugo Grotius, *Commentary on the Law of Prize and Booty*, ed. Martine Julia van Ittersum (Indianapolis: Liberty Fund, 2006), xiii.
16. Grotius, *Commentary*, 10, 27; Hugo Grotius, *The Free Sea*, ed. David Armitage (Indianapolis: Liberty Fund, 2004), xiv, 7, 18.
17. Grotius, *Free Sea*, 5, 24–25, 32.
18. Grotius, *Free Sea*, 57; Hugo Grotius, *The Rights of War and Peace*, ed. Richard Tuck, 3 vols. (Indianapolis: Liberty Fund, 2005), 3:1750, 2:430–431.
19. Grotius, *Rights of War and Peace*, 2:556–557; Brett Rushforth, *Bonds of Alliance: Indigenous and Atlantic Slaveries in New France* (Chapel Hill: University of North Carolina Press, 2012), 90.
20. Rushforth, *Bonds of Alliance*, 93.
21. Rushforth, *Bonds of Alliance*, 70; Grotius, *Free Sea*, xii–xxiii.
22. On new attitudes of merchant virtue, see J. G. A. Pocock, *The Machiavellian Moment: Florentine Political Thought and the Atlantic Republican Tradition* (Princeton, NJ: Princeton University Press, 1975), 478.
23. Pieter de La Court, *The True Interest and Political Maxims of the Republick of Holland and West-Friesland* (London: 1702), vi, 4–6, 9.
24. De La Court, *True Interest and Political Maxims*, 24–35.
25. De La Court, *True Interest and Political Maxims*, 63, 51, 55.
26. De La Court, *True Interest and Political Maxims*, 45, 51, 55, 312, 315.

27. Prak, *Dutch Republic*, 51, 53.
28. Prak, *Dutch Republic*, 59.

第七章‧‧尚—巴提斯特‧柯爾貝與國家市場

1. Pierre Deyon, "Variations de la production textile aux XVIe et XVIIe siècles: Sources et premiers résultats," *Annales. Histoire, sciences sociales* 18, no. 5 (1963): 939–955, at 949.
2. Daniel Dessert and Jean-Louis Journet, "Le lobby Colbert," *Annales* 30, no. 6 (1975): 1303–1329; Georg Bernhard Depping, *Correspondance administrative sous le règne de Louis XIV*, 3 vols. (Paris: Imprimerie Nationale, 1852), 3:428; Philippe Minard, "The Market Economy and the French State: Myths and Legends Around Colbertism," *L'Économie politique* 1, no. 37 (2008): 77–94; Jean-Baptiste Colbert, "Mémoire sur le commerce: Prémier Conseil de Commerce Tenu par le Roy, dimanche, 3 aoust 1664," in *Lettres, instructions, et mémoires de Colbert*, ed. Pierre Clément, 10 vols. (Paris: Imprimerie Impériale, 1861–1873), vol. 2, pt. 1, p. cclxvi; Jean-Baptiste Colbert, "Mémoire touchant le commerce avec l'Angleterre," in *Lettres*, vol. 2, pt. 2, p. 407.
3. Colbert, "Mémoire touchant le commerce avec l'Angleterre," vol. 2, pt. 2, pp. cclxviii, 48, 407; D'Maris Coffman, *Excise Taxations and the Origins of Public Debt* (London: Palgrave Macmillan, 2013).
4. Colbert, "Mémoire sur le commerce, 1664," vol. 2, pt. 1, pp. cclxii–cclxxii, at cclxviii, cclxix; Jean-Baptiste Colbert, "Aux maires, échevins, et jurats des villes maritimes de l'océan, aoust 1669," in *Lettres*, vol. 2, pt. 2, p. 487; Colbert to M. Barillon, intendant at Amiens, mars 1670, in *Lettres*, vol. 2, pt. 2, pp. 520–521; Colbert to M. Bouchu, intentant at Dijon, juillet 1671, in *Lettres*, vol. 2, pt. 2, p. 627.
5. Gustav von Schmoller, *The Mercantile System and Its Historical Significance* (New York: Macmillan, 1897);

Erik Grimmer-Solem, *The Rise of Historical Economics and Social Reform in Germany, 1864–1894* (Oxford: Oxford University Press, 2003). 有關發展經濟，參見 Erik S. Reinert, "The Role of the State in Economic Growth," *Journal of Economic Studies* 26, no. 4/5 (1999): 268–326.

6. Deyon, "Variations de la production textile," 949, 951–953; François Crouzet, "Angleterre et France au XVIIIe siècle: Essaie d'analyse comparé de deux croissances économiques," *Annales. Économies, sociétés, civilisations* 21, no. 2 (1966): 254–291, at 267.

7. Crouzet, "Angleterre et France au XVIIIe siècle," 266, 268; Eli F. Heckscher, *Mercantilism*, trans. Mendel Shapiro, 2 vols. (London: George Allen and Unwin, 1935), 1:82; Stewart L. Mims, *Colbert's West India Policy* (New Haven, CT: Yale University Press, 1912); Charles Woolsey Cole, *Colbert and a Century of French Mercantilism*, 2 vols. (New York: Columbia University Press, 1939), 1:356–532; Charles Woolsey Cole, *French Mercantilism, 1683–1700* (New York: Octagon Books, 1971); Glenn J. Ames, *Colbert, Mercantilism, and the French Quest for Asian Trade* (DeKalb: Northern Illinois University Press, 1996); Philippe Minard, *La fortune du colbertisme: État et industrie dans la France des Lumières* (Paris: Fayard, 1998).

8. Colbert, *Lettres*, vol. 2, pt. 2, p. 457.

9. Colbert, "Mémoire sur le commerce, 1664," vol. 2, pt. 1, pp. cclxii–cclxxii, at cclxviii; Colbert, "Mémoire touchant le commerce avec l'Angleterre," 405–409; Georg Bernhard Depping, *Correspondance administrative sous le règne de Louis XIV*, vol. 3 (Paris: Imprimerie Nationale, 1852), 90, 428, 498, 524, 570; Moritz Isenmann, "Égalité, réciprocité, souvraineté: The Role of Commercial Treaties in Colbert's Economic Policy," in *The Politics of Commercial Treaties in the Eighteenth Century: Balance of Power, Balance of Trade*, ed. Antonella Alimento and Koen Stapelbroek (London: Palgrave Macmillan, 2017), 79.

10. Colbert, "Mémoire touchant le commerce avec l'Angleterre," 405–409, 496, 523, 570; Lawrence A. Harper, *The English Navigation Laws: A Seventeenth-Century Experiment in Social Engineering* (New York: Octagon

Books, 1964), 16; John U. Nef, *Industry and Government in France and England, 1540–1640* (repr. , Ithaca, NY: Cornell University Press, 1957 [1940]), 13, 27.

11. Colbert, "Mémoire touchant le commerce avec l'Angleterre," 487; Colbert to M. du Lion, September 6, 1673, in *Lettres*, vol. 2, pt. 1, p. 57; Colbert to M. de Baas, April 9, 1670, in *Lettres*, vol. 2, pt. 2, p. 479.

12. Ames, *Colbert, Mercantilism*, 189; Mims, *Colbert's West India Policy*, 232; Mireille Zarb, *Les pivilèges de la Ville de Marseille du Xe siècle à la Révolution* (Paris: Éditions A. et J. Picard, 1961), 163, 329; Jean-Baptiste Colbert, "Mémoire touchant le commerce avec l'Angleterre," 407.

13. Jacques Saint-Germain, *La Reynie et la police au Grand Siècle: D'après de nombreux documents inédits* (Paris: Hachette, 1962), 238, 240.

14. François Charpentier, *Discours d'un fidèle sujet du roy touchant l'establissement d'une Compagnie Françoise pour le commerce des Indes Orientales; Adressé à tous les François* (Paris: 1764), 4, 8; Paul Pellisson, *Histoire de l'Académie Françoise*, 2 vols. (Paris: Coignard, 1753), 1:364.

15. Urban-Victor Chatelain, *Nicolas Foucquet, protecteur des lettres, des arts, et des sciences* (Paris: Librarie Académique Didier, 1905), 120; Pierre-Daniel Huet, *Histoire du commerce et de la navigation des anciens* (Lyon: Benoit Duplein, 1763), 1–2.

16. Huet, *Histoire du commerce et de la navigation*, cclxxii.

17. Heckscher, *Mercantilism*, 1:81–82; Jean-Baptiste Colbert, "Mémoires sur les affaires de finances de France pour servir à leur histoire, 1663," in *Lettres*, vol. 2, pt. 2, pp. 17–68; J. Schaeper, *The French Council of Commerce, 1700–1715: A Study of Mercantilism After Colbert* (Columbus: Ohio State University Press, 1983); Colbert, "Mémoire sur le commerce," 44–45.

18. François Barrême, *Le livre nécessaire pour les comptables, avocats, notaires, procureurs, négociants, et généralement à toute sorte de conditions* (Paris: D. Thierry, 1694), 3; François Barrême, *Nouveau Barrême*

universel: Manuel complet de tous les comptes faits (Paris: C. Lavocat, 1837).

19. *Ordonnance du commerce du mois de mars 1673; et ordonnance de la marine, du mois d'août 1681* (Bordeaux, France: Audibert et Burkel, an VIII), 5, Art. 4.

20. Jacques Savary, *Le parfait négociant; ou, Instruction générale pour ce qui regarde le commerce des Marchandises de France, & des Païs Estrangers*, 8th ed. , ed. Jacques Savary Desbruslons, 2 vols. (Amsterdam: Jansons à Waesberge, 1726), 1:25; Adam Smith, *An Inquiry into the Nature and Causes of the Wealth of Nations*, ed. Roy Harold Campbell and Andrew Skinner, 2 vols. (Indianapolis: Liberty Fund, 1981), vol. 2, bk. IV, chap. vii, pt. 2, para. 53.

21. Peter Burke, *The Fabrication of Louis XIV* (New Haven, CT: Yale University Press, 1994); Colbert, "Mémoire sur le Commerce," vol. 2, pt. 1, p. cclxiii; Alice Stroup, *A Company of Scientists: Botany, Patronage, and Community in the Seventeenth-Century Parisian Royal Academy of Sciences* (Berkeley: University of California Press, 1990), 30.

22. Colbert, *Lettres*, vol. 2, pt. 2, p. 62; vol. 5, pp. 241–242; Charles Perrault, "Autre note à Colbert sur l'établissement de l'Académie des Beaux-Arts et de l'Académie des Sciences," 1666, in Colbert, *Lettres*, 5:513–514. Also see Roger Hahn, *The Anatomy of a Scientific Institution: The Paris Academy of Sciences, 1666–1803* (Berkeley: University of California Press, 1971), 15; Lorraine Daston, "Baconian Facts, Academic Civility, and the Prehistory of Objectivity," *Annals of Scholarship* 8 (1991): 337–363; Steven Shapin, *A Social History of Truth: Civility and Science in Seventeenth-Century England* (Chicago: University of Chicago Press, 1995), 291; Michael Hunter, *Science and Society in Restoration England* (Cambridge: Cambridge University Press, 1981), 48; Anthony Grafton, *The Footnote: A Curious History* (Cambridge, MA: Harvard University Press, 1997), 202–205; Jean-Baptiste Say, *A Treatise on Political Economy*, 2 vols. (Boston: Wells and Lilly, 1821), 1:32–33; Margaret C. Jacob, *Scientific Culture and the Making of the Industrial West* (Oxford: Oxford University Press,

1997), chap. 8.

23. Perrault, "Autre note à Colbert," 5:514; Charles Perrault, "Note de Charles Perrault à Colbert pour l'établissement d'une Académie Générale, 1664," in Colbert, *Lettres*, 5:512–513.

24. Christiaan Huygens, *Oeuvres completes*, 22 vols. (The Hague: Martinus Nijhoff, 1891), 19:255–256. 中括號內的註解來自麥可・馬奧尼（Michael Mahoney）的翻譯，我在此採用："[Memorandum from Christiaan Huygens to Minister Colbert Regarding the Work of the New Académie Royale des Sciences]," Princeton University, www. princeton. edu/~hos/h591/acadsci. huy. html.

25. Huygens, "Note from Huygens to Colbert, with the Observations of Colbert, 1670," in Colbert, *Lettres*, 5:524; James E. King, *Science and Rationalism in the Government of Louis XIV, 1661–1683* (Baltimore: Johns Hopkins University Press, 1949), 292; Joseph Klaits, *Printed Propaganda Under Louis XIV: Absolute Monarchy and Public Opinion* (Princeton, NJ: Princeton University Press, 1976), 74; Denis de Sallo, "To the Reader," *Journal des sçavans* (January 5, 1665): 5; Jacqueline de la Harpe, *Le Journal des Savants en Angleterre, 1702–1789* (Berkeley: University of California Press, 1941), 6, 8; Arnaud Orain and Sylvain Laubé, "Scholars Versus Practitioners? Anchor Proof Testing and the Birth of a Mixed Culture in Eighteenth-Century France," *Technology and Culture* 58, no. 1 (2017): 1–34.

26. Liliane Hilaire-Pérez, Fabien Simon, and Marie Thébaud-Sorger, *L'Europe des sciences et des techniques: Un dialogue des savoirs, xve–xviiie siècle* (Rennes, France: Presses Universitaires de Rennes, 2016); John R. Pannabecker, "Diderot, the Mechanical Arts, and the *Encyclopédie* in Search of the Heritage of Technology Education," *Journal of Technology Education* 6, no. 1 (1994); Cynthia J. Koepp, "Advocating for Artisans: The Abbé Pluche's Spectacle de la Nature (1731–1751)," in *The Idea of Work in Europe from Antiquity to Modern Times*, ed. Josef Ehmer and Catherina Lis (Farnham, VT: Ashgate, 2009), 245–273. 有關柯爾貝藝術協會（Colbertist Société des Arts）轉變成重農主義的轉變過程，參見 Hahn, *Anatomy of a Scientific*

Institution, 108–110; Robert Darnton, *The Business of Enlightenment: A Publishing History of the Encyclopédie, 1775–1800* (Cambridge, MA: Belknap Press of Harvard University Press, 1979); Kathleen Hardesty, *The Supplément to the Encyclopédie* (The Hague: Nijhoff, 1977); John Lough, *Essays on the "Encyclopédie" of Diderot and d'Alembert* (London: Oxford University Press, 1968); Dan Edelstein, *The Enlightenment: A Genealogy* (Chicago: University of Chicago Press, 2010); Jacob Soll, *The Information Master: Jean-Baptiste Colbert's Secret State Information System* (Ann Arbor: University of Michigan Press, 2009), 161; Robert Darnton, "Philosophers Trim the Tree of Knowledge: The Epistemological Strategy of the Encyclopédie," in *The Great Cat Massacre and Other Episodes in French Cultural History* (New York: Vintage, 1984), chap. 5; *Colbert, 1619–1683* (Paris: Ministère de la Culture, 1983), 168; Paola Bertucci, *Artisanal Enlightenment: Science and the Mechanical Arts in Old Regime France* (New Haven, CT: Yale University Press, 2017), 214. 另見 Linn Holmberg, *The Maurist's Unfinished Encyclopedia* (Oxford: Voltaire Foundation, 2017), 175.

27. Colbert, "Mémoire touchant le commerce avec l'Angleterre," vol. 2, pt. 2, p. 405.
28. Samuel Pepys, *Naval Minutes*, ed. J. R. Tanner (London: Navy Records Society, 1926), 352–356, at 356; King, *Science and Rationalism*, 272.
29. D. G. E. Hall, "Anglo-French Trade Relations Under Charles II," *History* 7, no. 25 (1922): 17–30, at 23; Jacob Soll, "For a New Economic History of Early Modern Empire: Anglo-French Imperial Codevelopment Beyond Mercantilism and Laissez-Faire," *William and Mary Quarterly* 77, no. 4 (2020): 525–550.

第八章．．太陽王的噩夢和自由市場的美夢

1. Albert O. Hirschman, *The Passions and the Interests: Political Arguments for Capitalism Before Its Triumph*

(Princeton, NJ: Princeton University Press, 1977), 16.

2. Thomas Hobbes, *Leviathan*, ed. Richard Tuck (Cambridge: Cambridge University Press, 1997), pt. 1, chaps. 13–14.
3. La Rochefoucauld, *Maxims*, trans. Leonard Tancock (London: Penguin, 1959), maxims 48, 85, 112, 563; Pierre Force, *Self-Interest Before Adam Smith: A Genealogy of Economic Science* (Cambridge: Cambridge University Press, 2003), 146, 176; Norbert Elias, *The Court Society* (New York: Pantheon Books, 1983), 105.
4. La Rochefoucauld, *Maxims*, 66, 77, 223, 305.
5. David A. Bell, *The Cult of the Nation in France: Inventing Nationalism, 1680–1800* (Cambridge, MA: Harvard University Press, 2003), 28; Dan Edelstein, *On the Spirit of Rights* (Chicago: University of Chicago Press, 2019), 120; Pierre Nicole, "De la grandeur," in *Essais de morale*, 3 vols. (Paris: Desprez, 1701), 2:186; Dale van Kley and Pierre Nicole, "Jansenism, and the Morality of Self-Interest," in *Anticipations of the Enlightenment in England, France, and Germany*, ed. Alan C. Kors and Paul J. Korshin (Philadelphia: University of Pennsylvania Press, 1987), 69–85; Gilbert Faccarello, *Aux origins de l'économie politique libérale: Pierre de Boisguilbert* (Paris: Éditions Anthropos, 1985), 99.
6. Jean Domat, *The Civil Law in Its Order Together with the Publick Law*, 2 vols. (London: William Strahan, 1722), vol. 1, chap. 2, sec. 2; vol. 1, chap. 5, sec. 7; vol. 2, bk. 1, title 5; Faccarello, *Aux origins de l'économie politique libérale*, 146; Edelstein, *On the Spirit of Rights*, 120; David Grewal, "The Political Theology of *Laissez-Faire*: From *Philia* to Self-Love in Commercial Society," *Political Theology* 17, no. 5 (2016): 417–433, at 419.
7. Pierre Le Pesant de Boisguilbert, *Détail de la France* (Geneva: Institut Coppet, 2014), 18, 61–63.
8. Boisguilbert, *Détail de la France*, 77, 89, 99.
9. Faccarello, *Aux origins de l'économie politique libérale*, 115, 119.
10. Gary B. McCollim, *Louis XIV's Assault on Privilege: Nicolas Desmaretz and the Tax on Wealth* (Rochester, NY: University of Rochester Press, 2012), 106, 149; A. -M. de Boislisle, *Correspondance des contrôleurs généraux*

des finances, 3 vols. (Paris: Imprimerie Nationale, 1883), 2:530.

11. Boisguilbert to Desmaretz, July 1–22, 1704, Archives Nationales de France, G7 721; Boislisle, 2:207, 543–547, 559.

12. Boislisle, *Correspondance des contrôleurs généraux*, 2:544.

13. Georges Lizerand, *Le duc de Beauvillier* (Paris: Société d'ÉditionLes Belles Lettres, 1933), 43, 153.

14. Lionel Rothkrug, *Opposition to Louis XIV: The Political and Social Origins of the French Enlightenment* (Princeton, NJ: Princeton University Press, 1965), 263–269, 286–287; Louis Trénard, *Les Mémoires des intendants pour l'instruction du duc de Bourgogne* (Paris: Bibliothèque Nationale, 1975), 70–82; David Bell, *The First Total War: Napoleon's Europe and the Birth of Warfare as We Know It* (New York: Houghton Mifflin, 2007), 62; Lizerand, *Le duc de Beauvillier*, 46–77; marquis de Vogüé, *Le duc de Bourgogne et le duc de Beauvillier: Lettres inédites, 1700–1708* (Paris: Plon, 1900), 11–23; Jean-Baptiste Colbert, marquis de Torcy, *Journal Inédit*, ed. Frédéric Masson (Paris: Plon, Nourrit et Cie, 1884), 57; Louis de Rouvroy, duc de Saint-Simon, *Projets de gouvernement du duc de Bourgogne*, ed. P. Mesnard (Paris: Librarie de L. Hachette et Cie, 1860), xxxix, 13; Edmond Esmonin, "Les Mémoires des intendants pour l'instruction du duc de Bourgogne," in *Études sur la France des XVIIe et XVIIIe siècles* (Paris: Presses Universitaires de France, 1964), 113–130, at 117–119; Boislisle, *Correspondance des contrôleurs généraux*, 2:ii.

15. Georges Weulersse, *Le movement physiocratique en France de 1756 à 1770*, 2 vols. (Paris: Félix Alcan, 1910), 2, 302; François Fénelon, *Telemachus*, ed. and trans. Patrick Riley (Cambridge: Cambridge University Press, 1994), 60, 195, 325.

16. Fénelon, *Telemachus*, 195.

17. Fénelon, *Telemachus*, 16, 18, 25, 28, 60, 164, 170, 297.

18. Fénelon, *Telemachus*, 37–39, 161–162, 165, 297.

19. Fénelon, *Telemachus*, 37, 38, 105, 161, 166.
20. Fénelon, *Telemachus*, 166, 195, 260.
21. Montesquieu, *De l'Esprit des lois*, ed. Victor Goldschmidt, 2 vols. (Paris: Garnier-Flammarion, 1979), vol. 2, bk. 20, chap. 1.

第九章・行星運動與英國自由貿易的新世界

1. Ludwig Wittgenstein, *Culture and Value*, ed. Georg Henrik Wright, Heikki Nyman, and Alois Pichler, trans. Peter Winch (London: Blackwell, 1998), 18; Richard J. Blackwell, "Descartes' Laws of Motion," *Isis* 52, no. 2 (1966): 220–234, at 220.
2. Vincenzo Ferrone, "The Epistemological Roots of the New Political Economy: Modern Science and Economy in the First Half of the Eighteenth Century," paper presented at the conference "Mobility and Modernity: Religion, Science and Commerce in the Seventeenth and Eighteenth Centuries," University of California, Los Angeles, William Andrews Clark Memorial Library, April 13–14, 2018.
3. Margaret C. Jacob, *The Newtonians and the English Revolution, 1689–1720* (Ithaca, NY: Cornell University Press, 1976), 174; Rob Iliffe, *The Priest of Nature: The Religious Worlds of Isaac Newton* (Oxford: Oxford University Press, 2017), 6.
4. Betty Jo Teeter Dobbs and Margaret C. Jacob, *Newton and the Culture of Newtonianism* (Amherst, NY: Humanity Books, 1990), 26, 100; William R. Newman, *Newton the Alchemist: Science, Enigma, and the Quest for Nature's "Secret Fire"* (Princeton, NJ: Princeton University Press, 2019), 64, 70.
5. Dobbs and Jacob, *Newton and the Culture of Newtonianism*, 42; Gottfried Wilhelm Leibniz, *Theodicy*, ed. Austen

Farrer, trans. E. M. Huggard (Charleston, SC: BiblioBazaar, 2007), 43, 158; G. W. Leibniz, "Note on Foucher's Objection (1695)," in G. W. Leibniz, *Philosophical Essays*, ed. and trans. Roger Ariew and Daniel Garber (Indianapolis: Hackett, 1989), 146; G. W. Leibniz, *The Labyrinth of the Continuum: Writings on the Continuum Problem, 1672–1686*, trans. Richard T. W. Arthur (New Haven, CT: Yale University Press, 2001), 566.

6. William Letwin, *The Origins of Scientific Economics: English Economic Thought, 1660–1776* (London: Methuen, 1963), 128.

7. François Crouzet, "Angleterre et France au XVIIIe siècle: Essaie d'analyse comparé de deux croissances économiques," *Annales. Économies, sociétés, civilisations* 21, no. 2 (1966): 254–291, at 268; T. S. Ashton, *An Economic History of England: The Eighteenth Century* (London: Methuen, 1955), 104; François Crouzet, *Britain Ascendant: Comparative Studies in Franco-British Economic History* (Cambridge: Cambridge University Press, 1991), 17–23, 73.

8. William Petty, "A Treatise of Taxes and Contributions," in William Petty, *Tracts Chiefly Relating to Ireland* (Dublin: Boulter Grierson, 1769), 1–92, at 23–26, 32.

9. William Petty, "The Political Anatomy of Ireland, 1672," in Petty, *Tracts*, 299–444, at 341.

10. John Locke, *Two Treatises of Government*, ed. Peter Laslett (Cambridge: Cambridge University Press, 1960), 171; John F. Henry, "John Locke, Property Rights, and Economic Theory," *Journal of Economic Issues* 33, no. 3 (1999): 609–624, at 615.

11. Locke, *Two Treatises*, 291, 384.

12. John O. Hancey, "John Locke and the Law of Nature," *Political Theory* 4, no. 4 (1976): 439–454, at 219, 439（粗體部分爲原文之格式）.

13. Holly Brewer, "Slavery, Sovereignty, and 'Inheritable Blood': Reconsidering John Locke and the Origins of American Slavery," *American Historical Review* 122, no. 4 (2017): 1038–1078; Mark Goldie, "Locke and

America," in *A Companion to Locke*, ed. Matthew Stuart (Chichester: Wiley-Blackwell, 2015), 546–563; Letwin, *Origins of Scientific Economics*, 163–165; David Armitage, "John Locke, Carolina, and *The Two Treatises of Government*," *Political Theory* 32, no. 5 (2004): 602–627, at 616; J. G. A. Pocock, *The Machiavellian Moment: Florentine Political Thought and the Atlantic Republican Tradition* (Princeton, NJ: Princeton University Press, 1975), 283–285, 339.

14. Charles Davenant, *An Essay on the East India Trade* (London, 1696), 25.
15. Pocock, *Machiavellian Moment*, 437, 443.
16. Pocock, *Machiavellian Moment*, 446; Charles Davenant, *Reflections upon the Constitution and Management of the Trade to Africa* (London: John Morphew, 1709), 25, 28.
17. Davenant, *Reflections*, 27, 36, 48, 50, 58.
18. Steven Pincus, *1688: The First Modern Revolution* (New Haven, CT: Yale University Press, 2009), 308.

第十章：英國與法國：貿易戰、赤字與找到天堂的美夢

1. Guy Rowlands, *The Financial Decline of a Great Power: War, Influence, and Money in Louis XIV's France* (Oxford: Oxford University Press, 2012), 2; Richard Dale, *The First Crash: Lessons from the South Sea Bubble* (Princeton, NJ: Princeton University Press, 2004), 77.
2. Carl Wennerlind, *Casualties of Credit: The English Financial Revolution, 1620–1720* (Cambridge, MA: Harvard University Press, 2011), 68, 89; Stephen Quinn, "The Glorious Revolution's Effect on English Private Finance: A Microhistory, 1680–1705," *Journal of Economic History* 61, no. 3 (2001): 593–615, at 593; Julian Hoppit, *Britain's Political Economies: Parliament and Economic Life, 1660–1800* (Cambridge: Cambridge University

Press, 2017), 149; P. G. M. Dickson, *The Financial Revolution in England: A Study in the Development of Public Credit, 1688–1756* (New York: Macmillan, 1967), 80.

3. John Brewer, *The Sinews of Power: War, Money and the English State, 1688–1783* (New York: Alfred A. Knopf, 1989), 116–117.
4. Wennerlind, *Casualties of Credit*, 10; Ian Hacking, *The Emergence of Probability: A Philosophical Study of Early Ideas About Probability, Induction and Statistical Inference* (Cambridge: Cambridge University Press, 1975); Lorrain Daston, *Classical Probability in the Enlightenment* (Princeton, NJ: Princeton University Press, 1988), 164.
5. *An Account of What Will DO; or, an Equivalent for Thoulon: In a Proposal for an Amicable Subscription for Improving TRADE in the South-West Part of AMERICA, and Increasing BULLION to About Three Millions per Annum, Both for the East India Trade and the Revenue of the Crown, Which by Consequence Will Be Produced if This Is Encouraged* (London: Mary Edwards, 1707), 3.
6. Bernard Mandeville, *The Fable of the Bees*, ed. Philip Harth (London: Penguin, 1970), 64.
7. Mandeville, *Fable of the Bees*, 67–68.
8. Antoin E. Murphy, *John Law: Economic Theorist and Policy-Maker* (Oxford: Oxford University Press, 1997), 94–95.
9. John Law, *Money and Trade Considered* (Glasgow: A. Foulis, 1750), 167.
10. Arnaud Orain, *La politique du merveilleux: Une autre histoire du Système de Law (1695–1795)* (Paris: Fayard, 2018), 10; Charly Coleman, *The Spirit of French Capitalism: Economic Theology in the Age of Enlightenment* (Stanford, CA: Stanford University Press, 2021), 119.
11. Coleman, *Spirit of French Capitalism*, 119.
12. Coleman, *Spirit of French Capitalism*, 20, 81.

13. Jean Terrasson, *Lettres sur le nouveau Système des Finances*, 1720, 2–5, 29, 32, 33; Jean Terrasson, *Traité de l'infini créé*, ed. Antonella Del Prete (Paris: Honoré Champion, 2007), 225–227.
14. Orain, *La politique du merveilleux*, 13.
15. Claude Pâris La Montagne, "Traité des Administrations des Recettes et des Dépenses du Royaume," 1733, Archives Nationales, 1005, II: 3–8, 48–49, 55.
16. Norris Arthur Brisco, *The Economic Policy of Robert Walpole* (NewYork: Columbia University Press, 1907), 43–45; Richard Dale, *The First Crash: Lessons from the South Sea Bubble* (Princeton, NJ: Princeton University Press, 2004), 74.
17. Cited by Dickson, *Financial Revolution in England*, 83.
18. Jacob Soll, *The Reckoning: Financial Accountability and the Rise and Fall of Nations* (New York: Basic Books, 2014), 101–116.

第十一章：法國的自然崇拜與啟蒙經濟學的發明

1. Charles M. Andrews, "Anglo-French Commercial Rivalry, 1700–1750: The Western Phase, I," *American Historical Review* 20, no. 3 (1915): 539–556, at 547; David Hume, *Selected Essays*, ed. Stephen Copley and Andrew Edgar (Oxford: Oxford University Press, 1996), 189, 214.
2. Georges Weulersse, *Le mouvement physiocratique en France (de 1756 à 1770)*, 2 vols. (Paris: Félix Alcan, 1910), 1:23; Montesquieu, *De l'Esprit des lois*, ed. Victor Goldschmidt, 2 vols. (Paris: Garnier-Flammarion, 1979), vol. 2, bk. 20, chap. 2; David Hume, *An Inquiry Concerning Human Understanding, with a Supplement: An Abstract of a Treatise on Human Nature*, ed. Charles W. Hendel (Indianapolis: Liberal Arts Press, 1955), 173.

3. Robert B. Ekelund Jr. and Robert F. Hébert, *A History of Economic Theory and Method*, 6th ed. (Longrove, IL: Waveland Press, 2014), 70.
4. Tony Brewer, *Richard Cantillon: Pioneer of Economic Theory* (London: Routledge, 1992), 8.
5. Richard Cantillon, *Essai sur la nature du commerce en général*, ed. and trans. Henry Higgs (London: Macmillan, 1931), 58.
6. Cantillon, *Essai sur la nature du commerce*, 97, 123; Marian Bowley, *Studies in the History of Economic Theory Before 1870* (London: Macmillan, 1973), 95.
7. Cantillon, *Essai sur la nature du commerce*, 51–55, 85; Bowley, *Studies in the History of Economic Theory*, 96.
8. Jean-François Melon, *Essaie politique sur le commerce*, in Eugène Daire, *Économistes financiers du XVIIIe siècle* (Paris: Guillaumin, 1851), 659–777, at 671, 666.
9. Melon, *Essaie politique sur le commerce*, 673, 708.
10. Melon, *Essaie politique sur le commerce*, 683, 746, 765.
11. Paul Cheney, *Revolutionary Commerce: Globalization and the French Monarchy* (Cambridge, MA: Harvard University Press, 2010), 22; Montesquieu, *De l'esprit des lois*, bk. 20, chaps. 1–2.
12. David Kammerling-Smith, "Le discours économique du Bureau du commerce, 1700–1750," in *Le Cercle de Vincent de Gournay: Savoirs économiques et pratiques administratives en France au milieu du XVIIIe siècle*, ed. Loïc Charles, Frédéric Lefebvre, and Christine Théré (Paris: INED, 2011), 31–62, at 34.
13. R. L. Meek, *The Economics of Physiocracy* (London: Allen and Unwin, 1963), xiii.
14. François Véron de Forbonnais, *Éléments du commerce*, 3 vols. (Paris: Chaignieau, 1793–1794), 1:62.
15. Forbonnais, *Éléments du commerce*, 1:67–68, 75–76.
16. Forbonnais, *Éléments du commerce*, 1:3, 38, 45.
17. Steven L. Kaplan, *Bread, Politics, and Political Economy in the Reign of Louis XV*, 2nd ed. (New York:

Anthem Press, 2012), 108; Gérard Klotz, Philippe Minard, and Arnaud Orain, eds. , *Les voies de la richesse? La physiocratie en question (1760–1850)* (Rennes, France: Presses Universitaires de Rennes, 2017), 11; Gustav Schachter, "François Quesnay: Interpreters and Critics Revisited," *American Journal of Economics and Sociology* 50, no. 3 (1991): 313–322; Paul Samuelson, "Quesnay's 'Tableau Économique' as a Theorist Would Formulate It Today," in *Paul Samuelson on the History of Economic Analysis: Selected Essays*, ed. Steven J. Medema and Anthony M. C. Waterman (Cambridge: Cambridge University Press, 2015), 59–86, at 60.

18. Pierre-Paul Mercier de la Rivière, *L'ordre naturel et essentiel des sociétés politiques*, 2 vols. (London: Jean Nourse, 1767).
19. Liana Vardi, *The Physiocrats and the World of the Enlightenment* (Cambridge: Cambridge University Press, 2012), 42.
20. Vardi, *Physiocrats*, 84; David S. Landes, *Unbound Prometheus: Technological Change and Industrial Development in Western Europe from 1750 to the Present* (Cambridge: Cambridge University Press, 1969), 82.
21. Steven Pincus, *The Global British Empire to 1784*, unpublished manuscript; Gabriel François Coyer, *La noblesse commerçante* (London: Fletcher Gyles, 1756), 33–34, 45, 72.
22. Simone Meyssonnier, *La balance et l'horloge: La genèse de la pensée libérale en France au XVIIIe siècle* (Paris: Les Éditions de la Passion, 1989), 264.
23. Meyssonnier, *La balance et l'horloge*, 265.
24. Meyssonnier, *La balance et l'horloge*, 249.
25. Meyssonnier, *La balance et l'horloge*, 80–81; Coyer, *La noblesse commerçante*, 33–34, 279.
26. Le marquis de Mirabeau, *L'ami des hommes, ou traité de la population*, 2 vols. (Avignon: 1756); Meek, *Economics of Physiocracy*, 15.
27. Meek, *Economics of Physiocracy*, 18.

28. Meek, *Economics of Physiocracy*, 23; E. P. Thompson, *The Making of the English Working Class* (New York: Vintage, 1966), 218; Boaz Moselle, "Allotments, Enclosure, and Proletarianization in Early Nineteenth-Century Southern England," *English Economic History Review* 48, no. 3 (1995): 482–500.
29. Meek, *Economics of Physiocracy*, 109–114, 136.
30. François Quesnay, *Despotism in China*, trans. Lewis A. Maverick, in Lewis A. Maverick, *China: A Model for Europe*, 2 vols. (San Antonio: Paul Anderson and Company, 1946), 1:216; W. W. Davis, "China, the Confucian Ideal, and the European Age of Enlightenment," *Journal of the History of Ideas* 44, no. 4 (1983): 523–548; Stefan Gaarsmand Jacobsen, "Against the Chinese Model: The Debate on Cultural Facts and Physiocratic Epistemology," in *The Economic Turn: Recasting Political Economy in Enlightenment Europe*, ed. Steven L. Kaplan and Sophus A. Reinert (London: Anthem Press, 2019), 89–115; Cheney, *Revolutionary Commerce*, 203; Pernille Røge, *Economists and the Reinvention of Empire: France in the Americas and Africa, c. 1750–1802* (Cambridge: Cambridge University Press, 2019), 10.
31. Quesnay, *Despotism in China*, 11; Røge, *Economists and the Reinvention of Empire*, 88.
32. Loïc Charles and Arnaud Orain, "François Véron de Forbonnais and the Invention of Antiphysiocracy," in Kaplan and Reinert, *Economic Turn*, 139–168.
33. Meek, *Economics of Physiocracy*, 46–50.
34. Meek, *Economics of Physiocracy*, 70.
35. Jean Ehrard, *Lumières et esclavage: L'esclavage colonial et l'opinion publique en France au XVIIIe siècle* (Brussels: André Versaille, 2008); Røge, *Economists and the Reinvention of Empire*, 176; David Allen Harvey, "Slavery on the Balance Sheet: Pierre-Samuel Dupont de Nemours and the Physiocratic Case for Free Labor," *Journal of the Western Society for French History* 42 (2014): 75–87, at 76.

第十二章．．自由市場與自然

1. Erik S. Reinert and Fernanda A. Reinert, "33 Economic Bestsellers Published Before 1750," *European Journal of the History of Economic Thought* 25, no. 6 (2018): 1206–1263; Derek Beales, *Enlightenment and Reform in Eighteenth Century Europe* (London: I. B. Tauris, 2005), 64; Istvan Hont, *Jealousy of Trade: International Competition and the Nation-State in Historical Perspective* (Cambridge, MA: Harvard University Press, 2005), 45, 134; Sophus A. Reinert, *The Academy of Fisticuffs: Political Economy and Commercial Society in Enlightenment Italy* (Cambridge, MA: Harvard University Press, 2018), 7; John Robertson, *The Case for Enlightenment: Scotland and Naples, 1680–1760* (Cambridge: Cambridge University Press, 2005), 22; Koen Stapelbroek, "Commerce and Morality in Eighteenth-Century Italy," *History of European Ideas* 32, no. 4 (2006): 361–366, at 364; Antonio Muratori, *Della pubblica felicità: Oggetto de' buoni principi* (Lucca, 1749), p. 3 of "To the Reader. "
2. Eric Cochrane, *Florence in the Forgotten Centuries, 1527–1800* (Chicago: University of Chicago Press, 1973), 461; Reinert, *Academy of Fisticuffs*, 299; Antonio Genovesi, *Delle lezioni di commercio, o s'ia d'economia civile*, 2 vols. (Naples: Fratelli di Simone, 1767), 2:77, 133; Robertson, *Case for Enlightenment*, 356–357.
3. Steven L. Kaplan and Sophus A. Reinert, eds. , *The Economic Turn: Recasting Political Economy in Enlightenment Europe* (London: Anthem Press, 2019), 3–13; Pietro Verri, *Meditazioni sulla economia politica* (Venice: Giambatista Pasquale, 1771), 18, 33–34.
4. Ferdinando Galiani, *Dialogues sur le commerce des blés*, ed. Philip Stewart (Paris: SFEDS, 2018), 59.
5. Galiani, *Dialogues*, 115–116; Franco Venturi, "Galiani tra enciclopedisti e fisiocrati," *Rivista storica italiana* 72, no. 3 (1960): 45–64, at 53.
6. Jean-Claude Perrault, *Une histoire intellectuelle de l'économie politique (XVII–XVIIIe siècles)* (Paris: Éditions

de l'EHESS, 1992), 238.

7. Perrault, *Une histoire intellectuelle*, 16–17.
8. Perrault, *Une histoire intellectuelle*, 19.
9. Meek, *The Economics of Physiocracy* (London: Allen and Unwin, 1963), 47–49.
10. Meek, *Economics of Physiocracy*, 51; Madeleine Dobie, *Trading Places: Colonization and Slavery in Eighteenth-Century French Culture* (Ithaca, NY: Cornell University Press, 2010), 14–15.
11. Benoit Malbranque, *Le libéralisme à l'essaie. Turgot intendant du Limousin (1761–1774)* (Paris: Institut Coppet, 2015), 44.
12. Emma Rothschild, *Economic Sentiments: Adam Smith, Condorcet, and the Enlightenment* (Cambridge, MA: Harvard University Press, 2001), 79; Malbranque, *Le libéralisme à l'essaie*, 58.
13. Cynthia A. Bouton, *The Flour War: Gender, Class, and Community in Late Ancien Régime French Society* (University Park: Penn State University Press, 1993), 81; Gilbert Foccarello, "Galiani, Necker, and Turgot: A Debate on Economic Reform and Policy in 18th Century France," *European Journal of the History of Economic Thought* 1, no. 3 (1994): 519–550.
14. Jacob Soll, "From Virtue to Surplus: Jacques Necker's *Compte Rendu* (1781) and the Origins of Modern Political Discourse," *Representations* 134, no. 1 (2016): 29–63; Jacques Necker, *Sur la législation et le commerce des grains* (Paris: Chez Pissot, 1775), 50–52.
15. Steven L. Kaplan, *Bread, Politics, and Political Economy in the Reign of Louis XV*, 2nd ed. (New York: Anthem Press, 2012), 589–595.
16. Kaplan, *Bread, Politics*, 247; Istvan Hont, *Politics in Commercial Society: Jean-Jacques Rousseau and Adam Smith*, ed. Béla Kapossy and Michael Sonenshher (Cambridge, MA: Harvard University Press, 2015), 18–19.
17. Antoine Lilti, *The Invention of Celebrity* (Cambridge, UK: Polity, 2017), 117; Jean-Jacques Rousseau, *Du*

contrat social, ed. Pierre Burgelin (Paris: Garnier-Flammarion, 1966), 41; Jean-Jacques Rousseau, *A Discourse on Inequality*, ed. Maurice Cranston (London: Penguin, 1984), 77.

18. Rousseau, *Discourse on Inequality*, 101, 109, 127, 137.

第十三章・・亞當斯密和良性自由貿易社會

1. Friedrich Hayek, *The Road to Serfdom*, ed. Bruce Caldwell (Chicago: University of Chicago Press, 2007), 88, 100; Milton Friedman, *Free to Choose: A Personal Statement*, 3rd ed. (New York: Harcourt, 1990), 1–2.
2. Adam Smith, *An Inquiry into the Nature and Causes of the Wealth of Nations*, ed. Roy Harold Campbell and Andrew Skinner, 2 vols. (Indianapolis: Liberty Fund, 1981), vol. 1, bk. I, chap. vii, para. 12; vol. 2, bk. V, chap. iih, para. 12; vol. 2, bk. IV, chap. viii, para. 49; vol. 2, bk. IV, chap. 9, para. 3; Adam Smith, *The Theory of Moral Sentiments*, ed. D. D. Raphael and A. L. Macfie (Indianapolis: Liberty Fund, 1984), pt. 6, sec. 2, chap. 2, para. 17.
3. Steven Pincus, *The Global British Empire to 1784*, unpublished manuscript; Paul Butel, "France, the Antilles, and Europe in the Seventeenth and Eighteenth Centuries: Renewals of Foreign Trade," in *The Rise of Merchant Empires*, ed. James D. Tracy (Cambridge: Cambridge University Press, 1990), 168–172; T. S. Ashton, *An Economic History of England: The Eighteenth Century* (London: Methuen, 1955), 104; François Crouzet, "Angleterre et France au XVIIIe siècle: Essaie d'analyse comparé de deux croissances économiques," *Annales. Économies, sociétés, civilisations* 21, no. 2 (1966): 254–291, at 268; Ralph Davis, "English Foreign Trade, 1700–1774," *Economic History Review*, n. s. , 15, no. 2 (1962): 285–303, at 286; François Crouzet, *La guerre économique franco-anglaise au XVIIIe siècle* (Paris: Fayard, 2008), 367–370; Paul Cheney, *Revolutionary Commerce: Globalization and the French Monarchy* (Cambridge, MA: Harvard University Press, 2010), 101;

François Crouzet, *Britain Ascendant: Comparative Studies in Franco-British Economic History*, trans. Martin Thom (Cambridge: Cambridge University Press, 1990), 216.

4. Dan Edelstein, *The Enlightenment: A Genealogy* (Chicago: University of Chicago Press, 2010), 9.
5. David Hume, *An Inquiry Concerning Human Understanding*, ed. Charles W. Hendel (Indianapolis: Library of the Liberal Arts, 1955), 1–11, 17; Dario Perinetti, "Hume at La Flèche: Skepticism and the French Connection," *Journal of the History of Philosophy* 56, no. 1 (2018): 45–74, at 57–58; Margaret Schabas and Carl Wennerlind, *A Philosopher's Economist: Hume and the Rise of Capitalism* (Chicago: University of Chicago Press, 2020), 33; Pedro Faria, "David Hume, the Académie des Inscriptions, and the Nature of Historical Evidence in the Eighteenth Century," *Modern Intellectual History* 18, no. 2 (2020): 288–322.
6. Perinetti, "Hume at La Flèche," 54; Hume, *Concerning Human Understanding*, 168.
7. Hume, *Concerning Human Understanding*, 172–173; James A. Harris, *Hume: An Intellectual Biography* (Cambridge: Cambridge University Press, 2015), 97.
8. Carl L. Becker, *The Heavenly City of the Eighteenth-Century Philosophers* (New Haven, CT: Yale University Press, 1932), 85, 102; Anthony Grafton, *The Footnote: A Curious History* (Cambridge, MA: Harvard University Press, 1997), 103; David Hume, *Selected Essays*, ed. Stephen Copley and Andrew Edgar (Oxford: Oxford University Press, 1998), xiii, 56, 58, 61.
9. Hume, *Selected Essays*, 188–189, 193, 194.
10. Jesse Norman, *Adam Smith: The Father of Economics* (New York: Basic Books, 2018), 194.
11. Smith, *Theory of Moral Sentiments*, sec. 1, chap. 1, para. 1; sec. 3, chap. 2, para. 9; Adam Smith, "Letter to the *Edinburgh Review*," 1755, in Smith, *Essays on Philosophical Subjects*, with Dugald Stewart's "Account of Adam Smith," ed. W. P. D. Wightman, J. C. Bryce, and I. S. Ross (Indianapolis: Liberty Fund, 1982), 253.
12. Smith, *Theory of Moral Sentiments*, pt. 1, sec. 1, chap. 2, para. 5.

13. Epictetus, *The Discourses, The Handbook, Fragments*, ed. J. M. Dent (London: Orion Books, 1995), 42, 44, 58; Smith, *Theory of Moral Sentiments*, pt. 1, chap. 1, para. 5.

14. Smith, *Theory of Moral Sentiments*, pt. 3, chap. 5, paras. 6–7; pt. 7, sec. 2, chap. 1, para. 39; Adam Smith, *Essays on Philosophical Subjects*, ed. W. P. D. Wightman and J. C. Bryce (Indianapolis: Liberty Fund, 1980), 45, 49, 104; Emma Rothschild, "Adam Smith and the Invisible Hand," *American Economic Review* 84, no. 2 (1994): 319–322, at 319.

15. Smith, *Wealth of Nations*, vol. 1, bk. IV, chap. iiic, pt. 2, para. 9.

16. Smith, *Theory of Moral Sentiments*, sec. 2, chap. 3, para. 1; sec. 5, chap. 2, paras. 10–13; sec. 7, chap. 4, paras. 36–37; Donald Winch, *Riches and Poverty: An Intellectual History of Political Economy in Britain, 1750–1834* (Cambridge: Cambridge University Press 1996), 98–99; Fonna Forman-Barzilai, *Adam Smith and the Circles of Sympathy: Cosmopolitanism and Moral Theory* (Cambridge: Cambridge University Press, 2010), 226.

17. Smith, *Theory of Moral Sentiments*, pt. 6, sec. 2, chap. 2, para. 13.

18. Nicholas Phillipson, *Adam Smith: An Enlightened Life* (New Haven, CT: Yale University Press, 2010), 159–166.

19. Phillipson, *Adam Smith*, 166; Geoffrey Holmes and Daniel Szechi, *The Age of Oligarchy: Pre-Industrial Britain, 1722–1783* (London: Longman, 1993), 282.

20. Phillipson, *Adam Smith*, 182.

21. Harris, *Hume*, 409–415; Phillipson, *Adam Smith*, 188.

22. Phillipson, *Adam Smith*, 193.

23. Smith, *Wealth of Nations*, vol. 2, bk. IV, chap. ix, para. 38; vol. 1, bk. II, chap. v, para. 12.

24. Smith, *Wealth of Nations*, vol. 1, bk. I, chap. viii, paras. 15–22; vol. 1, bk. I, chap. x, paras. 19, 31.

25. Smith, *Wealth of Nations*, vol. 2, bk. IV, chap. ix, paras. 11–14, vol. 2, bk. IV, chap. ii, para. 9; vol. 1, bk. I, chap. viii, para. 35; vol. 1, bk. IV, chap. ii, para. 9; vol. 2, bk. IV, chap. ix, para. 9; vol. 2, bk. V, chap. iik, para. 7.

26. Smith, *Wealth of Nations*, vol. 1, bk. I, chap. ii, paras. 1–2.

27. Emma Rothschild, *Economic Sentiments: Adam Smith, Condorcet, and the Enlightenment* (Cambridge, MA: Harvard University Press, 2001), 127.

28. Smith, *Wealth of Nations*, vol. 1, bk. IV, chap. ii, para. 38; vol. 2, bk. IV, chap. ix, paras. 1–3; vol. 1, bk. IV, chap. ii, para. 30.

29. E. P. Thompson, "Eighteenth-Century English Society: Class Struggle Without Class?," *Social History* 3, no. 2 (1978): 133–165, at 135; Frank McLynne, *Crime and Punishment in Eighteenth-Century England* (London: Routledge, 1989); Smith, *Wealth of Nations*, vol. 1, bk. I, chap. xic, para. 7.

30. Smith, *Wealth of Nations*, vol. 2, bk. IV, chap. viib, para. 20; vol. 2, bk. IV, chap. viic, para. 103.

31. Smith, *Wealth of Nations*, vol. 1, "Introduction and Plan of the Work," para. 4; vol. 2, bk. IV, chap. viib, para. 54.

32. John Rae, *Life of Adam Smith: 1895*, ed. Jacob Viner (New York: Augustus M. Kelley Publishers, 1977), 71–72.

33. Rothschild, *Economic Sentiments*, 133; Dugald Stewart, *Account of the Life and Writings of Adam Smith*, in *Works*, ed. Dugald Stewart, 7 vols. (Cambridge, MA: Hilliard and Brown, 1829), 7:1–75, at 67.

34. Smith, *Wealth of Nations*, vol. 1, bk. III, chap. iv, para. 20.

35. Smith, *Wealth of Nations*, vol. 2, bk. IV, chap. ii, paras. 10–20.

36. Smith, *Wealth of Nations*, vol. 1, bk. IV, chap. iiic, paras. 9, 13.

37. Rothschild, *Economic Sentiments*, 133–136; Voltaire, *Candide*, ed. Philip Littell (New York: Boni and Liveright, 1918), 168; Jacob Soll, *The Reckoning: Financial Accountability and the Rise and Fall of Nations* (New York: Basic Books, 2014), 129–130.

第十四章・・自由市場帝國

1. William J. Baumol, *Economic Dynamics: An Introduction* (New York: Macmillan, 1951); D. M. Nachane, "In the Tradition of 'Magnificent Dynamics,' " *Economic and Political Weekly*, June 9, 2007.
2. Jeremy Bentham, *The Principles of Morals and Legislation* (Amherst, NY: Prometheus Books, 1988), 1–3, 29, 40.
3. Jeremy Bentham, "Bentham on Population and Government," *Population and Development Review* 21, no. 2 (1995): 399–404.
4. Thomas Malthus, *An Essay on the Principle of Population and Other Writings*, ed. Robert J. Mayhew (London: Penguin, 2015), 19; Adam Smith, *An Inquiry into the Nature and Causes of the Wealth of Nations*, ed. Roy Harold Campbell and Andrew Skinner, 2 vols. (Indianapolis: Liberty Fund, 1981), vol. 1, bk. I, chap. viii, para. 36.
5. Malthus, *Essay on the Principle of Population*, 40, 65, 74, 155–163.
6. David Ricardo, *Works*, ed. John Ramsay McCulloch (London: John Murray, 1846), 50–55; Paul Samuelson, "The Canonical Classical Model of Political Economy," in *Paul Samuelson on the History of Economic Analysis: Selected Essays*, ed. Steven J. Medema and Anthony M. C. Waterman (Cambridge: Cambridge University Press, 2015), 89–116, at 102–105.
7. Ricardo, *Works*, 55.
8. Smith, *Wealth of Nations*, vol. 1, bk. I, chap. viii, para. 37; Joan Robinson, "What Are the Questions?" *Journal of Economic Literature* 15, no. 4 (1977): 1318–1339, at 1334; Andre Gunder Frank, *Dependent Accumulation and Underdevelopment* (New York: Monthly Review Press, 1979); Henk Ligthart, "Portugal's Semi-Peripheral Middleman Role in Its Relations with England, 1640–1760," *Political Geography Quarterly* 7, no. 4 (1988): 353–362, at 360–361; Matthew Watson, "Historicising Ricardo's Comparative Advantage Theory, Challenging the Normative Foundations of Liberal International Political Economy," *New Political Economy* 22, no. 3

(2017): 257–272, at 259; John Gallagher and Ronald Robinson, "The Imperialism of Free Trade," *Economic History Review* 6, no. 1 (1953): 1–15, at 5; D. C. M. Platt, "The Imperialism of Free Trade: Some Reservations," *Economic History Review* 21, no. 2 (1968): 296–306; Joan Robinson, *Contributions to Modern Economics* (New York: Academic Press, 1978), 213; Joan Robinson, *The Economics of Imperfect Competition*, 2nd ed. (London: Palgrave Macmillan, 1969).

9. Frank Trentmann, *Free Trade Nation: Commerce, Consumption, and Civil Society in Modern Britain* (Oxford: Oxford University Press, 2008), 1–8.

10. Anthony Howe, *Free Trade and Liberal England, 1846–1946* (Oxford: Oxford University Press, 1998), 4, 113; Eileen P. Sullivan, "J. S. Mill's Defense of the British Empire," *Journal of the History of Ideas* 44, no. 4 (1983): 599–617, at 606; John Stuart Mill, *Principles of Political Economy and Chapters on Socialism*, ed. Jonathan Riley (Oxford: Oxford University Press, 1994), xxxix, 112–113.

11. Mill, *Principles of Political Economy*, 113.

12. John Stuart Mill, *Considerations on Representative Government* (Ontario: Batoche Books, 2001), 46; Gary Remer, "The Classical Orator as Political Representative: Cicero and the Modern Concept of Representation," *Journal of Politics* 72, no. 4 (2010): 1063–1082, at 1064; Mill, *Principles of Political Economy*, 86.

13. Mill, *Principles of Political Economy*, 124–125, 377.

14. Mill, *Principles of Political Economy*, 381.

15. Charles Darwin, *The Life and Letters of Charles Darwin*, ed. Francis Darwin, 3 vols. (London: John Murray, 1887), 3:178–179; Charles Darwin, *The Origin of Species by Means of Natural Selection, or, The Preservation of Favoured Races in the Struggle for Life* (New York: Signet Classics, 2003), 5; Charles Darwin, *The Descent of Man, and Selection in Relation to Sex* (New York: Appleton and Company, 1889), 44.

16. Geoffrey Martin Hodgson, *Economics in the Shadows of Darwin and Marx: Essays on Institutional and*

Evolutionary Themes (Cheltenham, UK: Edward Elgar, 2006), 12; Karl Marx, "The Production Process of Capital: Theories of Surplus Value," in Karl Marx and Friedrich Engels, *Collected Works*, vol. 31, *Marx, 1861–1863* (London: Lawrence and Wishart, 1989), 551; Gareth Stedman-Jones, *Karl Marx: Greatness and Illusion* (Cambridge, MA: Belknap Press of Harvard University Press, 2016), 174–175, 382–383; Karl Marx, *Capital*, ed. Ernest Mandel, trans. David Fernbach, 3 vols. (London: Penguin, 1992), 2:218; Bela A. Balassa, "Karl Marx and John Stuart Mill," *Weltwirtschaftsliches Archiv* 83 (1959): 147–165, at 150.

17. Michael Hudson, *America's Protectionist Takeoff, 1815–1914: The Neglected American School of Political Economy* (New York: Garland, 1975).
18. Hudson, *America's Protectionist Takeoff*, 54.
19. Jack Rackove, *Original Meanings: Politics and Ideas in the Making of the Constitution* (New York: Vintage, 1997), 236; Alexander Hamilton, *Report on the Subject of Manufactures* (Philadelphia: William Brown, 1827), 20.
20. Maurice G. Baxter, *Henry Clay and the American System* (Lexington: University of Kentucky Press, 1995), 27–28; Brian Reinbold and Yi Wen, "Historical U. S. Trade Deficits," Economic Research, Federal Reserve Bank, 2019, no. 13, https://research. stlouisfed. org/publications/economic-synopses/2019/05/17/historical-u-s-trade-deficits.
21. Cheryl Shonhardt-Bailey, *From the Corn Laws to Free Trade: Interests, Ideas, and Institutions in Historical Perspective* (Cambridge, MA: MIT Press, 2006), 285; Francis Wrigley Hirst, *Free Trade and Other Fundamental Doctrines of the Manchester School* (London: Harper and Brothers, 1903).
22. Richard Cobden, "Repeal of the Corn Laws," May 15, 1843, in Hirst, *Free Trade*, 143–190, at 190; Richard Cobden, "Free Trade and the Reduction of Armaments," December 18, 1849, in Hirst, *Free Trade*, 239–257, at 252.
23. Richard Cobden, "Armaments, Retrenchment, and Financial Reform," January 10, 1849, in Hirst, *Free Trade*, 291–308, at 305; David Todd, *Free Trade and Its Enemies in France, 1814–1851* (Cambridge: Cambridge

University Press, 2015), 201.
24. Boyd Hilton, *The Age of Atonement: The Influence of Evangelicalism on Social and Economic Thought, 1785–1865* (Oxford: Clarendon Press, 1986), 7, 261.
25. William Stanley Jevons, "Brief Account of a General Mathematical Theory of Political Economy," *Journal of the Royal Statistical Society, London* 29 (June 1866): 282–287; William Stanley Jevons, *Political Economy* (New York: Appleton and Company, 1878), 7; Eric Hobsbawm, *Indus try and Empire: The Birth of the Industrial Revolution* (London: Penguin, 1999), 17, 211.
26. Hobsbawm, *Industry and Empire*, 31–38.
27. Jevons, *Political Economy*, 62, 76, 77, 79, 81; Donald Winch, "The Problematic Status of the Consumer in Orthodox Economic Thought," in *The Making of the Consumer: Knowledge, Power, and Identity in the Modern World*, ed. Frank Trentmann (Oxford: Berg, 2006), 31–52.
28. William Stanley Jevons, *The Coal Question* (London: Macmillan,1865).
29. Jennifer Siegel, *For Peace and Money: French and British Finance in the Service of the Tsars and Commissars* (Oxford: Oxford University Press, 2014).
30. Alfred Marshall, *Principles of Economics* (New York: Cosimo, 2006), 233.
31. Marshall, *Principles of Economics*, 30–31, 68–69, 273.

第十五章・・美德的終結・・自由主義與放任自由主義

1. William Cunningham, *The Rise and Decline of the Free Trade Movement* (Cambridge: Cambridge University Press, 1905), 5–9.

2. Cunningham, *Rise and Decline*; Frank Trentmann, *Free Trade Nation: Commerce, Consumption, and Civil Society in Modern Britain* (Oxford: Oxford University Press, 2008), 91–98, 243.
3. Cunningham, *Rise and Decline*, 37, 85.
4. Cunningham, *Rise and Decline*, 97.
5. Cunningham, *Rise and Decline*, 119, 121–123, 158, 160.
6. Cunningham, *Rise and Decline*, 191–194, 197–198.
7. Cunningham, *Rise and Decline*, 200, 210.
8. John Maynard Keynes, *Laissez-Faire and Communism* (New York: New Republic, 1926), 65.
9. Keynes, *Laissez-Faire*, 31, 164.
10. Joan Robinson, *The Economics of Imperfect Competition*, 2nd ed. (London: Palgrave Macmillan, 1969), 211–228.
11. Joan Robinson, *The Accumulation of Capital* (New York: Palgrave Macmillan, 2013), 248, 330.
12. Carl Menger, *Principles of Economics*, trans. James Dingwall and Bert F. Hoselitz (Auburn, AL: Ludwig von Mises Institute, 2007), 51, 72–73; Janek Wasserman, *The Marginal Revolutionaries: How Austrian Economists Fought the War of Ideas* (New Haven, CT: Yale University Press, 2019), 33; Wasserman, *Marginal Revolutionaries*, 73.
13. Ludwig von Mises, *Economic Calculation in the Socialist Commonwealth*, trans. S. Alder (Auburn, AL: Ludwig von Mises Institute, 1990), 1–10.
14. Von Mises, *Economic Calculation*, 9; Wasserman, *Marginal Revolutionaries*, 82.
15. Wasserman, *Marginal Revolutionaries*, 35, 134.
16. Stephan A. Marglin and Juliet B. Schor, eds. , *The Golden Age of Capitalism: Reinterpreting the Postwar Experience*, 2nd ed. (Oxford: Oxford University Press, 2007), 41.
17. Henry Ashby Turner Jr. , "Big Business and the Rise of Hitler," *American Historical Review* 75, no. 1 (1969):

56–70.

18. Friedrich Hayek, *The Road to Serfdom*, ed. Bruce Caldwell (Chicago: University of Chicago Press, 2007), 35, 76, 89, 100, 110.

19. Elisabetta Galeotti, "Individualism, Social Rules, Tradition: The Case of Friedrich A. Hayek," *Political Theory* 15, no. 2 (1987): 163–181, at 169.

20. David Levy, "Interview with Milton Friedman," Federal Re serve Bank of Minneapolis, June 1, 1992, www. minneapolisfed. org/article/1992/interview-with-milton-friedman.

21. Milton Friedman, "Market Mechanisms and Central Economic Planning," in Milton Friedman, Sidney Hook, Rose Friedman, and Roger Freeman, *Market Mechanisms and Central Economic Planning* (Washington, DC: American Enterprise Institute, 1981), 1–19, at 9.

22. Milton Friedman, *Free to Choose: A Personal Statement*, 3rd ed. (New York: Harcourt, 1990), 94–97, 129.

23. Milton Friedman, "Quantity of Money Theory: A Restatement," in Milton Friedman, ed. , *Studies in the Quantity Theory of Money* (Chicago: University of Chicago Press, 1956), 3–21, at 12.

24. Milton Friedman and Anna Jacobson Schwartz, *A Monetary History of the United States, 1867–1960* (Princeton, NJ: Princeton University Press, 1963), 7, 11.

25. Milton Friedman, "The Demand for Money: Some Theoretical and Empirical Results," National Bureau of Economic Research, Occasional Paper 68, 1959, www. nber. org/system/files/chapters/c5857/c5857. pdf, 1–25, at 2.

26. Milton Friedman, *Capitalism and Freedom*, 3rd ed. (Chicago: University of Chicago Press, 2002), 137.

27. Milton Friedman, *An Economist's Protest: Columns in Political Economy* (Sun Lakes, AZ: Thomas Horon and Daughter, 1972), 6; Milton Friedman, "Say 'No' to Intolerance," *Liberty Magazine* 4, no. 6 (1991): 17–20.

28. Kim Phillips-Fein, *Invisible Hands: The Businessmen's Crusade Against the New Deal* (New York: Norton, 2009), 3.

29. Phillips-Fein, *Invisible Hands*, 4, 61 (du Pont quotation p. 4); Kevin M. Kruse, *One Nation Under God: How Corporate America Invented Christian America* (New York: Basic Books, 2015), 25.
30. Kruse, *One Nation Under God*, 61.
31. Kruse, *One Nation Under God*, 35; Phillips-Fein, *Invisible Hands*, 69, 77; Barry Goldwater, *The Conscience of a Conservative* (Shepherdsville, KY: Victor Publishing, 1960), 53.
32. Phillips-Fein, *Invisible Hands*, 228.
33. Jennifer Burns, "Godless Capitalism: Ayn Rand and the Conser vative Movement," *Modern Intellectual History* 1, no. 3 (2004): 359–385; Brian Doherty, *Radicals for Capitalism: A Freewheeling History of the Modern Libertarian Movement* (New York: Public Affairs, 2008), 11.
34. Doug Bandow, "The West Fails to Social Engineer South Sudan," *American Conservative*, September 19, 2019, www. cato. org/commentary/west-fails-social-engineer-south-sudan.
35. Richard H. K. Vietor, *How Countries Compete: Strategy, Structure, and Government in the Global Economy* (Boston: Harvard Business School Press, 2007), 18.

結語・威權資本主義、民主和自由市場思想

1. Isabella M. Weber, "The (Im-)Possibility of Rational Socialism: Mises in China's Market Reform Debate," 2021, University of Massachusetts, Amherst, Economics Department Working Paper Series, no. 2021-19, available at ScholarWorks@UMassAmherst, https://scholarworks. umass. edu/econ_workingpaper/316; Isabella M. Weber, *How China Escaped Shock Therapy: The Market Reform Debate* (Abingdon, Oxon, UK: Routledge, 2021); Steven Mark Cohn, *Competing Economic Paradigms in China: The Co-Evolution of Economic Events,*

Economic Theory and Economics Education, 1976–2016 (Abingdon, Oxon, UK: Routledge, 2016), 26; Milton Friedman, *Friedman in China* (Hong Kong: Chinese University Press, 1990), 74; Milton Friedman, *Capitalism and Freedom*, 3rd ed. (Chicago: University of Chicago Press, 2002), 3–4; Milton Friedman, *Free to Choose: A Personal Statement*, 3rd ed. (New York: Harcourt, 1990), 57.

2. Cited in Weber, "The (Im-)Possibility of Rational Socialism."
3. Isabella Weber, "Origins of China's Contested Relation with Neoliberalism: Economics, the World Bank, and Milton Friedman at the Dawn of Reform," *Global Perspectives* 1, no 1 (2020): 1–14, at 7; Milton Friedman, "Market Mechanisms and Central Economic Planning," in Milton Friedman, Sidney Hook, Rose Friedman, and Roger Freeman, *Market Mechanisms and Central Economic Planning* (Washington, DC: American Enterprise Institute, 1981), 3; Weber, "The (Im-)Possibility of Rational Socialism."
4. Keith Bradsher and Li Yuan, "China's Economy Became No. 2 by Defying No. 1," *New York Times*, November 25, 2018.
5. Justin Yifu Lin, *Economic Development and Transition: Thought, Strategy, and Viability* (Cambridge: Cambridge University Press, 2009); Barry Naughton, *The Chinese Economy, Adaptation and Growth* (Cambridge, MA: MIT Press, 2018); Pankaj Mishra, "The Rise of China and the Fall of the 'Free Trade' Myth," *New York Times*, February 7, 2018; Keith Bradsher and Li Yuan, "The Chinese Thought They Had Little to Learn from Conventional Wisdom. Now It's the West That's Taking Notes," *New York Times*, November 25, 2018.
6. Jason Brennan, *Against Democracy* (Princeton, NJ: Princeton University Press, 2016), 192–193.
7. Karl Polanyi, *The Great Transformation: The Political and Economic Origins of Our Time* (Boston: Beacon Press, 1957).
8. Ellen Frankel Paul, "W. Stanley Jevons: Economic Revolutionary, Political Utilitarian," *Journal of the History of Ideas* 40, no. 2 (1979): 263–283, at 279.

作者簡介

／ **雅各・索爾 Jacob Soll** ／

2011年榮獲麥克阿瑟「天才獎」，南加州大學的歷史暨會計學教授。著有《大查帳》及《資訊大師》（*The Information Master*）。目前定居洛杉磯。

譯者簡介

／ **聞翊均** ／

臺南人，熱愛文字、動物、電影、紙本書籍。現爲自由譯者，擅長文學、科普與商業金融翻譯。翻譯過《領導者的試煉》、《黑色優勢》、《價格烽火效應》、《亞馬遜貝佐斯的外星人思維法》等作品。

Into 0068

自由與干預：搞好經濟就手握權力，借鏡自由市場的歷史、擘劃經濟的未來

作　者—雅各．索爾 Jacob Soll
譯　者—聞翊均
副總編輯—陳家仁
協力編輯—張黛瑄
封面設計—莊謹銘
內頁設計—李宜芝

總 編 輯—胡金倫
董 事 長—趙政岷
出 版 者—時報文化出版企業股份有限公司
108019 台北市和平西路三段 240 號 4 樓
發行專線—（02）2306-6842
讀者服務專線—0800-231-705（02）2304-7103
讀者服務傳真—（02）2302-7844
郵撥—19344724 時報文化出版公司
信箱—10899 臺北華江橋郵政第 99 信箱
時報悅讀網—http://www.readingtimes.com.tw
法律顧問—理律法律事務所　陳長文律師、李念祖律師
印刷—家佑印刷有限公司
初版一刷—二〇二三年十一月十日
定價—新台幣五二〇元
（缺頁或破損的書，請寄回更換）

時報文化出版公司成立於一九七五年，
並於一九九九年股票上櫃公開發行，於二〇〇八年脫離中時集團非屬旺中，
以「尊重智慧與創意的文化事業」為信念。

自由與干預 : 搞好經濟就手握權力, 借鏡自由市場的歷史、擘劃經濟的未來 / 雅各 . 索爾 (Jacob Soll) 著 ; 聞翊均譯 . -- 初版 . -- 臺北市 : 時報文化出版企業股份有限公司, 2023.11
423 面 ;14.8x21 公分 . -- (Into ; 68)
譯自 : Free market : the history of a dream.
ISBN 978-626-374-350-2(平裝)

1.CST: 資本主義 2.CST: 自由貿易 3.CST: 市場經濟 4.CST: 經濟史

552.097　　112015226

Free Market: The History of a Dream by Jacob Soll

ISBN 978-626-374-350-2
Printed in Taiwan